개인정보보호 전공자와 실무자를 위한

개인정보보호의
개념과 제도의 이해

Understanding of Privacy Protection Concept
and Institutional System

김경하·김형종·남수만·성경원·연수권
옥은택·이태현·전진환·조아영·조태희 공저

21세기사

　최근 디지털트윈과 메타버스 시대의 도래로 개인의 삶의 영역이 물리적 공간을 초월하여 확장되고 있습니다. 인공지능 기술을 기반으로한 다양한 응용 프로그램들은 인터넷 상의 수많은 개인의 신상과 활동정보를 빨아들여 자신들이 주장하는 가치를 창출하고 있습니다. 클라우드 컴퓨팅 기반의 인터넷 서비스 인프라는 정보시스템 구축 및 운영에 신개념을 제시하며 개인정보의 저장에 있어서 국경의 존재가 모호해 지고 있습니다.

　이러한 시대적 흐름으로 인해 개인의 정보와 프라이버시는 더 이상 기존의 데이터 혹은 정보와 같은 수준의 것이 아니고, 특별히 정교하게 설계된 체계를 통해서 정보의 생성, 이용 및 소멸의 과정이 관리되어야 하는 것으로 인식되고 있습니다. 또한, 개인정보 및 프라이버시의 보호는 더 이상 정보보안의 한 영역이 아니라 하나의 독립된 학문분야이자 전공 영역으로 인식되어야 하는 상황이기도 합니다.

　금번 개인정보보호 혁신인재양성 사업을 기획하면서 개인정보보호 교육에 필요한 교육 교재의 필요성을 실감하고 좋은 내용을 담아 놓은 교재 및 교육자료를 구성하고자 하였습니다. 특히, 개인의 정보와 프라이버시를 보호하는데 반드시 파악해야하는 지식의 집합체를 제시하는 것이 필요하다고 생각 했습니다. 이를 위해 관련 분야에서 많은 시간을 보내면서 강의 및 실무를 담당하신 전문가 분들이 제시해 주신 개인정보보호의 중요 지식 단위 9개를 집약하게 되었습니다. 각 전문가 분들이 요약해 주신 개인정보보호 지식의 고갱이는 주제별로 각 챕터를 구성하고 있으며 개인정보보호 실무자 및 전공자가 읽으면서 지식을 얻을 수 있도록 구성되어 있습니다.

　개인정보보호 혁신인재양성 사업을 통해 각 대학에 개인정보보호전공이 설립됨으로서 개인의 정보와 프라이버시가 안전하게 저장되고 관리되는 국가적 체계 구축에 가장 중요한 요소인 인재의 양성에 첫발을 내딛고 있습니다. 본 전공을 통해서 양성된 인재들이 본 교재에서 명시하고 있는 주제들을 명백하게 파악하여 "사람의 가치를 중요하게 생각하는 마음으로" 개인의 정보와 프라이버시를 보호하는 전문성 있는 인재들로 성장할 수 있기를 기대합니다.

　끝으로 본 교재가 나오는데 까지 힘써 주신 9분의 집필진들의 노고에 감사 드립니다. 또한, 전공의 설립과 운영에 필요한 근간이 되는 개인정보보호 혁신인재양성 사업을 기획하고 지원해주시는 개인정보보호위원회와 한국인터넷진흥원의 담당자분들께도 감사의 인사를 전합니다. 교재의 발간을 위해 인내심을 가지고 원고의 편집을 도와주신 이범만 대표님과 21세기사의 임직원 여러분께도 감사의 말씀을 전합니다.

2023년 8월 28일
서울여대
개인정보보호혁신인재양성사업단
김형종 교수

PART

01

개인정보보호 제도 현황

CHAPTER 01

개인정보보호 관련 인증 및 평가제도

1.1 Privacy 인증마크

1.1.1 PRIVACY 인증마크 개요

1) 인증마크 필요성

개인정보 유출사고 및 피해사고가 매년 급증하고 정보통신서비스제공자 뿐만 아니라 다양한 서비스 군에 정보주체의 개인정보를 수집 및 이용뿐만 아니라 개인정보를 활용한 다양한 데이터 산업의 고도화와 개인정보를 활용하고 있다. 또한 위탁 처리하고 국외로도 개인정보가 이전이 활발해지면서 개인정보보호에 대한 중요성이 높아지고 있으며 개인정보처리자의 법적, 사회적 책임이 증가되고 있다.

개인정보보호 관련 법령은 점차 강화되고 있으나 대다수의 개인정보처리자는 법령에 대한 이해도가 낮아 법적 요구사항을 준수할 수 있도록 조치하고 있으나 준수사항이 법적 요건을 충족하는지 여부를 스스로 확인하기 어려운 상황이었다. 이에 법령 준수 뿐만 아니라 안전한 개인정보 관리를 위한 보호대책의 적정성을 확인할 수 있도록 민간 인증제도인 PRIVACY 인증마크 제도를 수립하였다.

2) 인증마크의 법적 효력

앞서 설명한 정보보호 및 개인정보보호 관리체계 인증(ISMS-P)과 유사한 형태이나 법적 근거로 운영하는 인증제도가 아닌 민간 자율에 의한 인증제도이므로 법령적 효력은 없고 ISMS-P 인증제도의 경우에는 위험분석 기반의 관리체계(PDCA, Plan/Do/Check/Act)를 구축하여 운영하고 있는지를 심사하여 인증을 부여하는 반면 PRIVACY 인증마크는 기관이 신청한 범위 내의 서비스·시스템(웹사이트 등)의 운영 형태가 개인정보보호 법령을 준수하고 있는지를 확인하는 체크리스트 기반으로 심사하여 인증을 부여하는 형태로 운영하고 있다.

3) 인증마크의 취득 시 혜택 및 기대효과

개인정보보호 교육 지원 인증마크를 취득한 기업(기관)의 개인정보보호 역량 강화를 위한 임직원 대상 현장 무료 교육, 교육생의 눈높이에 맞는 맞춤형 교육지원

개인정보보호 점검지원 시스템 제공 개인정보 점검 온라인 체크리스트를 제공하여 내부 개인정보취급자 및 수탁자 등을 대상으로 점검을 진행하고 그 결과를 관리할 수 있는 통합 시스템을 제공하고 있으며, 타 기업의 세부정보 열람 제한, 위탁사 및 수탁사의 사용 용도별 구성 및 사용 권한 부여하고 수탁사 점검 업무를 단계별로 관리할 수 있는 장점이 있다.

웹사이트 취약점 점검 웹사이트의 취약점을 찾고자 OWASP TOP 10 취약점 점검 및 주요정보통신기반시설 기술적 취약점 진단 기준으로 하여 문제의 원인을 파악하고 취약한 부분에 대한 조치방안을 제시하는 서비스를 제공하고 있습니다.

과태료 감경 「개인정보보호법 위반에 대한 과태료 부과기준(지침), 개인정보보호위원회」내 '민간 자율의 개인정보보호 마크인증'을 취득한 경우에는 과태료의 최대 20%까지 감경되는 혜택이 있다.

1.1.2 Privacy 인증마크 연혁

1) 인터넷사이트안전마크(i-Safe)의 연혁

한국정보통신진흥협회(KAIT)에서는 2000년 7월에 인터넷 이용자를 보호하고 급변하는 인터넷 환경 속에서 안전한 인터넷 사용 환경을 마련하여 대국민이 인터넷을 이용한 전자상거래상의 소비자와 공급자, 정보주체와 개인정보처리자의 신뢰관계를 조성하고자 인터넷사이트안전마크(i-Safe) 인증제도를 시행하였다. 제도 초기에는 (비)영리 또는 비영리 목적으로 설치 및 운영 중인 인터넷 사이트를 대상으로 인증을 부여하였다. 안전마크는 중요도로 분류하여 금융, 의료 등 중요하거나 민감한 영역의 높은 보안이 요구되는 인터넷사이트는 노란색, 기타 중요도가 높지 않은 인터넷 사이트는 녹색으로 구분하여 부여하였다. 2002년 2월에 인터넷사이트안전마크(i-Safe)가 한국정보통신진흥협회에서 개인정보보호협회로 인증업무를 이관하였다.

2) 개인정보보호 우수사이트 인증마크(ePrivacy)의 연혁

한국정보통신진흥협회(KAIT)에서는 2002년 2월에 인터넷 이용자의 개인정보를 안전하게 보호하고 인터넷 사이트의 개인정보보호 정책 및 관리수준을 평가하여 일정기준을 준수하는 경우 개인정보보호 우수사이트 인증마크(ePrivacy)를 부여하는 제도를 시행하였다. 주요 대상은 인터넷 사이트를 통하여 개인정보를 수집 및 관리하는 국내 사업자 및 일반 단체를 대상으로 운영하였다. 2002년 2월에 개인정보보호 우수사이트 인증마크제도가 한국정보통신진흥협회에서 개인정보보호협회로 인증업무를 이관하였다.

3) 서비스 부문 인증(Privacy)의 연혁

개인정보보호협회는 기존 제도의 대상이 인터넷 사이트에 국한 되어 있는 제도적 한계를 개선하고자 신청 기업 또는 기관의 서비스에 포함된 서버, 네트워크, DB, 어플리케이션 등의 모든 시스템을 대상으로 확대하였다. 인터넷 사이트 뿐만아니라 개인정보보호를 위한 체계적이고 지속적인 관리체계를 갖추었는지에 대한 사항을 심사 및 평가하여 사업자의 개인정보보호 관리수준 향상 및 신뢰도를 제고할 수 있는 목표로 추진하였다. 인증을 취득하게 될 경우 법령 위반 시 방통위 과태료 감경할 수 있는 혜택을 부여하고 있다.

4) 개인정보보호인증(PRIVACY 인증마크)의 연혁

2019년 9월에 정보통신망법 등 법령 개정과 급격하게 변하고 있는 개인정보보호 환경 변화에 따라 인증체계와 심사항목을 개편하고 기존 제도(i-Safe, ePRIVACY, PRIVACY)를 인증마크의 구분 및 통일성을 위하여 변경하였다.

[표 1] 개인정보보호인증(PRIVACY 인증마크) 명칭 변경 전후

구분	변경전 명칭	변경후 명칭
웹사이트	ePRIVACY (개인정보보호우수마크)	ePRIVACY (개인정보보호 우수 웹사이트 인증)
서비스	i-Safe (인터넷안전마크)	ePRIVACY PLUS(개인정보보호 우수 웹사이트 및 개인정보처리시스템 인증)
	PRIVACY (ePRIVACY Level 2)	PRIVACY (개인정보보호 우수 서비스 인증)

* 출처 : 개인정보보호인증, www.eprivacy.or.kr

PRIVACY 인증마크는 인증 대상 및 범위 등에 따라 ePRIVACY PLUS인증, ePRIVACY인증, PRIVACY인증으로 3가지 유형으로 구분된다.

[표 2] PRIVACY 인증마크의 유형 및 권장 대상

구분	심사 정의 및 대상
ePRIVACY PLUS 	• 인증 대상 웹사이트와 해당 웹사이트와 연계된 시스템 전반의 개인 정보 보호조치 심사 • 기관이 신청한 웹사이트에 대해 개인정보보호 법령을 준수하고 있는지를 심사 후 인증을 부여
ePRIVACY 	• 주로 소기업이 운영하는 웹사이트와 해당 웹사이트의 관리자 페이지의 개인정보 보호 법규준수 여부 심사 • 웹사이트 및 운영과 관련된 관리적·기술적·물리적 보호조치 활동이 개인정보보호법령을 준수하고 있는 지를 심사 후 인증을 부여
PRIVACY 	• ePRIVACY PLUS와 유사하나 웹사이트에 제한을 두지 않고 각종 정보시스템(금융, 의료, 유통 등)을 심사 • 대학, 병원, 물류, 제조 등 다양한 정보시스템으로 개인정보 처리 시 개인정보보호 법령을 준수하고 있는지를 심사 후 인증을 부여

* 출처 : 개인정보보호인증, www.eprivacy.or.kr

1.1.3 Privacy 인증마크 심사 절차

1) 통합 전 ePRIVACY마크 및 i-Safe마크 인증절차

인증절차는 3단계로 분류되며, 신청 및 접수단계(홈페이지 신청 및 접수, 인증심사 수수료 입금, 인증심사항목 작성), 심사단계(인증심사 제출 및 서류심사, 현장심사), 심의/인증단계(종합심사, 최종심사, 심사결과 통보 및 계약체결, 인증마크 및 인증서 부여)로 구분된다.

인증의 적합 기준은 전체 항목 수의 90% 이상을 준수하는 경우에는 '우수' 등급을 부여하고 인증을 부여하고 있으며, 89%~76%이거나 최소인증기준 결함인 경우에는 '우수' 등급을 부여하고 조건부 합격을 주고 있으며, 조건부 합격은 보안 요구사항에 대해서는 보완 조치기간 1개월을 부여하며, 보완 완료된 경우에만 합격을 유지하고 보완 조치되지 않은 경우에는 불합격으로 처리한다. 또한, 필수 보호조치를 위해 최소 인증기준(별도 15개 항목)에 대해서는 반드시 이행해야지만 인증을 유지할 수 있다. 75%이하의 경우에는 '미흡' 등급이며 인증은 불합격으로 처리한다.

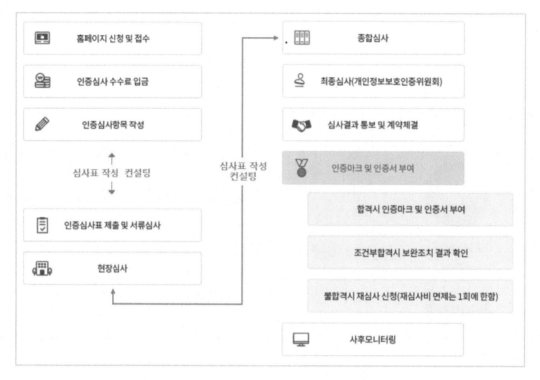

[그림 1] ePRIVACY마크 및 i-Safe마크 인증절차

* 출처 : 개인정보보호인증, www.eprivacy.or.kr

2) 통합 후 ePRIVACY(PLUS) 및 PRIVACY 인증절차

인증절차는 3단계로 분류되며, 신청 및 접수단계(인증심사 수수료 입금, 심사시행 안내 및 서류심사 항목 제공, 서류심사점검표 제출), 심사단계(서류심사 완료 및 현장심사 시행 안내, 현장심사, 보완사항 Feedback), 심의/인증단계(결과(결함)보고서 작성, 인증위원회 심의, 인증결과 통보)로 구분된다.

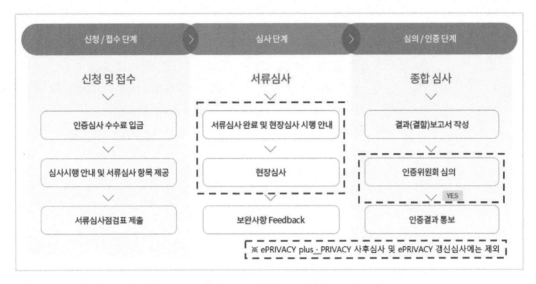

[그림 2] **통합 후 ePRIVACY마크 및 i-Safe마크 인증절차**

* 출처 : 개인정보보호인증, www.eprivacy.or.kr

인증심사의 종류는 3가지로 분류되며, '최초심사'는 인증을 취득하기 위한 첫 심사를 의미하며, '사후심사'는 인증 취득 당시 수준 유지 여부를 확인을 위한 심사를 의미하며, '갱신심사'는 인증의 유효기간 갱신을 위한 심사로 구분한다.

[표 3] **PRIVACY 인증마크의 유형별 심사 종류 및 절차**

구분	심사 정의 및 대상
ePRIVACY PLUS	• 인증심사는 인증을 첫 신청할 때 시행하는 최초심사(인증 유효기간 : 3년)와 인증 취득 후 1년 주기로 실시되는 사후심사, 유효기간 경과 후 실시되는 갱신심사로 구분 • 최초심사와 갱신심사는 사전점검표를 통한 서류심사와 신청기관의 사업장을 직접 방문하여 심사하는 현장심사를 실시한 후 인증위원회 의결을 거쳐 최종 인증을 부여 ※ 인증위원회 : 개인정보보호 관련 산·학계 전문가로 구성되어 인증 취득 적합 여부에 대해 심의·의결 절차 수행 • 사후심사의 경우에는 사전점검표를 토대로 심사하는 서류심사만을 진행하여 인증 수준을 유지하고 있는지 여부를 심사 ※ 사후 심사는 법령 개정 등 환경 변화에 따라 인증 수준을 유지하고 있는지를 확인하기 위한 심사로 사전점검표를 기반으로 한 서류심사만 진행

ePRIVACY	• ePRIVACY의 인증 유효기간은 1년이며, 최초 심사 이후에 매년 갱신심사 진행 • 최초심사는 ePRIVACY PLUS와 동일하게 사전점검표를 통한 서류심사 및 신청기관 사업장을 직접 방문하여 심사하는 현장심사 이후 인증위원회 의결을 거쳐 최종 인증을 부여하나, • 갱신심사는 사전점검표를 통한 서류심사만을 실시 (필요 시 현장심사 시행 후 인증 부여) ※ 갱신심사의 경우에도 개인정보 보호 관련 법령의 대대적인 개정 등 환경 변화로 인해 심사기관(심사팀)이 필요하다고 판단하는 경우에는 현장 심사 진행
PRIVACY	• 인증심사는 인증을 첫 신청할 때 실시되는 최초심사(인증 유효기간 : 3년)와 인증 취득 후 1년 주기로 실시되는 사후심사, 유효기간 경과 후 실시되는 갱신심사로 구분 ※ 현장 심사는 신청기관이 지정한 정보시스템의 규모(개인정보처리시스템 수) 등 심사 범위에 따라 최대 5일 간 진행 (심사팀 이 서류심사 후 사전점검표를 통해 산정)

* 출처 : 개인정보보호인증, www.eprivacy.or.kr

1.1.4 Privacy 인증마크 심사기준

1) 통합 전 ePRIVACY마크 및 i-Safe마크 인증심사 기준

ePRIVACY마크는 개인정보보호 관련 법령을 기준으로 하여 생명주기, 관리과정, 보호대책으로 통제분야로 구분하고 있으며, 법적 준거성을 확보하고 있는지 여부를 확인할 수 있는 기준이다. 민간기업과 공공기관용 심사기준을 구분하여 운영하고 있다. 전체 점검항목 수는 민간은 총 76개, 공공기관은 82개로 되어 있다.

i-Safe 인증심사 기준은 ePRIVACY의 개인정보보호 뿐만 아니라 시스템에 대한 보호대책을 점검할 수 있도록 심사기준을 추가하였다.

[표 4] 통합 이전의 ePRIVACY와 i-Safe 인증심사 기준

통제 분야	통제내용	ePRIVACY			i-Safe		
		통제 항목	세부 통제 항목	점검 항목	통제 항목	세부 통제 항목	점검 항목
생명 주기	1. 개인정보 수집	4(4)	6(6)	15(15)	2(2)	4(4)	8(8)
	2. 개인정보 수집의 특별조치	2(2)	2(2)	4(4)	1(1)	1(1)	2(2)
	3. 개인정보의 이용	3(3)	5(5)	10(11)	3(3)	4(4)	9(11)
	4. 개인정보의 파기	1(1)	3(2)	7(7)	2(1)	3(2)	7(7)
관리 과정	1. 이용자의 권리	1(1)	2(1)	4(5)	1(1)	1(1)	5(5)
	2. 공개 및 책임	3(3)	3(3)	8(8)	3(3)	3(3)	7(7)
보호 대책	1. 관리적 보호조치	3(4)	5(6)	12(14)	2(3)	3(4)	7(9)
	2. 기술적 보호조치	3(2)	5(4)	12(10)			
	3. 물리적, 기타 조치	2(3)	2(3)	4(8)			
시스템 보호	1. 물리적 요건	-	-	-	2(2)	3(3)	9(9)
	2. 기술적 요건	-	-	-	6(6)	8(8)	18(18)
	3. 관리적 요건	-	-	-	8(8)	11(11)	29(29)
소비자 보호	1. 소비자 보호	-	-	-	1(1)	2(-)	13(-)
합계		22(23)	33(32)	76(82)	30(30)	30(30)	114(105)

* 출처 : 개인정보보호인증, www.eprivacy.or.kr

2) 통합 후 ePRIVACY마크 및 i-Safe마크 인증심사 기준

PRIVACY 인증마크의 인증기준은 4개 영역으로 구분되어 있으며, '개인정보의 생명주기', '개인정보의 관리적 보호조치', '개인정보의 기술적 보호조치', '개인정보의 물리적 보호조치'에 대하여 60개 심사항목과 131개의 체크리스트로 구성되어 있으나, 심사의 환경 등을 고려하여 인증기준에 없는 내용이지만, 상황에 따라서 결함으로 판정하고 있다.

인증기준은 관련 법령 제·개정이나 IT환경 변화 등을 고려하여 지속적으로 업데이트되며, 이를 공개하고 있다.

[표 5] 통합 후 ePRIVACY와 I-Safe 인증심사 기준

영역	분야	인증기준 수	
		ePRIVACY PLUS PRIVIACY 인증	eRPIVACY 인증
개인정보의 생명주기	1.1 개인정보의 수집·이용	8	7
	1.2 개인정보의 제공	6	3
	1.3 개인정보의 파기	3	2
	1.4 정보주체의 권리 보장	5	5
2. 개인정보의 관리적 보호조치	2.1 개인정보보호 정책 수립 및 조직의 구성	6	-
	2.2 개인정보 취급자의 관리	10	-
	2.3 개인정보취급자의 계정 관리	3	2
3. 개인정보의 기술적 보호조치	3.1 개인정보처리시스템 접근 통제	6	4
	3.2 개인정보의 암호화	2	1
	3.3 개인정보처리시스템의 접속 기록 관리	2	-
	3.4 악성프로그램 방지	2	-
	3.5 개인정보의 표시 제한 보호조치	1	1
4. 개인정보의 물리적 보호조치	4.1 영상정보처리기기	1	-
	4.2 출입통제	3	-
	4.3 재해·재난 대비 보호조치	2	-
합 계		60	25

* 출처 : 개인정보보호인증, www.eprivacy.or.kr

1.1.5 Privacy 인증마크 참고 문헌

1) 인증서 발급 현황

인증 종류	ePRIVACY	ePRIVACY PLUS	PRIVACY
발급 건수	91건	51건	0건

2) 참조 사이트

신청 기업의 홈페이지 또는 서비스의 개인정보 보호수준을 평가하여 기준에 부합할 경우 인증서를 부여하는 민간자율 인증제도를 운영하고 있습니다.

☑ 사이트 : http://www.eprivacy.or.kr

☑ 이메일 : eprivacy@opa.or.kr 내용문의 : 02-550-9532~4

3) 참조 문서

☑ PRIVACY 인증마크 안내서

(https://www.eprivacy.or.kr/front/bbs/BbsMain.do?menuNo=1000004)

☑ 심사신청서

(https://www.eprivacy.or.kr/front/content/contentViewer.do?contentId=CONTENT_
0000225)

1.2 CBPR(Cross-Border Privacy Rules) 인증

1.2.1 CBPR 인증 개요

1) APEC CBPR 인증 추진 배경

글로벌 서비스 활성화 및 국가 간 자유로운 교역을 위한 국제 사회 요구에 따라 개인정보의 국외 이전 수요 증대로 개인정보 침해 우려 또한 증가가 되어 있으며, APEC, EU 등은 국가 간 교역 장애 제거 또는 디지털 싱글마켓 구축을 위해 노력하고 있으며, 국가 간 또는 다자간 경제협력을 통해 정보 이전 등 요구하였다.

국가별 다른 개인정보 보호 수준과 타 국가에 대한 법집행력 한계로 국외로 이전된 개인정보에 대한 침해 시 조치·피해구제의 어려움으로 인하여 APEC 회원국 간 이전되는 개인정보의 보호를 위하여 회원국간의 공동 보호기준 마련 및 법집행력 강화를 위한 협력 체계 필요하여 APEC이 전자상거래의 활성화와 회원국 간 안전한 개인정보의 상호 이전을 위해 2011년에 개발한 글로벌 개인정보보호 인증체계를 마련하였다. CBPR 참여국은 미국, 멕시코, 일본, 캐나다, 대한민국, 호주, 싱가포르, 대만, 필리핀 등 총 9개국이다.

APEC CBPR 개발 경과

○ APEC Privacy Framework 개발 (2004년 승인, APEC 장관급 회의)
 - 프라이버시 보호 9원칙 개발 및 이행 가이드 마련
○ APEC Privacy Pathfinder 개발 (2007년 승인, APEC 장관급 회의)
 - CBPR 진단지표, 평가방법, 책임기관 지정 등 CBPR 운영 기초 마련
○ APEC CBPR 개발 및 이행 촉구 (2011년, APEC 정상 선언문)

CBPR의 특징은 각 국의 법제도를 대체하지 않는 '비대체성', 각 국의 법제도 환경에 맞게 제도 운영 가능한 '유연성', 자발적 참여 기반의 '자발성', 개인정보의 활용을 장려하기 위한 보호체계를 갖춘 '활용 중심'의 특징을 가지고 있다.

2) APEC CBPR 가입 절차

CBPR 신청국가의 개인정보 보호 관련 법제도 및 CBPR 인증기관에 대해 APEC에서 심사 및 승인하는 절차로 되어 있다. APEC으로부터 자격을 인정하는 인증기관이 CBPR 인증을

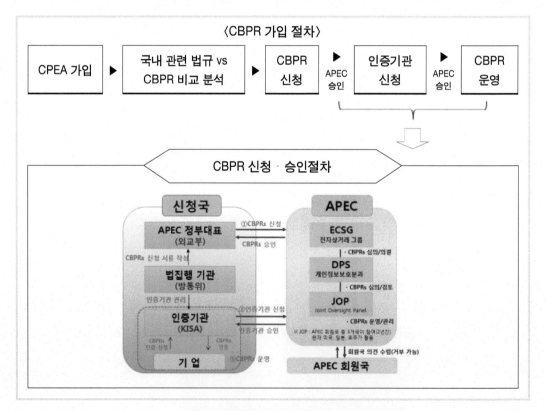

[그림 3] CBPR 가입절차 및 CBPR 신청·승인 절차

수행할 수 있다. CBPR 인증기관 자격을 부여받기 위해서는 인증기관의 인증 활동을 규율할
수 있는 법령 및 법집행 기관의 존재하는 조건과 더불어 APEC이 마련한 '독립성, 인증절차,
집행 매커니즘 등' 7가지 인증기관 자격요건을 충족해야 한다. 대한민국은 자발적으로 신청
서류를 제출하여 관한 법집행 기관 등의 검토를 받아 대한민국은 2017년에 가입하여 2019
년에 인증기관(한국인터넷진흥원)으로 등록되었다.

3) CBPR 인증체계

국내 CBPR 인증체계는 CBPR 인증에 관한 정책 수립, 제도 개선, 인증심사·심의, 인증서
발급 등에 대해 각각의 역할을 수행하는 정책기관, 인증기관, 인증심사원, 인증위원회의로
구성·운영된다.

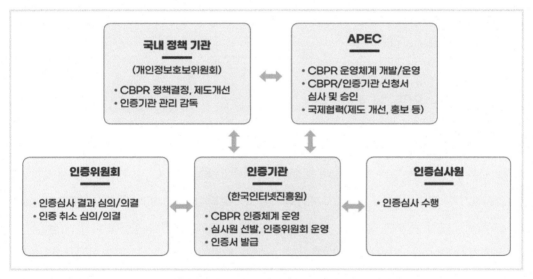

[그림 4] APEC CBPR 인증체계

* 출처 : APEC CBPR 인증, www.privacy.go.kr/pic/cbpr_info.do

(APEC) CBPR 운영체계를 개발운영하는 조직으로 CBPR 인증에 참여하는 국가 또는 인
증기관에 대한 심의와 승인한다. 기타 제도 개선, 회원국 간의 국제 협력 업무를 수행한다.

(정책기관) CBPR 인증제도 관련 정책수립, 인증체계 개선 및 인증기관 지정(인증기관
승인은 APEC 심의·승인을 통해 최종 결정) 등의 역할을 하는 기관으로 개인정보위원회가
이를 수행한다.

(인증기관) CBPR 인증심사, 인증서 발급 등 CBPR 인증제도를 실무적으로 운영하는 기관으로 한국인터넷진흥원(KISA)이 인증기관의 역할을 수행하고 있다. KISA는 심사팀을 구성하여 신청인이 수립·운영하는 CBPR 인증기준의 적합성을 심사하고 심사과정에 발견된 결함사항은 일정기간 내로 보완조치한 사항의 적절성 여부를 확인하여 인증기준에 적합한 기관에 인증서를 발급한다. 또한 인증위원회 운영, 인증심사원 선발, 인증제도 및 기준 개선 등 CBPR 인증제도 전반에 걸친 업무를 수행한다.

(인증위원회) 인증심사 결과가 인증기준에 적합 여부를 확인, 인증취소 관련 사항, 이의신청에 관한 사항 등을 심의 및 의결한다. 인증위원회는 개인정보보호 전문가, 변호사, 교수 등 개인정보보호 분야에 학식과 경험이 있는 자 중에서 10명 이내의 위원으로 구성되어 운영된다.

(인증 심사원) 인증심사를 수행하는 자로 개인정보보호, 정보보안 분야 전문가 중 인증기관이 선발한다. 심사 수행을 위해 인증기관 소속의 심사 팀장을 포함하여 심사원으로 구성된 심사팀을 운영한다.

1.2.2 CBPR 인증 체계

1) APEC 프라이버시 9원칙 및 CBPR 요구사항

APEC은 회원국 간 정보 이전 장벽을 없애고 동시에 효과적으로 프라이버시를 보호할 수 있도록 9가지 프라이버시 원칙을 포함한 'APEC 프라이버시 프레임워크(APEC Privacy Framework, APF)'를 개발하였다. 프라이버시 원칙은 고지, 수집 제한, 목적 내 이용, 선택권, 무결성, 보호대책, 열람·정정권, 책임성, 피해구제 등 9개 항목으로 규정되었으며, CBPR은 개인정보 처리 시 이러한 9원칙을 이행하기 위한 50개의 인증 기준(requirements)으로 구성되었다.

[표 6] APEC 프라이버시 9원칙 및 CBPR 요구사항 (50개)

원칙	APEC 프라이버시 9원칙	CBPR 요구사항 (50개)
① 고지	개인정보 처리에 대한 사전 고지	개인정보보호정책 고지 항목, 고지 방법 등(4)
② 수집 제한	수집 목적과 관련된 정보를 합법적이고 공정하게 수집, 적합한 경우 동의 획득	개인정보 수집 방법 및 합법화, 수집 최소화 등(3)
③ 목적 내 이용	수집 목적과 양립 가능하거나 관련된 목적 내 이용	수집 목적 내 이용·위탁·제3자 제공 등(6)
④ 선택권	적합한 경우 정보주체에게 수집·이용·제공에 대한 처리제한권을 부여	정보주체의 수집·이용·제공에 대한 선택권 제공 방법 등(7)
⑤ 무결성	개인정보의 정확성, 완전성, 최신성 유지	개인정보의 정확·최신·완전성을 위한 정정, 수탁자 통지 등(5)
⑥ 보호대책	피해 발생 가능성과 및 심각성, 정보의 민감성에 비례한 보호조치를 이행	개인정보의 민감성, 침해 가능성 및 침해의 심각성에 비례한 보호조치, 보호조치에 대한 평가 등(10)
⑦ 열람·정정	정보주체의 개인정보 열람·정정·삭제권 보장	정보주체의 열람·정정·삭제 요청에 대한 절차 등(3)
⑧ 책임성	CBPR 원칙을 준수할 수 있는 내부 및 수탁사 등에 대한 책임성 있는 관리체계 수립·이행	책임자 지정, 민원처리 및 피해구제 절차, 수탁자 및 제3자에 대한 관리·감독 방법 등(12)
⑨ 피해 구제	개인정보 오용 방지를 위한 설계, 피해의 개연성과 심각성에 비례한 피해구제 조치	(책임성 등 다른 항목에 '피해 구제'에 대한 사항 내포)

2) CBPR 인증기준

APEC CBPR 영문 인증기준은 APEC 프라이버시 보호 원칙 별로 8개 분야 총 50개로 분류하여 구성하였으나 개인정보 처리 흐름별 라이프사이클을 적용하고 개인정보 요구사항을 이해하기 용이하기 위하여 인증 기준을 재구성하였다.

[표 7] APEC CBPR 인증기준표 (50개)

분야	세부 분야
고지(4)	개인정보 처리방침 공개, 수집 고지 수집 항목, 수집 고지 수집 목적, 수집 고지 위탁/제공
2. 수집 제한(3)	개인정보 수집 경로, 개인정보 최소 수집, 합법적 수집
3. 목적 내 이용(6)	목적 내 이용, 목적 외 이용, 제공 여부, 위탁 여부, 목적 내 제공/위탁, 목적 외 제공/위탁
4. 선택권(7)	수집 제한, 이용 제한, 제3자 제공 제한, 선택권 고지_눈에 띄게 표시, 선택권 고지_쉽게 설명, 선택권 행사, 선택권 조치
5. 무결성(5)	최신성 검증, 최신화, 수탁사에 통지, 제3자에 통지, 수탁사로부터 통지
6. 보호대책(10)	보호대책 수립, 보호대책 구현, 비례적 보호대책, 임직원 인식제고, 보호조치 이행, 파기, 보호대책 요구사항, 보호대책 평가, 보호대책 개선, 수탁사 보호대책
7. 열람 및 정정(3)	개인정보 보유 여부 확인권, 열람권, 정정·완성·삭제권
8. 책임성(12)	CBPR 이행 근거 규정, 개인정보 보호책임자 지정, 민원 처리 절차, 민원 처리 기한, 민원 처리, 임직원 교육, 자료 제출 요구 대응, 수탁사 보호 체계, 수탁사 보호조치 요구사항, 수탁사 관리·감독(자체평가), 수탁사 관리·감독(현장점검), 제3자의 보호조치

국내 CBPR 인증기준은 개인정보 관리체계 수립에서부터 개인정보 수집, 개인정보 이용·위탁·제공, 정보주체의 권리, 무결성, 보호 대책 등 개인정보 처리 단계 또는 보호 대책 유형에 따라 6개 분야 총 50가지 인증기준으로 구성되었다.

[표 8] 한국 CBPR 인증기준 분류표

분야(6)	중 분야	세부 항목(50)
1. 개인정보 관리 체계 수립(2)	1.1 정책 수립	1.1.1 CBPR이행 근거 규정
	1.2 책임자 지정	1.2.1 개인정보 보호 책임자 지정
2. 개인정보 수집(9)	2.1 최소 수집	2.1.1 개인정보 수집 경로
		2.1.2 개인정보 최소 수집
		2.1.3 합법적 수집
	2.2 개인정보 처리방침	2.2.1 개인정보 처리방침 공개
	2.3 수집 시 고지	2.3.1 수집 고지_수집항목
		2.3.2 수집 고지_수집목적
		2.3.3 수집 고지_위탁/제공
		2.3.4 선택권 고지_눈에 띄게 표시
		2.3.5 선택권 고지_쉽게 설명
3. 개인정보 이용/제공/위탁(7)	3.1 이용	3.1.1 목적 내 이용
		3.1.2 목적 외 이용
	3.2 제공/위탁	3.2.1 제공 여부
		3.2.2 위탁 여부
		3.2.3 목적 내 제공/위탁
		3.2.4 목적 외 제공/위탁
	3.3 자료 제출 요구 대응	3.3.1 자료 제출 요구 대응
4. 정보주체 권리(11)	4.1 열람권	4.1.1 개인정보 보유 여부 확인권
		4.1.2 열람권
	4.2 정정/삭제권	4.2.1 정정/완성/삭제권
	4.3 선택권	4.3.1 수집 제한
		4.3.2 이용 제한
		4.3.3 제3자 제공 제한
		4.3.4 선택권 행사
		4.3.5 선택권 조치
	4.4 민원제기	4.4.1 민원 처리 절차
		4.4.2 민원 처리 기한
		4.4.3 민원 처리

5. 무결성(5)	5.1 최신성 유지	5.1.1 최신성 검증
		5.1.2 최신화
	5.2 최신정보 공유	5.2.1 수탁사에 통지
		5.2.2 제3자에 통지
		5.2.3 수탁사로부터 통지
6. 보호 대책(16)	6.1 보호대책 수립/이행	6.1.1 보호대책 수립
		6.1.2 보호대책 구현
		6.1.3 비례적 보호대책
		6.1.4 보호대책 이행
		6.1.5 보호대책 요구사항
	6.2 보호대책 평가/개선	6.2.1 보호대책 평가
		6.2.2 보호대책 개선
	6.3 수탁사의 보호대책	6.3.1 수탁사 보호체계
		6.3.2 수탁사 보호대책
		6.3.3 수탁사 보호조치 요구사항
		6.3.4 수탁사 관리·감독(자체평가)
		6.3.5 수탁사 관리·감독(현장점검)
	6.4 제3자의 보호대책	6.4.1 제3자의 보호조치
	6.5 파기	6.5.1 파기
	6.6 임직원 인식제고	6.6.1 임직원 인식제고
		6.6.2 임직원 교육

3) CBPR 인증심사 절차

CBPR 인증심사 절차는 다음 [그림 5]와 같다. CBPR 인증심사 절차는 '준비(1단계), 심사 (2단계), 인증(3단계), 유지(4단계)'로 4단계로 구분된다. 인증심사 준비부터 종료까지는 대략 3개월 ~ 5개월이 소요된다. 다만 신청기관이 준비된 상태에 따라서 그 기간은 변동이 있을 수 있다. ISMS-P 인증을 기취득한 경우에는 그 기간이 더 짧아질 수 있다. 일반적으로 인증 받기를 희망하는 시기가 있다면 인증기관과 사전에 협의하여 최소 5개월 이전에 인증 심사를 준비하는 것이 필요하다.

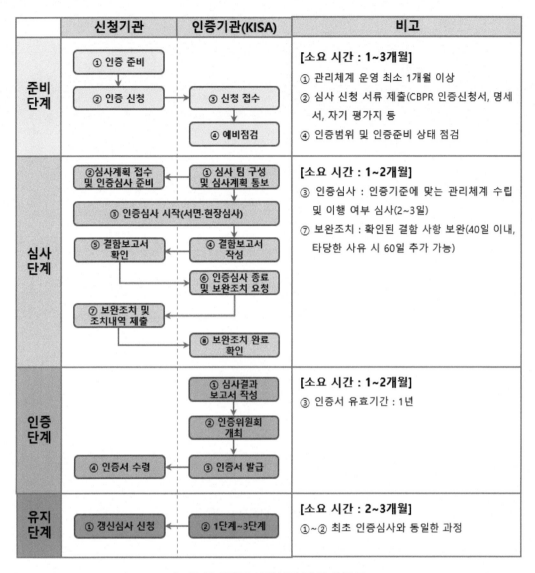

[그림 5] CBPR 인증심사 절차 흐름도

* 출처 : APEC CBPR 인증, www.privacy.go.kr/pic/cbpr_info.do)

1.2.3 CBPR 인증 참고 문헌

1) 인증서 발급 현황

인증번호	기업명	인증범위	유효기간
CBPR-KR-KISA-2022-001-01	네이버 주식회사	네이버 포털, 밴드, 비즈니스, 마이 스마트 스토어 서비스 등 75개 서비스(목록 참고) 를 통해 처리하는 개인정보	2022.12.21.~ 2023.12.20.
CBPR-KR-KISA-2023-001-01	네이버클라우드 주식회사	네이버클라우드 플랫폼 서비스(민간,금융,공공)의 개인 및 기업 고객 데이터, MYBOX(유료회원) 서비스를 통해 처리하는 개인정보	2023.1.17.~ 2024.1.16.
CBPR-KR-KISA-2023-002-01	네이버웹툰 유한회사	네이버웹툰, 웹소설, 시리즈, 시리즈ON, WEBTOON AI Painter, WEBTOON/LINE WEBTOON 서비스를 통해 처리하는 개인정보	2023.4.3.~ 2024.4.2.
CBPR-KR-KISA-2023-003-01	주식회사 엔씨소프트	PLAYNC, 리니지, 리니지2, 러브비트, 아이온 등 20개 서비스(목록 참고) 를 통해 처리하는 개인정보	2023.4.5.~ 2024.4.4.
CBPR-KR-KISA-2023-004-01	넷마블 주식회사	글로벌 게임 서비스(게임/고객센터/채널넷마블/포럼/빌링서비스)를 통해 처리하는 개인정보	2023.4.10.~ 2024.4.9.
CBPR-KR-KISA-2023-005-01	주식회사 현대백화점면세점	온라인몰 및 오프라인 면세점 서비스를 통해 처리하는 개인정보	2023.6.1.~ 2024.5.30.
CBPR-KR-KISA-2023-006-01	㈜국민은행	KB국민은행 인터넷뱅킹 서비스(웹, 모바일) 등 38개 서비스를 통해 처리하는 개인정보	2023.6.26.~ 2024.6.25.
CBPR-KR-KISA-2023-007-01	㈜비바리퍼블리카	토스 전자금융서비스(토스 앱, 블로그, 고객센터, 가맹점 계약 문의, 개인정보보호 센터, 토스페이 어드민, 토스보험파트너 어드민, 내게 맞는 대출 어드민)를 통해 처리하는 개인정보	2023.6.26.~ 2024.6.25.

* 출처 : APEC CBPR 인증, www.privacy.go.kr/pic/cbpr_list.do

2) 참조 사이트

CBPR 인증 가입국가, 인증기관 및 인증을 취득한 기업 정보를 비롯하여 CBPR 인증 운영과 관련한 APEC의 규정 등 확인 가능합니다.

- ☑ 국내 사이트 : https://www.privacy.go.kr/pic/cbpr_info.do
- ☑ CBPR 공식 홈페이지 : https://www.cbprs.org
- ☑ CBPR 인증 신청 및 문의 : cbpr@kisa.or.kr
- ☑ CBPR 법집행 기관(개인정보보호위원회) : contactpipc@korea.kr

3) 참조 문서

- ☑ 신청양식, 참고자료 : https://www.privacy.go.kr/pic/cbpr_reference.do

1.3 ISMS-P 인증

1.3.1 ISMS-P 인증 개요

1) ISMS-P 인증 추진 배경

정보보호 및 개인정보보호 관리체계(ISMS-P, Personal Information & Information Security Management System) 인증은 정보보호 및 개인정보보호를 위한 일련의 조치와 활동이 인증기관에 적합함을 인터넷진흥원 또는 인증기관이 증명하는 제도이다. 정부는 국내 정보보호 관리체계의 표준을 수립하고자 1998년 R&D 사업을 시작으로 하였고 2001년「정보통신망 이용촉진 및 정보보호 등에 관한 법률」(이하 '정보통신망')을 근거하여 정보통신서비스제공자를 대상으로 현재의 ISMS-P 인증제도로 발전되었다. 현재는 대한민국 정보보호 및 개인정보보호 표준으로 자리매김을 하고 있다.

2) ISMS-P 인증 연혁

(ISMS) 1995년 영국은 정보보호 관리체계 표준을 수립하고자 BS7799 영국 표준을 수립하였고 국내도 정보보호 관리체계 표준을 수립을 위하여 R&D 기반으로 연구된 인증체계와 인증기준을 시범사업을 통하여 2001년 7월에 정보통신망법 개정을 통하여 정보통신서비스제공자가 자율적으로 정보보호 관리체계를 구축 및 운영하는 활용할 수 있도록 인증제도를 시작하였다. ISP 사업자, IDC 사업자, 정보통신서비스제공자 중 매출액, 이용자 수 등 일정 기준에 해당되는 기업들을 대상으로 2013년 2월부터 법적 의무화를 시행하였다.

(PIMS) 방송통신위원회는 개인정보의 중요성이 높아지고 있는 시점에 개인정보 유출사고 등의 이슈가 발생되어 정보통신서비스 제공자를 대상으로 2011년부터 시행하였고 2013년 2월에 법률적 근거로 개인정보보호 관리체계(PIMS, Personal Information Management System)를 시행하였다.

(PIPL) 행정안전부는 2013년 11월「개인정보보호법」개정을 통해 개인정보보호 인증(PIPL, Personal Information Protection Level)을 개인정보보호법 적용 대상으로 인증제도를 시행하였다.

(PIMS 통합) PIMS와 PIPL 공동 운영으로 인한 기업의 혼란과 부담감을 줄이기 위해

2018년 11월에 과학기술정보통신부와 행정안전부 및 방송통신위원회가 공동고시를 마련하여 PIMS제도와 PIPL제도를 통합하였다.

(ISMS-P) 기존의 ISMS는 정보서비스 중심이었고 PIMS는 개인정보 중심으로 관리하고 있으나 정보보호 및 개인정보보호가 보호해야할 대상이 유사하므로 이를 통합하여 정보시스템 및 개인정보를 모두 고려하기 위하여 2018년 11월에 법적근거로 통합하여 운영하고 있다.

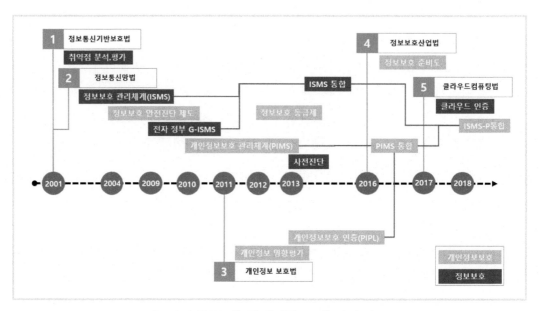

[그림 6] 정보보호 및 개인정보보호 관련 제도

3) ISMS-P 법률적 근거

정보보호 및 개인정보보호 관리체계 인증제도는 「정보통신망법」과 「개인정보보호법」의 법적근거로 운영하고 있다.

[표 9] ISMS-P 법령 및 고시

주관부처	과학기술정보통신부	개인정보보호위원회
법령	정보통신망법 제47조 동법 시행령 제47조~54조 동법 시행규칙 제3조	개인정보보호법 제32조의2 동법 시행령 제34조의2~제34조의8
고시	정보보호 및 개인정보보호 관리체계 인증에 관한 고시(ISMS-P)	

4) ISMS-P 인증의 유형 및 심사의 종류

개인정보보호 및 정보보호 관리체계 인증은 개인정보보호와 정보보호를 인증하는 유형은 2가지로 분류된다.

[표 10] 개인정보보호 및 정보보호 관리체계 유형

구분		내용
정보보호 관리체계 인증(ISMS)	ISMS-P	기존의 ISMS의 의무대상 기업·기관, 개인정보를 보유하지 않거나 개인정보 흐름의 보호가 불필요한 조직 등
정보보호 및 개인정보보호 관리체계 인증(ISMS-P)	ISMS	보호하고자 하는 정보서비스가 개인정보의 흐름을 가지고 있어 개인정보 처리 단계별 보안강화가 필요한 조직

ISMS-P 인증심사는 ISMS-P 인증을 처음으로 취득하고자 할 때 수행하는 심사를 '최초심사'라 하며, 인증을 취득하게 되는 경우 3년간 유효기간이 부여되며, 인증 유효기간 내의 매년 1회 이상 ISMS-P가 유지되고 있는지를 유지되고 있는지를 확인하기 위한 '사후심사'가 있으며, ISMS-P 인증 유효기간이 만료 이전에 갱신하여야 하며 이를 '갱신심사'라 하며 유효기간이 경과할 때에는 인증의 효력이 상실된다.

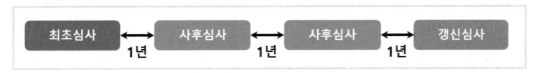

[그림 7] 인증심사의 종류

5) ISMS-P 인증의 혜택

(과학기술정보통신부) 정보보호 전문서비스 기업 및 보안관제 전문기업 지정 시 '업무수행능력 심사 평가표'의 정보보호 인증기업 항목에 만점(5점) 부여

(KISA) 물품 구매, 제조, 용역 및 공사, 위탁연구 등에 있어서 계약자 선정 평가 시 가점 부여

(한국기업지배구조원) 성장기업 대상 ESG 평가일부 항목(사회 부분) 대체

(국토교통부) 스마트 도시기반시설의 보호에 대해 정보보호 관리체계 인증취득 권고

(교육부) 사이버 대학의 원격교육설비에 대해 정보보호 관리체계 인증취득을 권고

1.3.2 ISMS-P 인증 체계

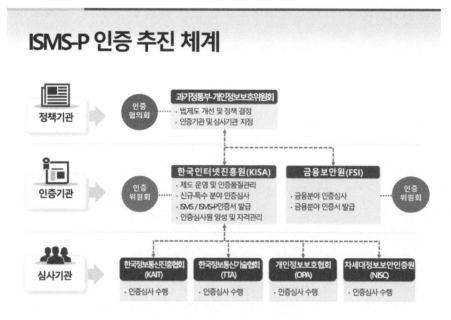

[그림 8] ISMS-P 인증 체계도

* 출처 : KISA ISMS-P, isms.kisa.or.kr/main/ispims/intro

1) ISMS-P 관련 체계

(정책기관) ISMS-P인증 운영에 관한 정책사항을 협의를 과학기술정보통신부와 개인정보보호위원회에서 법, 제도 개선 및 정책 결정하고 인증기관 및 심사기관을 지정하는 역할이다.

(인증기관) 한국인터넷진흥원과 금융보안원은 인증기관의 역할을 수행하고 있으며, 인증심사원 양성 및 자격관리, 인증제도 및 기준 개선, 인증서 발급 등의 인증제도 전반적인 업무는 한국인터넷진흥원에서 주요 업무로 수행한다.

(인증위원회) 인증심사팀이 인증심사 결과가 인증기준에 적합한지 여부, 인증 취소, 이의신청에 관한 사항 등을 심의 및 의결하는 업무를 수행한다. 인증위원회는 정보보호 및 개인정보보호 분야의 지식과 경험이 있는 전문가로 구성한다.

(심사기관) 인증기관 산하의 인증심사를 전담하는 기관으로 정보보호 및 개인정보보호 관리체계를 인증기준에 따라 심사 및 결함사항에 대한 보완조치 이행 여부 등의 인증심사 업무를 수행한다.

2) ISMS-P 인증심사 절차

(준비단계) ISMS-P 인증 신청 전 취득하고자 하는 인증의 종류에 따라 ISMS, ISMS-P 관리체계를 구축하고 최소 2개월이상 운영한 증거자료가 있어야 인증신청이 가능하다. 인증심사 전에 인증 또는 심사기관은 원활한 인증심사를 위해 인증준비 상태를 점검한다.

(심사단계) 인증심사는 ISMS-P의 인증기준인 관리체계 수립 및 운영, 보호대책 요구사항 및 개인정보처리단계별 요구사항이 적절하게 운영되고 있는지를 확인한다. 인증심사는 서면심사와 현장심사를 인증심사를 진행하며, 도출된 문제점에 대해서 결함사항을 발견하고 보완조치를 요청할 수 있다. 신청기관은 보완조치를 완료하고 이를 심사 수행기관에 제출하여야 한다.

(인증단계) 최초심사 또는 갱신심사의 경우에는 인증심사 결과보고서를 작성하여 인증위원회 안건으로 상정하고 인정위원회는 ISMS-P 인증요건을 충족하고 있는지 여부를 확인하고 적합한 경우 인증서를 발급하고 부적합 통보를 받은 신청기관은 이의신청을 할 수 있다.

(사후관리단계) 사후심사는 매년 1회 이상 수행하며, 정보보호 및 개인정보보호 관리체례가 인증기준에 적합한 수준을 유지하고 있는지를 인증심사를 하며, 인증서 유효기간 3년이 지나기 전에 유효기간 연장을 목적으로 시행하는 심사를 갱신심사를 진행한다.

[그림 9] ISMS-P 인증 절차도

*출처 : ISMS-P인증제도 소개

3) ISMS-P 인증심사 기준

ISMS(정보보호 관리체계) 인증기준은 '관리체계 수립 및 운영(16)', '보호대책 요구사항(64)' 총 80개로 구성되어 있으며 ISMS-P(개인정보보호 및 정보보호 관리체계) 인증기준은 ISMS 인증기준에 '개인정보 처리 단계별 요구사항(22)를 포함하여 총 102개로 구성되어 있다.

[표 11] ISMS-P 인증심사 기준

인증		구분	인증기준 분야별 개수	
ISMS-P (102)	ISMS (80)	1. 관리체계 수립 및 운영(16)	1.1 관리체계 기반 마련(6)	1.2 위험관리(4)
			1.3 관리체계 운영(3)	1.4 관리체계 점검 및 개선(3)
		2. 보호대책 요구사항(64)	2.1 정책, 조직, 자산 관리(3)	2.2 인적보안(6)
			2.3 외부자 보안(4)	2.4 물리보안(7)
			2.5 인증 및 권한 관리(6)	2.6 접근통제(7)
			2.7 암호화 적용(2)	2.8 정보시스템 도입 및 개발 보안(6)
			2.9 시스템 및 서비스 운영관리(7)	2.10 시스템 및 서비스 보안관리(9)
			2.11 사고 예방 및 대응(5)	2.12 재해복구(2)
	-	3. 개인정보 처리단계별 요구사항(22)	3.1 개인정보 수집 시 보호조치(7)	3.2 개인정보 보유·이용 시 보호조치(5)
			3.3 개인정보 제공 시 보호조치(4)	3.4 개인정보 파기 시 보호조치(3)
			3.5 정보주체 권리보호(3)	

1.3.3 ISMS-P 인증 참고 문헌

1) 인증서 발급 현황

현재까지 발급된 인증서는 총 1150건이며, 유지되고 있는 인증서는 1108건(2023년 7월 기준)이다.

2) 참조 사이트

ISMS-P 제도소개, 신청절차, 인증대상, 인증서 발급현황 및 각종 문서를 확인 가능합니다.

☑ ISMS-P 공식 홈페이지 : https://isms.kisa.or.kr/main/ispims/intro/

☑ https://isms.kisa.or.kr/main/ispims/intro/

3) 참조 문서

☑ ISMS-P 인증제도 안내서, ISMS-P 인증기준 안내서, 체크리스트 및 ISMS-P 인증 신청
 서 관련 자료 : https://isms.kisa.or.kr/main/ispims/notice/

1.4 ISO/IEC 27001 인증

1.4.1 ISO/IEC 27001 인증 개요

1) ISO27001 인증 배경 및 연혁

정보보안경영시스템에 대한 영국표준규격으로 BS7799가 있었으며, Part1(실행지침)과 Part2(규격)으로 구성되어 있다. Part1은 2000년에 국제표준인 ISO/IEC 17799로 등록되었고, Part2는 2005년 11월에 국제표준 ISO/IEC 27001으로 등록되었으며, 정보보호관리체계에 대한 국제인증을 받기 위해서는 Part1의 실행지침에 따라 자체적인 체계를 수립하고 일정 기간 이행한 기록을 토대로 Part2 규격에 따라 심사를 받아야 한다. 정보보안경영시스템의 표준화 과정은 아래와 같다.

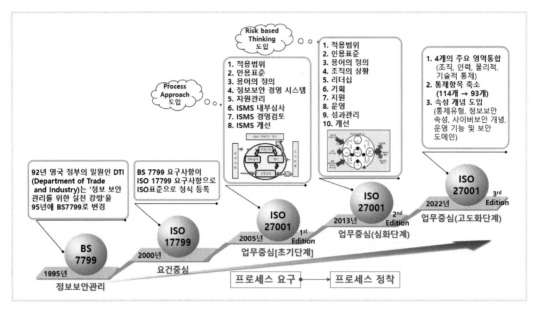

[그림 10] ISO27001 인증 연혁

2001년 1월 산업자원부의 전문경영시스템 인증제도 도입사업의 일환으로 KAB 주도로 정보보안경영시스템 제3자 인증제도를 국내에 도입키로 결정한 후 기술위원회를 통하여 정보보안경영체제 시범인증제도 운영절차를 마련하고 시범인증사업을 추진하였다. 2002년에는 ISMS의 관련 규격인 ISO/IEC 17799:2000을 KS X 17799:2002으로 KS화하였고, BS 7799-2:2002는 한글본으로 발간하였다. 2005년 ISO/IEC 27001 1차 개정하였고 2013년에 ISO/IEC 27001이 2차 개정하였고 2022년에 3차 개정 완료하였다.

2) ISO/IEC 27001 인증 체계

인정(Accreditation)이란 적합성평가를 제공하는 적합성평가기관이 국제적으로 요구되는 적격성을 갖추고 있으며, 공평하게 적합성평가활동을 수행하고 있음을 확인하는 것이다. 즉, 적합성평가에 대한 신뢰를 보장하는 활동이다. 인정기관은 또한 국제표준에 근거한 국제상호인정(MLA/MRA)을 통해 적격성과 적합성평가의 결과가 전 국제적으로 신뢰할 수 있음을 보장하기 위함이다. 적합성평가의 수요자가 국가별로 다른 기준을 만족하기 위해 중복적인 적합성평가를 받아야 하는 불편함을 해소하고, 국가별로 기술무역장벽을 극복할 수 있는 수단을 제공하며, 결과적으로 국제무역을 활성화하는데 기여한다.

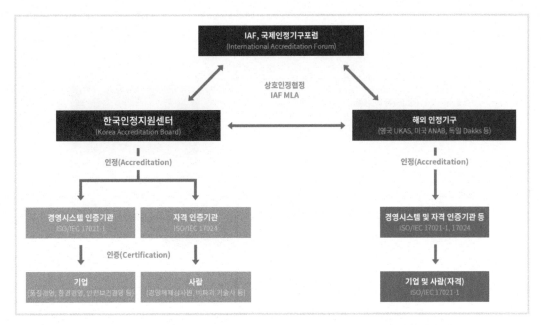

[그림 11] ISO 경영시스템 인증제도(출처 : 한국인정지원센터 홈페이지)

인증(Certification)이란 인정지원센터에서 인정받은 인증기관은 관련 국제기준을 충족시키며 신뢰 있고 높은 품질의 적합성 평가 활동 기관임이 확인되도록 매년 최소 1회 이상의 사후 및 갱신 인정평가를 수검하고 있으며, 이러한 인정 평가를 통해 국내 인증기관의 공평성과 신뢰성을 보장하고 있다.

1.4.2 ISO/IEC 27001 인증 절차 및 기준

1) ISO/IEC 27001 인증 절차

ISO27001인증을 취득하기 위해서는 목표로하는 시스템(서비스)를 선정하고 정보보안경영시스템을 내부 또는 외부 전문가의 도움으로 구축하고 인증기관을 선정하여 인증 계약을 체결한 이후에 인증심사를 받고 정보보안경영시스템의 적합성을 인정 받게 되면 인증을 획득하고 정기적으로 사후관리의 절차로 운영된다.

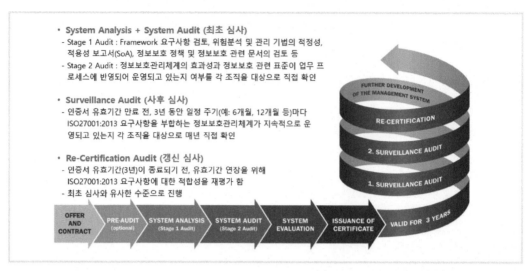

[그림 12] ISO27001 인증심사 종류

2) ISO/IEC 27001 인증 기준

ISO/IEC의 정보보호 및 개인정보보호 경영시스템의 인증요구사항은 ISO/IEC 27001을 기반으로 각종 가이드와 특화된 영역(Sector specific)의 요구사항 등이 모듈 형태로 추가되는 구조로 구성되어 있다. ISO/IEC27001 시리즈는 [그림 13]과 같이 구성되어 있으며, ISO/IEC 27001을 기준으로 운영한다.

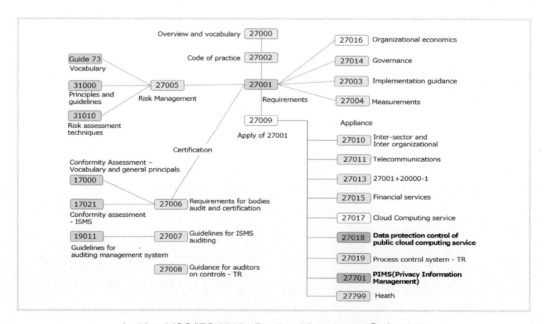

[그림 13] ISO/IEC 27001 Family of Standards (출처 : ISO)

ISO/IEC 27001에 관련된 규격의 종류와 설명은 다음과 같다.

[표 12] ISOK/IEC 규격과 설명

ISO/IEC	설명
27000	• Overview and Vocabulary • ISMS의 수립 및 인증에 관한 원칙과 용어를 규정하는 표준
27001	• ISMS requirements standard • ISMS 요구사항에 대한 심사 및 인증규격
27002	• Code of Practice for ISMS • ISMS의 운영·유지를 위해 공통적으로 적용할 수 있는 실무적인 지침 및 일반 원칙
27003	• ISMS Implementation Guide • ISMS 구현을 위한 프로젝트 수행 시 참고할 수 있는 구체적인 구현 권고사항 규정
27004	• ISMS Measurement • ISMS에 구현된 정보보호통제의 효과성을 측정하기 위한 프로그램과 프로세스규정
27005	• ISMS Risk Management • 정보보호 위험 관리 표준
27006	• Requirements for bodies providing audit and certification of information security management systems • ISMS 인증기관(심사기관)에 대한 요구사항
27007	• Guidelines for information security management systems auditing • ISMS 감사 지침
27009	• Information security, cybersecurity and privacy protection - Sector-specific application of ISO/IEC 27001 – Requirements • ISO27001의 업종별 적용을 위한 요구사항
27017	• Code of practice for information security controls based on ISO/IEC 27002 for cloud services • 클라우드 서비스에 대한 ISO27002 기반 보안통제 실무 지침
27018	• Code of practice for protection of personally identifiable information (PII) in public clouds acting as PII processors • PII 프로세서에 대한 클라우드의 PII(개인식별 가능정보) 보호 실무 지침
27019	• Information technology - Security techniques - Information security controls for the energy utility industry • 에너지 설비 산업 정보보호 통제

27701	• Security techniques – Extension to ISO/IEC 27001 and ISO/IEC 27002 for privacy information management – Requirements and guidelines • 개인정보보호 경영시스템(PIMS) 인증 규격
27799	• Health informatics – Information security management in health using ISO/IEC 27002 • ISO/IEC 27002 통제항목을 활용한 건강정보 보안관리

ISO/IEC 27001:2022는 ISO27001의 필수 요구사항을 정의한 프레임워크와 프레임워크 요구사항을 구체화해 놓은 Annex A로 구성되어 있습니다. 4장 Context of the organizatinon 에서는 조직 운영에 영향을 줄 수 있는 내·외부 이슈와 이해관계자들의 요구사항을 포함하여 정보보안경영시스템 적용 범위를 결정할 것을 요구하고 있습니다. 5장 Leadership 에서는 조직의 정보보호경영시스템이 효과적으로 수립되고 운영될 수 있도록 최고경영자가 강력한 의지를 표명해야 하고, 그를 위한 역할 및 권한과 책임을 부여할 것을 요구한다. 6장 Planning 에서는 정보보호의 목적을 명확히 정의하고 목적을 달성할 수 있는 효과적인 계획을 수립할 것을 요구하고 있습니다. 7장 Support 에서는 정보보호 업무를 위한 적절한 자원의 제공과 지속적 교육을 수행하고, 내외부 이해관계자들과 의사소통할 것을 요구하고 있다. 8장 Operation에서는 정보보호 요구사항을 만족시키기 위한 운영 계획 및 통제를 구현할 것과 정보보호 위험평가를 수행할 것을 요구하고 있다. Framework 9장 Performance evaluation에서는 수립한 정보보호경영시스템의 효과성 및 성과를 평가할 것과 이를 위한 방법으로 내부감사를 수행할 것을 요구하고 있다. 10장 Improvement에서는 성과평가 결과에 따른 시정조치 활동과 지속적인 개선을 수행할 것을 요구하고 있다.

ISO/IEC 27001:2022 Annex A에서는 Framework 5장~8장에 대한 구체화된 요구사항을 4개 영역(Domain), 93개 통제항목(Control)을 통해 정의하고 있습니다. 93개 통제항목은 조직에 적용 가능한 항목을 선택해 적용하는 것이 가능하다. 2013버전에서 2022버전으로 변경되면서 14개 도메인이 4개의 도메인으로 변경되었다.

[표 13] ISO/IEC 27002 2013년과 2022년 비교표

ISO/IEC 27002: 2013	ISO/IEC 27002 : 2022
A.5, A.6, A.7, A.8, A.9, A.10, A.11, A12, A13, A14, A15, A16, A17, A18	• Organizational Controls • People Controls • Physical Controls • Technological Controls

3) ISO/IEC 27701 인증 기준

ISO/IEC 27701은 ISO27001의 확정 영역으로서 PIMS(Privacy Information Management System, 개인정보보호 경영시스템)의 구축과 관련된 특정 요구사항, 목표 및 관리 수단이 포함된다. ISO/IEC 27701인증을 받기를 희망하는 기업은 ISO/IEC 27001인증을 보유해야 지만 인증을 받을 수 있다.

[표 14] ISO/IEC 27701 구성표

구분	PII Controller	PII Processor	요구사항
Requirement	ISO27001		ISMS/PIMS Framework
	Clause 5		- Context of organization - Interested party, PIMS Policy - PII Risk Assessment and treatment
	Annex A	Annex B	ISO27001 SOA 추가
Guidance	Clause 6	Clause 6	ISO27002에 관련된 가이던스
	Clause 7	Clause 8	for PII Controllers and PII Processors

데이터 및 개인정보보호 행동방법에 대한 실제지침을 제공함으로써 기존의 규정을 충족 하며 이러한 지침을 통해 PII(Personal Identitifiable Information, 개인식별정보)를 보호하 면서 GDPR(General Data Protection Regulation, 유럽연합개인정보보호법)과 같은 규정을 준수할 수 있다. 조직의 역할(Controller 또는 Process)에 따라 적용되는 ISO/IEC27701 요 구사항이 구분된다.

4) ISO/IEC 27018 인증 기준

ISO27018은 2014년 제정된 공용(public) 클라우드 환경에서 개인식별정보 보호를 위한 실행지침이다. 인증기준은 이용자의 데이터의 통제권 보장, 동의 없는 광고 목적 활용금지, 이용자 개인정보의 처리와 저장의 투명성 확보, 독립적인 제3자로부터의 준수사항 감사 실 시 등을 주요 내용으로 포함하고 있다.

[표 15] ISO/IEC 27018 통제항목

통제 항목	동의와 선택	데이터 접근, 수정, 제거 요구 준수를 위한 도구 제공
	합법성 및 사용목적	고유 목적 외 고객 데이터 사용 금지, 고객의 명시 동의 필요
	수집 제한	개인정보 수집 목적 명확화, 목적 외 수집 제한
	데이터 최소화	지정된 기간 내 파기 및 임시파일 삭제 점검
	사용 및 공개 제한	법적 의무 시 사전 고객에 내용, 대상 및 시간 고지 의무
	정확성과 품질	개인정보 수집·통제 정확성, 사용 품질 확보
	개방성, 투명성	서비스 계약 체결 전 업체의 신원 및 PII 처리 위치 공개
	개인 참여와 접근	개인 자신의 데이터 접근 권한 주장 시 제공 등 규정 준수
	책임	PII 무단 접근 손실, 초래 시 관련 고객에게 즉시 고지
	정보 보호	기밀 유지 의무, 하드 카피 작성 제한, 암호화 포함 접근 제한
	개인정보 보호규정	PII의 반품, 양도 또는 삭제 정책 보유, 고객에 정책 정보 제공

1.4.3 ISO/IEC 27001 인증 참고 문헌

1) 참조 사이트

ISO/IEC 27001 및 관련 표준에 관련된 문서를 확인 가능합니다.

☑ ISO 공식 홈페이지 : https://www.iso.org/isoiec-27001-information-security.html

1.5 정보보호 준비도 평가제도

1.5.1 정보보호 준비도 평가제도 개요

1) 정보보호 준비도 평가 개요

정보보호 준비도 평가는 「정보보산업의 진흥에 관한 법률」제12조에 근거로 하여 영세 중소기업 및 다양한 산업군의 정보보호 인식을 강화하고 보안 사각지대를 해소하기 위하여 단계적으로 정보보호 수준을 향상하고 정보보호 분야의 투자를 확대할 수 있도록 정보보호 준비도 평가 등급제를 시행하였다.

2) 정보보호 준비도 평가 체계

정보통신서비스제공자뿐만 아니라 정보의 제공을 매개하는 규모와 상관없이 모든 기업이 자율적으로 정보보호 준비도 평가를 신청할 수 있다. 평가 체계는 미래창조과학부에서 제도 정책 수립 및 활성화, 평가기관 등록의 업무를 수행하고 한국인터넷진흥원이 제도 정책 수립 활성화, 평가기관 관리의 업무를 수행하고 있다. 평가기관은 평가기준 및 방법을 운영하고 평가 수행 및 등급을 부여하며, 평가심의위원회는 평가기관이 평가한 내용을 기반으로 평가 결과를 심의하고 의결하는 역할을 수행하고 있다.

평가는 3종류로 분류되며 최초평가는 정보보호 준비도 등급 취득을 위한 평가이고 유효기간은 1년이며, 갱신평가는 유효기간 만료일 이전에 유효기간을 갱신하기 위한 목적으로 하는 평가이다. 등급받은 정보보호 준비도 범위 내에서 중대한 변경(인증범위의 확대, 서비스 양도·양수 등)이 발생한 경우 재평가를 수행한다.

3) 정보보호 준비도 평가 등급 및 기준

정보보호 준비 평가 등급은 기업 및 기관의 정보보호 투자 정도, 정보보호 수준 등 정보보호 활동 등을 고려하여 5단계로 구분한다.

[표 16] **정보보호 준비도 평가 등급기준**

구분	설명	예상 기업
AAA	정보보호 준비 정도가 우수하며 환경변화 및 침해 위협에 대한 예방적 대처까지 가능한 기업	국가 사회적 파급력 및 영향력이 큰 대국민 서비스 제공기업
AA	정보보호 준비 정도가 양호하며 환경변화 및 침해 위협 시 적절한 대처가 가능한 기업	다량의 개인정보 보유기업
A	정보보호 준비 정도가 양호하나 환경변화 및 침해 위협 정도에 따라 대처능력이 일부 제한적인 기업	비 ICT분야 대기업, 일정규모 이상의 정보통신서비스제공자
BB	정보보호 준비 정도가 보통이며 환경변화 및 침해 위협 정도에 따라 대처능력이 제한적인 기업	비 ICT분야 대기업, 일정규모 이상의 정보통신서비스제공자
B	기본적인 정보보안 관리활동만 준비된 상태	인터넷을 보조로 활용해 사업을 영위하는 비 ICT 분야 중소·영세기업

정보보호 준비도 평가 항목은 필수항목(기반지표, 활동지표)과 선택항목으로 구성하고 개인정보보호 및 산업 분야별 특성을 고려하여 확장할 수 있는 제도이며, 기반지표는 정보보호 리더쉽, 정보보호 자원관리로 구성되었고 활동지표는 관리적·물리적·기술적 정보보호 활동으로 구성되었다. 선택항목은 금융, 의료, 교육 및 기타 산업별 요구사항에 맞게 개인정보보호 항목으로 구성되어 있다. 개인정보보호는 선택항목이기 때문에 개인정보를 처리하지 않는 경우에는 선택하지 않고 평가를 받을 수 있다. 평가항목별로 점수가 차등되어 있고 준비된 상태에 따라서 해당 점수를 모두 부여하거나 일부 점수만 부여하는 방식으로 평가하고 있다.

[표 17] **평가항목(필수항목, 선택항목) 구성표**

구분	설명	예상 기업
기반지표 (필수)	정보보호 정책·경영·의사결정 구조(리더십)와 보안투자 및 인력·조직 등 필수적인 보안 인프라를 평가(7개)	정보보호 최고책임자의 자격 및 역할, 정보보호 의사결정 과정·구조, 정보보호 계획 수립·이행, 정보보호 예산 및 집행, 정보보호 인력·조직 보유 등
활동지표 (필수)	관리적·물리적·기술적 정보보호조치 현황 및 체계적인 보안활동 수행 여부를 평가(16개)	임직원 정보보호 교육, 내·외부자 보안관리, 연간 취약점 점검 수준 및 횟수, 침해사고 대응체계 구축, 백업 및 복구체계 구축
선택지표	선택이 가능한 지표로서 금융, 교육, 의료 및 기타 산업별 요구사항에 대하여 확장 가능하게 운영(7개)	「개인정보보호법」에서 규정하는 개인정보보호 필수항목에 대한 준수 여부를 평가

정보보호 준비도 등급 산정의 기준은 다른 인증제도와 달리 발견된 문제점에 대하여 보완 조치한 이후에 심의와 의결하는 구조가 아닌 현재의 수준을 평가하고 해당 점수에 맞게 등급을 부여하는 구조이다. 선택항목인 개인정보보호는 모든 항목을 통과해야지만 등급 표기가 가능하다.

[표 18] **정보보호 준비도 등급 산정표**

환산점수	100~90점	89~80점	79~60점	59~40점	39~23점	개인정보보호
준비등급	AAA	AA	A	BB	B	P

CHAPTER 02

개인정보 영향평가

2.1.1 개인정보 영향평가의 개념

1) 개인정보 영향평가의 정의

개인정보 영향평가(PIA : Privacy Impact Assessment)란 개인정보파일을 운용하는 새로운 정보시스템의 도입이나 기존에 운영 중인 개인정보처리시스템의 중대한 변경시 해당 시스템의 구축·운영·변경 등이 개인정보에 미치는 영향(impact)을 사전에 조사·예측·검토하여 개선방안을 도출하는 체계적인 절차를 말한다. 결국 이를 통해 정보시스템의 구축·변경 등이 완료되기 전에 평가 및 개선을 통해 정보주체의 개인정보에 미치는 중대한 영향을 사전에 파악하여 그 위험요인을 제거하거나 최소화할 수 있는 방안을 모색하는 것이 개인정보 영향평가의 핵심이라고 할 수 있다.

2) 개인정보 영향평가의 배경 및 필요성

정보화 사회의 급속한 발전과 함께 개인정보의 집적·이용 또한 활발해지고 있으며, 이런 과정에서 개인정보의 의존도와 활용도는 점차 높아지고 있다. 그러나 한편으로는 개인정보 침해가 전자상거래 및 전자정부 발전에 걸림돌이 될 뿐 아니라 궁극적으로는 국민의 건전한 정보인권을 제약하는 요소로 대두되고 있다. 즉, 개인정보 수집·이용의 필요성이 높아짐에 따라, 과도한 개인정보의 수집 및 오·남용으로 인한 국민들의 사생활 침해의 위험 또한 급증하고 있다.

이로 인해 신규 시스템의 구축 및 기존 시스템 변경 시 개인정보 침해요인을 충분히 검토, 방지할 수 있는 제도적 장치 마련이 필요하다는 요구와 함께 미국, 캐나다 등 해외의 성공적인 개인정보 영향평가 제도 운영 사례가 등장함에 따라 영향평가의 국내 도입이 본격화되었다.

국내의 경우 2000년대 중반에 본격적으로 소개되어 민간영역을 중심으로 자율적으로 수행이 되어 왔으며, 2011년 9월 개인정보보호법 시행에 따라 현재의 개인정보 영향평가 제도가 공공기관에 대한 의무사항으로서 시행되게 되었다.

3) 개인정보 영향평가의 기대효과

개인정보 영향평가의 기대효과로는 첫 번째로 앞서 언급한 것과 같이 개인정보보호 조치를 개인정보처리시스템 및 개인정보 처리 프로세스에 내재화할 수 있다는 것이다. 이를 통해 Privacy by design 관점에서 개인정보 침해 가능성을 최소화하면서도 효과적이고 효율적인 개인정보 처리가 가능하게 할 수 있다.

두 번째 기대효과로는 개인정보 침해를 사전에 예방할 수 있다는 것이다. 기존 개인정보보호 진단이나 감사의 경우 개인정보 처리가 진행되는 중에 사후적으로 수행됨에 따라 해당 진단이나 감사에서 문제점이 발견된 경우, 이는 이미 일정기간 동안 개인정보 관련 법규 위반이나 침해가 발생한 상태라는 것을 의미하게 된다. 하지만 개인정보 영향평가의 경우 개인정보처 처리가 이루어지기 전에 사전적으로 수행됨에 따라 개인정보 영향평가에서 발견된 위험요인은 아직 발생하지 않은 문제점이 된다. 즉 개인정보 영향평가를 통해 문제가 발생하기 전에 예방이 가능하다고 할 수 있다.

마지막 세 번째로는 개인정보 보호조치 비용을 절감할 수 있다는 것이다. 정보시스템의 분석·설계 단계에서 문제점을 발견하고 조치할 경우 많은 비용이 들지 않지만, 운영 과정에서 문제점이 발견된 경우에는 이를 개선하기 위해 많게는 수십배 이상의 비용이 들어갈 수 있다. 결국 개인정보 영향평가를 통해 사전에 문제점을 발견하고 개선할 경우 상당한 비용 절감 효과가 할 수 있을 것이다.

2.1.2 개인정보보호 중심 설계(Privacy by Design, PbD)

PbD는 1960년대 건축분야에서 고안된 개념으로서, 주거용 건물을 지을 때 프라이버시가 가장 중요한 요소 중의 하나로 간주되었다. ICT분야에서의 'Privacy by Design'이라는 용어는 캐나다 온타리오 주의 "정보와 프라이버시 위원회"에서 근무하고 있던 앤 카부키안(Ann Cavoukian) 박사가 처음으로 제안하였다. PbD는 시스템 엔지니어링에 대한 접근법으로서, 제품·서비스 개발 시 기획에서부터 폐기까지 생애주기별로 사용자의 개인정보보호를 고려하여 기술 및 정책을 적용설계하는 것을 의미한다.

PbD는 사전 예방적 개인정보보호 방안의 하나로서 개인정보 영향평가를 통하여 PbD 구현여부를 검증하고 개선대책을 제시함으로써 개인정보 보호조치를 설계에 내재화할 수 있게 된다.

또한, PbD는 정보기술 및 시스템의 설계에 Privacy-Enhancing Technologies(PET)를 포함시키는 등 개인정보보호 정책을 처음부터 갖추도록 요구하고 있으며, [표 19]에서 제시된 7가지 기본원칙을 필수적인 요소로 포함하도록 강조하고 있다.

[표 19] PbD의 7가지 원칙

번호	PbD 7원칙	설명
1	Proactive not reactive – preventive not remedial	사후조치가 아닌 사전예방
2	Lead with privacy as the default setting	프라이버시 보호가 가능하도록 기본 설정
3	Embed privacy into design	프라이버시를 설계에 내재화
4	Retain full functionality (positive-sum, not zero-sum)	충분한 기능성 유지(기능성과 개인정보보호 모두 달성)
5	Ensure end-to-end security	전 과정에서의 보안 확보
6	Maintain visibility and transparency – keep it open	가시성과 투명성 유지
7	respect user privacy – keep it user centric	이용자 프라이버시 존중(이용자 중심 유지)

PbD와 관련해서 EU의 ENISA(European Union Agency for Network and Information Security)에서는 2014년 『Privacy and Data Protection by Design, 2014)』 보고서와 2015년 『Privacy by design in big data』 보고서를 통해 프라이버시 중심 설계'(Privacy by Design)의 실현을 통하여 정보주체의 프라이버시 침해를 최소화하고, 그들의 개인정보를 보호하기 위한 8가지 privacy design Strategies를 도출하였다. 이 전략들은 'Privacy by Design'을 구체화하여 실질적인 적용을 위한 것으로서 그 내용은 다음의 [그림 14]와 같다.

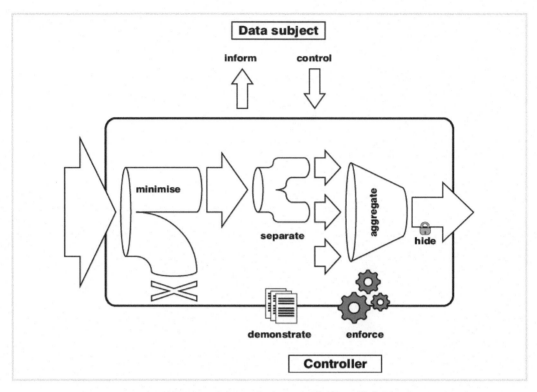

[그림 14] Privacy Design Strategies(출처: 스페인 AEPD)

또한, EU GDPR(General Data Protection Regulation, 일반 개인정보보호법)에서는 Privacy by design 개념을 법적 의무사항으로 규정하고 이를 위반한 경우에도 과징금 등을 부과할 수 있도록 하고 있다. GDPR 제25조(Data protection by design and by default) 제1항에서는 컨트롤러(Controller)는 처리의 성격, 범위, 맥락과 목적 뿐 아니라 처리로 인해 자연인의 권리와 자유에 대해 다양한 위험의 발생가능성과 심각성을 고려하여, 처리수단의 결정 시점 및 처리 당시의 시점에서 데이터 최소화 등 개인정보 보호의 원칙을 효과적인 방식으로 이행하고 GDPR의 요건을 충족하며 정보주체의 권리를 보호하기 위해 필요한 안전장치(safeguards)를 처리에 통합(integrate)하도록 설계된(designed) 가명처리(Pseudonymisation) 등 적절한 기술적·관리적 조치(appropriate technical and organizational measures)를 이행하여야 한다고 명시하고 있다. 아울러, 같은 조 제2항에서 컨트롤러는 기본 설정을 통하여(by default) 처리의 개별 특정 목적을 위하여 필요한 개인정보만이 처리되는 것을 보장하기 위한 적절한 기술적·관리적 조치를 이행해야 하여, 이러한 의무는 수집된 개인정보의 양, 해당 처리의 범위, 보관 및 접근가능 기간에 적용되며, 특히 이러한 조치는 기본 설정을 통하여 개인정보가 당해 개인의 개입 없이 불특정 다수의 자연인에게 접근되지 않도록 보장하여야 한다고 규정하고 있다.

2.1.3 개인정보 영향평가 관련 해외 사례

1) 미국

미국은 전자정부법(Section 208, Privacy Provisions (b)Privacy Impact Assessment)에 따라 예산관리처(OMB; Office of Management and Budget)에 정보화 예산을 요청할 때 개인정보 영향평가서를 첨부하도록 규정하고 있으며, 영향평가 결과보고서를 외부에 공개하도록 하고 있다. 또한, 연방정보보안관리법(The Federal of Information Security Management Act : FISMA), 공공기관 개인정보관리에 대한 보고지침, 연방정부의 개인정보보호 정책의 해석에 대한 지침 등에서 개인정보 영향평가를 수행하도록 규정하고 있다.

2) 캐나다

캐나다는 개인정보보호법(Privacy Act), 개인정보보호 및 전자문서법(Personal Information Protection and Electronic Document Act : PIPEDA), 공정정보관행규정(Code of Fair Information Practice) 등에 근거하여 강제조항은 아니지만 영향평가 제도를 준수하도록 하고 있다. 또한 개인정보 영향평가를 수행하도록 세부적인 기준에 관한 개인정보 영향평가 지침(2002)을 제공하여 정부기관에 제공하는 모든 시스템 및 서비스는 개인정보 영향평가를 수행하도록 하고 재무위원회가 검토 및 승인하도록 하고 있다. 개인정보 영향평가 제도는 캐나다 재무부 사무국 및 OPC(Office of Privacy Commissioner of Canada)에서 관리하고 있다.

3) 유럽연합(EU)

EU GDPR 제35조(Data Protection Impact Assessment; DPIA)에서는 개인정보 처리의 성격과 범위, 맥락 및 목적, 특히 신기술을 사용하는 처리의 유형을 고려하여 자연인의 권리와 자유에 대한 '높은 위험(high risk)'을 초래할 것 같은 경우, 컨트롤러는 처리가 이루어지기 전에(prior to the processing) 예상되는 처리작업의 개인정보 보호 측면에서의 영향에 대한 평가를 수행하도록 하고 있다.

특히, ①프로파일링 등 자동화된 개인정보의 처리에 기반한 자연인에 대한 개인적 특성의 체계적이고 광범위한 평가와 그러한 평가에 기반한 결정이 해당 자연인에 대해 법적 효과를 미치거나 그와 유사하게 중요한 영향을 미치는 경우, ②특별한 유형의 정보(민감정보)의 또는 범죄경력 및 범죄행위와 관련된 개인정보의 대규모 처리, ③공개적으로 접근 가능한 지역에 대한 대규모의 체계적인 모니터링, ④신기술이 대규모로 사용되는 경우에는 개인정보 영향평가가 요구된다고 하고 있다.

개인정보 영향평가 방법론에 대해서는 특별한 제한사항이 없으나, ① 해당되는 경우 컨트롤러가 추구하는 정당한 이익을 포함한 예상되는 처리작업과 처리목적에 대한 체계적인 설명(systematic description), ②목적과 관련한 처리작업의 필요성(necessity) 및 비례성(proportionality) 평가, ③정보주체의 권리와 자유에 미치는 위험(the risk to the rights and freedoms of data subjects)에 대한 평가, ④ 정보주체 및 다른 관련자들의 권리 및 정당한 이익을 고려하여 개인정보 보호를 보장하고 GDPR의 준수를 입증하기 위한 안전장치(safeguards), 보안조치(Security measures) 및 메커니즘(mechanisms)을 포함한 위험을 다루도록 예정된 조치(measures)의 4가지 사항은 반드시 포함하도록 하고 있다.

개인정보 영향평가는 Data protection by design and by default 원칙에 따라 개인정보 처리 전에 하여야 하며, 개인정보 처리의 기획 단계 중 가장 먼저 시작하도록 하고 있다. 또한 DPIA 수행과정에서 정보주체 또는 대리인의 의견을 수렴하고, DPO가 지정되어 있는 경우 조언을 받도록 규정하고 있다. 또한, 개인정보 영향평가 결과, 개인정보 처리로 인해 발생할 수 있는 위험에 대해 컨트롤러가 충분한 보호조치를 구현하지 못하는 경우 컨트롤러는 그 처리에 대하여 감독기구와 사전에 협의하도록 규정하고 있다.

EU GDPR에 따른 개인정보 영향평가 수행절차는 제29조 작업반에서 발간한 DPIA 가이드라인, 영국의 감독기관인 ICO에서 제시하는 DPIA 절차, 프랑스 감독기관인 CNIL에서 무료로 공개한 DPIA 소프트웨어 등을 참고할 수 있다.

4) ISO/IEC 29134

ISO/IEC 29134(Information technology - Security techniques - Guidelines for privacy impact assessment)는 개인정보 영향평가 가이드라인으로서 2017년 4월 17일에 국제 표준으로 채택되었다. ISO/IEC 29134의 평가대상으로는 기업, 정부기관, 공공기관 등 모든 기업에 적용이 가능하다. 평가절차 및 내용으로는 개인정보보호를 위한 관리체계, 소프트웨어, 정보시스템 등 컨트롤러와 이해관계자가 다루는 개인정보파일에 대하여 설계단계부터 응용단계까지 포함하고 있으며, 평가 단계로는 준비 과정, 수행 과정, 후속조치 과정의 3단계로 나누어져 있다.

ISO/IEC 29134 표준에서는 개인정보 영향평가 수행절차에 대해서 1장부터 6장까지 32개의 세부항목으로 다루고 있다. 1장부터 4장까지는 ISO/IEC 29134의 범위, 참고문헌, 용어정의, 약어에 대해서 다루고 있고 5장에서는 프라이버시 영향평가의 근거에 대해서 설명하고 있다. 6장에서는 프라이버시 영향평가의 수행에 대해서 설명하고 있고, 마지막 7장에서는 프라이버시 영향평가 보고서에 대한 내용을 설명하고 있다. 또한, 부록(Annex)으로 영향 수준 및 가능성에 대한 척도 기준(Scale criteria on the level of impact and on the likelihood), 일반적인 위협요인(Generic threats), 사용된 용어의 이해에 대한 가이드 (Guidance on the understanding of terms used), PIA 프로세스 지원 예시(Illustrated examples supporting the PIA process) 등을 제시하고 있다.

2.2 개인정보 영향평가 제도

2.2.1 관련 법규정

국내 개인정보 영향평가 제도는 개인정보보호법 제33조(개인정보 영향평가)에 그 근거를 두고 있다. 개인정보 보호법 제33조 제1항에 따르면 공공기관의 장은 대통령령으로 정하는 기준에 해당하는 개인정보파일의 운용으로 인하여 정보주체의 개인정보 침해가 우려되는 경우에는 그 위험요인의 분석과 개선사항 도출을 위한 평가(영향평가)를 하고 그 결과를 개인정보보호위원회에게 제출하여야 한다. 이 경우, 공공기관의 장은 영향평가를 보호위원회가 지정하는 기관(평가기관) 중에서 의뢰하도록 하고 있다. 즉, 개인정보 영향평가는 대통령령에 위임된 요건에 해당되는 개인정보파일을 운용하려는 공공기관에게 의무화되어 있으며, 반드시 개인정보 보호위원회가 지정하는 기관(평가기관)을 통하여 영향평가를 수행하여야 한다는 점을 명확히 하고 있다.

다만, 민간의 경우 개인정보파일 운용으로 인하여 정보주체의 개인정보 침해가 우려되는 경우에는 영향평가를 하기 위하여 적극 노력하도록 함으로써 권고사항으로 규정하고 있다.

[참고] 개인정보보호법 제33조(개인정보 영향평가)

제33조(개인정보 영향평가)

① 공공기관의 장은 대통령령으로 정하는 기준에 해당하는 개인정보파일의 운용으로 인하여 정보주체의 개인정보 침해가 우려되는 경우에는 그 위험요인의 분석과 개선 사항 도출을 위한 평가(이하 "영향평가"라 한다)를 하고 그 결과를 보호위원회에 제출하여야 한다.

② 보호위원회는 대통령령으로 정하는 인력·설비 및 그 밖에 필요한 요건을 갖춘 자를 영향평가를 수행하는 기관(이하 "평가기관"이라 한다)으로 지정할 수 있으며, 공공기관의 장은 영향평가를 평가기관에 의뢰하여야 한다.

③ 영향평가를 하는 경우에는 다음 각 호의 사항을 고려하여야 한다.

1. 처리하는 개인정보의 수

2. 개인정보의 제3자 제공 여부

3. 정보주체의 권리를 해할 가능성 및 그 위험 정도

4. 그 밖에 대통령령으로 정한 사항

④ 보호위원회는 제1항에 따라 제출받은 영향평가 결과에 대하여 의견을 제시할 수 있다.

⑤ 공공기관의 장은 제1항에 따라 영향평가를 한 개인정보파일을 제32조제1항에 따라 등록할 때에는 영향평가 결과를 함께 첨부하여야 한다.

⑥ 보호위원회는 영향평가의 활성화를 위하여 관계 전문가의 육성, 영향평가 기준의 개발·보급 등 필요한 조치를 마련하여야 한다.

⑦ 보호위원회는 제2항에 따라 지정된 평가기관이 다음 각 호의 어느 하나에 해당하는 경우에는 평가기관의 지정을 취소할 수 있다. 다만, 제1호 또는 제2호에 해당하는 경우에는 평가기관의 지정을 취소하여야 한다.

1. 거짓이나 그 밖의 부정한 방법으로 지정을 받은 경우

2. 지정된 평가기관 스스로 지정취소를 원하거나 폐업한 경우

3. 제2항에 따른 지정요건을 충족하지 못하게 된 경우

4. 고의 또는 중대한 과실로 영향평가업무를 부실하게 수행하여 그 업무를 적정하게 수행할 수 없다고 인정되는 경우

5. 그 밖에 대통령령으로 정하는 사유에 해당하는 경우

⑧ 보호위원회는 제7항에 따라 지정을 취소하는 경우에는 「행정절차법」에 따른 청문을 실시하여야 한다.

⑨ 제1항에 따른 영향평가의 기준·방법·절차 등에 관하여 필요한 사항은 대통령령으로 정한다.

⑩ 국회, 법원, 헌법재판소, 중앙선거관리위원회(그 소속 기관을 포함한다)의 영향평가에 관한 사항은 국회규칙, 대법원규칙, 헌법재판소규칙 및 중앙선거관리위원회규칙으로 정하는 바에 따른다.

⑪ 공공기관 외의 개인정보처리자는 개인정보파일 운용으로 인하여 정보주체의 개인정보 침해가 우려되는 경우에는 영향평가를 하기 위하여 적극 노력하여야 한다.

개인정보보호법 시행령 제35조부터 제38조까지에서는 개인정보 영향평가 의무 대상 기준, 영향평가 시 고려사항, 영향평가 기관의 지정 및 지정 취소, 개인정보 영향평가 기준을 제시하고 있다.

'개인정보 영향평가에 관한 고시'에서는 개인정보 보호법 제33조와 같은 법 시행령 제38조에 따른 평가기관의 지정 및 영향평가의 절차 등에 관한 세부기준, 영향평가 수행인력 자격, 평가항목 등을 정하고 있다. 또한, '개인정보 영향평가에 관한 고시' 제13조에 따라 '개인정보 영향평가 수행안내서'가 발간되어 영향평가 절차와 평가지표에 대한 상세한 해설을 제시하고 있다. 영향평가 수행안내서는 개인정보 포털(www.privacy.go.kr) 자료실에서 다운로드 받을 수 있다.

2.2.2 영향평가 대상 및 수행시기

개인정보 영향평가의 "대상기관"은 공공기관 중에 개인정보보호법 제33조 및 영 제35조에서 규정한 개인정보 영향평가의 실시 대상이 되는 개인정보파일을 운용하는 공공기관을 말한다. 공공기관에는 국회·법원·헌법재판소·중앙선거관리위원회의 행정사무를 처리하는 기관, 중앙행정기관 및 소속기관, 지방자치단체 외에 국가인권위원회, 「공공기관의 운영에 관한 법률」에 따른 공공기관, 지방공사·공단, 특수법인, 각급 학교가 포함된다.

개인정보 영향평가 의무 대상 개인정보파일(개인정보를 쉽게 검색할 수 있도록 일정한 규칙에 따라 체계적으로 배열하거나 구성한 개인정보의 집합물(集合物))은 개인정보보호법 시행령 제35조에서 [표 20]과 같이 4가지 기준을 제시하고 있다. 참고로 개인정보 영향평가 의무대상은 전자적으로 처리할 수 있는 개인정보파일로 정의하고 있으므로, 실무적으로는 개인정보처리시스템이 평가 대상이 된다고 볼 수 있다.

[표 20] 개인정보 영향평가 의무대상 개인정보파일

번호	영향평가 의무대상 기준(전자적으로 처리할 수 있는 개인정보파일)
1	구축·운용 또는 변경하려는 개인정보파일로서 5만명 이상의 정보주체에 관한 민감정보 또는 고유식별정보의 처리가 수반되는 개인정보파일
2	구축·운용하고 있는 개인정보파일을 해당 공공기관 내부 또는 외부에서 구축·운용하고 있는 다른 개인정보파일과 연계하려는 경우로서 연계 결과 50만명 이상의 정보주체에 관한 개인정보가 포함되는 개인정보파일
3	구축·운용 또는 변경하려는 개인정보파일로서 100만명 이상의 정보주체에 관한 개인정보파일
4	개인정보 영향평가를 받은 이후에 개인정보 검색체계 등 개인정보파일의 운용체계를 변경하려는 경우 그 개인정보파일(이 경우 영향평가 대상은 변경된 부분으로 한정)

개인정보처리시스템을 신규로 구축 하거나 기존 시스템을 변경하려는 기관은 사업계획 단계에서 영향평가 의무대상 여부를 파악하여 예산을 확보한 후, 대상 시스템의 설계 완료 전에 영향평가를 수행하여야 한다. 개인정보 영향평가는 새로운 개인정보파일 또는 개인정보처리시스템 구축시 발생할 수 있는 개인정보 침해요인 등을 사전에 조사·분석·조치하는 것이므로, 가급적 개발 초기 단계, 즉 개발에 대한 설계 조정이 가능한 시점에 수행하는 것이 필요하다.

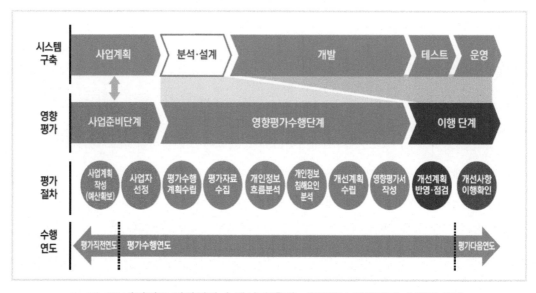

[그림 15] 개인정보 영향평가 수행시기(출처: 개인정보 영향평가 수행안내서)

2.2.3 영향평가기관 및 수행인력

개인정보 영향평가의 대상 시스템에 대해서는 개인정보보호위원회가 지정한 평가기관에 의뢰하여 영향평가를 수행하여야 한다. 이때 "평가기관"이란 영 제37조에 따른 영향평가 수행에 필요한 업무수행실적, 전문인력, 안전한 사무실·설비 등의 지정요건을 갖춘 법인으로 지정 절차를 거쳐 개인정보보호위원회가 평가기관으로 지정한 기관을 말한다. 평가기관의 유효기간은 개인정보보호위원회가 평가기관으로 지정한 날로부터 3년이며, 유효기간 만료일 전에 심사를 통해 재지정 여부를 결정하게 된다. 평가기관은 2023.1 기준으로 14개 기관이 존재하며, 최신 현황은 개인정보보호 포털(www.privacy.go.kr)에서 확인 가능하다.

영향평가 수행인력에 대해서는 개인정보보호법 시행령 및 관련 고시에 따른 일반인력과 고급수행인력에 대한 자격요건을 규정하고 있다. 예를 들어 CISSP, CISA, CPPG와 같은 관련 자격증 취득 후 1년 이상 관련 분야 경력이 있는 경우 일반수행인력에 해당된다. 실제 개인정보 영향평가를 수행하기 위해서는 일반수행인력 또는 고급수행인력의 자격 요건을 갖추고, 전문교육기관인 한국인터넷진흥원(KISA)이 실시하는 전문교육을 이수하고 평가인력 인증서를 받아야 한다.

또한 전문교육기관(KISA)은 영향평가 전문인력 인증서를 교부받은 자에 대하여 계속교육을 실시하여야 하며, 전문인력은 인증서를 교부받은 후 매 2년이 경과한 경우 계속 교육을 이수하고 전문인력 인증서를 갱신하여야 한다. 해당 기간 내에 계속교육을 이수하지 아니하여 인증서를 갱신하지 못한 경우 기존 인증서의 효력은 정지된다.

2.2.4 영향평가 수행체계

대상기관(공공기관)은 개인정보보호위원회가 지정한 영향평가기관에 의뢰하여 영향평가를 수행하고 그 결과를 평가 완료 후 2개월 이내에 개인정보보호위원회에 제출하여야 한다. 또한, 영향평가서를 제출한 날로부터 1년 이내에 이행점검 확인서를 보호위원회에 제출해야 한다.

공공기관의 장은 영향평가를 한 개인정보파일을 개인정보보호위원회에 등록할 때에는 영향평가 결과를 함께 첨부하여야 하며, 개인정보보호 종합지원시스템(https://intra.privacy.go.kr)을 통해 등록할 수 있다. 개인정보보호위원회는 공공기관이 제출한 영향평가 결과에 대하여 필요 시 심의·의결을 거쳐 해당 사업에 대한 의견을 제시할 수 있다.

현재 공공기관이 제출한 영향평가 결과에 대해 품질 관점에서 검토 및 이에 따른 후속조치를 진행하고 있으므로, 영향평가 수행시 평가 및 보고서 품질에 대해 각별히 주의를 기울일 필요가 있다.

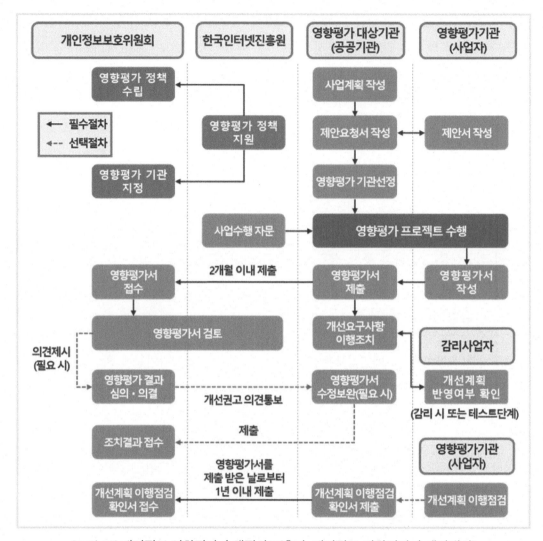

[그림 16] 개인정보 영향평가 수행절차도(출처: 개인정보 영향평가 수행안내서)

2.2.5 평가기준

영향평가의 평가기준은 개인정보보호법 시행령 제38조제1항 및 '개인정보 영향평가에 관한 고시' 별표4에 명시되어 있으며, '개인정보 영향평가 수행안내서'에서는 고시에서 명시된 5개 평가영역 및 25개 평가분야를 바탕으로 85개의 평가지표(체크리스트)를 구체적으로 제시하고 있다.

평가기관은 '개인정보 영향평가 수행안내서'에서 제시된 평가지표를 참고하여 평가 적합한 평가항목을 선정하여 영향평가를 수행하여야 한다. 다만, 대상기관이 1년 이내에 이미

평가받은 항목은 그 변경이 없는 때에는 평가항목에서 제외된다.

또한, 위에서 명시되지 않은 특화된 IT기술을 적용하는 경우에는 해당 기술이 개인정보보호에 미치는 영향에 대한 평가항목을 개발하여 영향평가 시 반영하여야 한다.

[표 21] 개인정보 영향평가 평가항목(출처: 개인정보 영향평가 수행안내서)

평가영역	평가분야	세부분야	No.	평가항목
1. 대상기관 개인정보 보호 관리체계	1.1 개인정보 보호 조직	개인정보보호 책임자의 지정	1.1.1	개인정보 보호책임자를 법률기준에 따라 지정하고 있습니까?
		개인정보보호 책임자 역할수행	1.1.2	개인정보 보호책임자에게 법률이 정하는 책임 및 역할이 부여되어 있으며, 관련 업무를 수행하고 있습니까?
	1.2 개인정보 보호 계획	내부관리계획 수립	1.2.1	개인정보의 안전한 처리를 위한 내부관리계획을 수립·시행하고 있습니까?
			1.2.2	개인정보보호책임자는 연1회 이상으로 내부관리계획의 이행 실태를 점검·관리하고 있습니까?
		개인정보보호 연간 계획 수립	1.2.3	개인정보보호 교육, 실태점검 등 개인정보보호 활동에 대한 연간 수행계획을 수립·시행하고 있습니까?
	1.3 개인정보 침해대응	침해사고 신고방법 안내	1.3.1	개인정보 침해사실을 신고할 수 있는 방법을 정보주체에게 안내하고 있습니까?
		유출사고 대응	1.3.2	개인정보 유출 신고·통지 절차, 긴급 연락체계, 사고 대응 조직 구성 등을 포함한 개인정보 침해사고 대응절차를 수립하여 실시하고 있습니까?
	1.4 정보주체 권리보장	정보주체 권리보장 절차 수립	1.4.1	개인정보 열람, 정정·삭제, 처리정지, 수집출처 고지 등 정보주체의 요구에 대한 처리절차를 수립하여 실시하고 있습니까?
		정보주체 권리보장 방법 안내	1.4.2	정보주체의 요구에 대한 조치에 불복이 있는 경우 이의를 제기할 수 있도록 필요한 절차를 마련하고 안내하고 있습니까?

2. **대상** **시스템의** **개인정보** **보호** **관리체계**	**2.1** 개인정보 취급자 관리	개인정보취급 자 지정	2.1.1	업무상 필요한 최소한의 범위로 최소한의 인원이 개인정보를 처리하도록 개인정보취급자를 지정하도록 계획하고 있습니까?
		개인정보취급 자 관리·감독	2.1.2	개인정보취급자를 대상으로 역할 및 책임 부여, 개인정보보호 교육, 개인정보보호서약서 작성 등 관리·감독을 계획하고 있습니까?
	2.2 개인정보 파일 관리	개인정보파일 대장 관리	2.2.1	대상시스템에서 개인정보파일을 신규로 보유하거나 변경하는 경우, 개인정보파일대장을 작성하거나 변경하도록 계획하고 있습니까?
		개인정보파일 등록	2.2.2	대상시스템에서 개인정보파일을 신규로 보유하거나 기존파일을 변경하는 경우, 개인정보보호위원회에 등록하도록 계획하고 있습니까?
	2.3 개인정보 처리방침	개인정보 처리방침의 공개	2.3.1	개인정보 처리방침을 수립하고 인터넷 홈페이지·관보 등에 안내하도록 계획하고 있습니까?
		개인정보 처리방침의 작성	2.3.2	개인정보 처리방침은 법률 등에서 규정된 내용을 모두 반영하도록 계획하고 있습니까?
3. **개인정보** **처리** **단계별** **보호조치**	**3.1** 수집	개인정보 수집의 적합성	3.1.1	개인정보를 수집하는 경우 법률에 근거하거나 정보주체의 동의를 받도록 계획하고 있습니까?
			3.1.2	개인정보를 수집하는 경우 목적에 필요한 최소한의 범위에서만 수집하도록 계획하고 있습니까?
			3.1.3	주민등록번호는 법적 근거가 있는 경우에 한하여 수집하고 있으며, 인터넷 홈페이지에 대해서는 주민등록번호를 사용하지 아니하고도 회원으로 가입할 수 있도록 계획하고 있습니까?
		동의받는 방법의 적절성	3.1.4	개인정보를 수집하는 경우 필수항목과 선택항목을 분리하고 선택적으로 동의할 수 있는 사항에 동의하지 아니하여도 서비스 이용이 가능하도록 계획하고 있습니까?

			3.1.5	만14세 미만 아동의 개인정보를 수집하는 경우 법정대리인의 동의를 받도록 계획하고 있습니까?
			3.1.6	개인정보 관련 동의를 서면으로 받을 때에는 중요한 내용을 명확히 표시하여 알아보기 쉽게 하고, 개인정보 수집·이용, 제3자 제공, 목적외 이용 등에 대해 각각 구분하여 동의를 받도록 계획하고 있습니까?
			3.1.7	민감정보, 고유식별정보를 처리하는 경우 다른 개인정보의 처리에 대한 동의와 별도로 구분하여 동의를 받도록 계획하고 있습니까?
3.2 보유	보유기간 산정		3.2.1	개인정보의 보유기간을 법령 기준 및 보유목적에 부합된 최소한의 기간으로 산정하도록 계획하고 있습니까?
3.3 이용·제공	개인정보 제공의 적합성		3.3.1	개인정보를 제3자에게 제공하는 경우 법률에 근거하거나 정보주체의 동의를 받도록 계획하고 있습니까?
			3.3.2	개인정보를 제3자에게 제공하는 경우 제공목적에 맞는 최소한의 항목으로 제한하도록 계획하고 있습니까?
	목적 외 이용·제공 제한		3.3.3	개인정보를 목적 외의 용도로 이용하거나 이를 제3자에게 제공하는 경우 별도의 동의를 받거나 관련 법률에 근거하도록 계획하고 있습니까?
			3.3.4	개인정보를 목적 외의 용도로 이용하거나 이를 제3자에게 제공하는 경우 이용목적에 맞는 최소한의 항목으로 제한하도록 계획하고 있습니까?
			3.3.5	개인정보를 목적 외의 용도로 이용하거나 이를 제3자에게 제공하는 경우 '개인정보 목적 외 이용 및 제3자 제공 대장'에 기록·관리하도록 계획하고 있습니까?

			3.3.6	개인정보를 목적 외의 용도로 이용하거나 이를 제3자에게 제공하는 경우 관련 내용을 관보 또는 인터넷 홈페이지 등을 통해 공개하도록 계획하고 있습니까?
		제공시 안전성 확보	3.3.7	개인정보를 제3자에게 제공하거나 연계하는 경우 암호화 조치, 보유기간 지정 등 안전성 확보를 위해 필요한 조치를 적용하도록 계획하고 있습니까?
	3.4 위탁	위탁사실 공개	3.4.1	개인정보 처리에 관한 업무 위탁시 위탁하는 업무의 내용, 수탁자 등의 사항을 정보주체에게 공개 또는 통지하도록 계획하고 있습니까?
		위탁 계약	3.4.2	개인정보 처리에 관한 업무 위탁 시 개인정보 관리에 관한 책임사항 등이 포함된 문서를 작성하도록 계획하고 있습니까?
		수탁사 관리·감독	3.4.3	개인정보 처리에 관한 업무를 위탁받아 처리하는 자(수탁자)를 대상으로 개인정보보호 교육, 처리현황 점검 등 관리·감독 활동을 계획하고 있습니까?
	3.5 파기	파기 계획 수립	3.5.1	개인정보의 보유 목적이 달성되었거나 보유기간이 경과되었을 때 지체없이 파기되도록 계획하고 있습니까?
		분리보관 계획 수립	3.5.2	다른 법령 등에 따라 개인정보를 보존할 경우 해당 개인정보 또는 개인정보파일을 다른 개인정보와 분리하여 저장·관리하도록 계획하고 있습니까?
		파기대장 작성	3.5.3	개인정보파일을 파기하는 경우 파기 결과 등을 '개인정보파일 파기 관리대장'에 기록·관리하도록 계획하고 있습니까?
4. 대상 시스템의 기술적 보호조치	4.1 접근권한 관리	계정 관리	4.1.1	개인정보취급자별로 책임추적성이 확보될 수 있도록 개별 계정을 부여하도록 계획하고 있습니까?

			4.1.2	개인정보취급자 및 정보주체가 안전한 비밀번호를 설정하여 사용할 수 있도록 비밀번호 작성규칙을 적용하도록 계획하고 있습니까?
			4.1.3	정보주체가 비밀번호 변경 등 중요 정보 접근 시 비밀번호 재확인 등 추가적인 인증이 적용되도록 계획하고 있습니까?
			4.1.4	대량의 개인정보 또는 중요한 개인정보를 처리하는 개인정보취급자 및 관리자는 강화된 인증방식이 적용되도록 계획하고 있습니까?
		인증 관리	4.1.5	개인정보처리시스템에 대한 비정상적인 접근을 방지하기 위하여 계정정보 또는 비밀번호를 일정 횟수 이상 잘못 입력한 경우 개인정보처리시스템에 대한 접근을 제한하는 등 필요한 기술적 조치를 취하고 있습니까?
			4.1.6	개인정보처리시스템에 대한 불법적인 접근 및 침해사고 방지를 위하여 개인정보취급자가 일정시간 이상 업무 처리를 하지 않는 경우에는 자동으로 시스템 접속이 차단되도록 계획하고 있습니까?
			4.1.7	개인정보처리시스템에 대한 비정상적인 접근을 방지하기 위하여 장기 미접속시 계정 잠금, 동시 접속 제한, 관리자 로그인 알림 등 보호 대책이 적용되도록 계획하고 있습니까?
			4.1.8	개인정보취급자가 변경될 경우 지체없이 개인정보처리시스템의 접근권한을 변경 또는 말소하도록 계획하고 있습니까?
		권한 관리	4.1.9	개인정보처리시스템의 접근권한을 부여, 변경 또는 말소한 내역을 기록하도록 계획하고 있습니까?
			4.1.10	개인정보처리시스템에 대한 개인정보취급자의 권한을 조회, 입력, 변경, 삭제, 출력, 다운로드 등 그 역할에 따라 최소한으로 부여할 수 있도록 계획하고 있습니까?

	접근통제 조치	4.2.1	개인정보처리시스템에 대한 불법적인 접근 및 침해사고를 방지할 수 있도록 접근통제시스템을 설치·운영하도록 계획하고 있습니까?
4.2 접근통제		4.2.2	개인정보취급자가 정보통신망을 통해 외부에서 개인정보처리시스템에 접속하려는 경우에는 가상사설망(VPN) 또는 전용선 등 안전한 접속수단을 적용하거나 안전한 인증수단을 적용하도록 계획하고 있습니까?
		4.2.3	인터넷 홈페이지, P2P, 공유설정, 공개된 무선망 등을 통해 개인정보가 노출되거나 유출되지 않도록 개인정보처리시스템, 개인정보취급자 PC, 모바일기기 등에 보호조치를 계획하고 있습니까?
		4.2.4	개인정보처리자는 개인정보 유출 등 개인정보 침해사고 방지를 위하여 관리용 단말기에 대한 안전 조치를 적용하도록 계획하고 있습니까?
	인터넷 홈페이지 보호조치	4.2.5	인터넷 홈페이지 취약점으로 인한 개인정보의 유출, 변조, 훼손 등을 방지하기 위하여 웹 서버 및 응용프로그램에 대한 취약점점검 및 대응조치를 수행하도록 계획하고 있습니까?
	업무용 모바일기기 보호조치	4.2.6	개인정보를 처리하는 업무용 모바일 기기의 분실·도난 등으로 개인정보가 유출되지 않도록 해당 모바일기기에 비밀번호 설정 등의 보호조치를 계획하고 있습니까?
4.3 개인정보의 암호화	저장시 암호화	4.3.1	고유식별정보, 생체인식정보, 비밀번호 등 중요 개인정보를 저장하는 경우, 안전한 방식으로 암호화 저장하도록 계획하고 있습니까?
		4.3.2	암호화된 개인정보를 안전하게 보관하기 위하여 안전한 암호키 생성, 이용, 보관, 배포 및 파기 등에 관한 절차를 수립·시행하도록 계획하고 있습니까?

	전송시 암호화	4.3.3	고유식별정보, 생체인식정보, 비밀번호 등 중요 개인정보를 정보통신망을 통해 송·수신하거나 보조저장매체 등을 통해 전달하는 경우 암호화하도록 계획하고 있습니까?
4.4 접속기록의 보관 및 점검	접속기록 보관	4.4.1	개인정보처리시스템의 접속기록을 식별자, 접속 일시, 접속지 정보, 처리한 정보주체 정보, 수행업무 등 필요한 사항이 모두 기록되도록 계획하고 있습니까?
	접속기록 점검	4.4.2	개인정보의 유출·변조·훼손 등에 대응하기 위하여 개인정보처리시스템의 접속기록을 정기적으로 점검하도록 계획하고 있습니까?
	접속기록 보관 및 백업	4.4.3	개인정보처리시스템의 접속기록을 최소 2년 이상 보관하고 위·변조 및 도난, 분실되지 않도록 별도 저장장치 등에 백업 보관하도록 계획하고 있습니까?
4.5 악성 프로그램 등 방지	백신 설치 및 운영	4.5.1	개인정보처리단말기에 악성프로그램을 점검, 치료할 수 있는 백신프로그램을 설치하고 최신업데이트 및 악성프로그램의 주기적 점검 등 대응조치를 실시하도록 계획하고 있습니까?
	보안업데이트 적용	4.5.2	악성프로그램 관련 경보가 발령된 경우 또는 사용 중인 응용프로그램, 운영체제 소프트웨어 제작업체에서 보안 업데이트 공지가 있는 경우, 이에 따른 업데이트가 지체없이 실시되도록 계획하고 있습니까?
4.6 물리적 접근 방지	출입통제 절차 수립	4.6.1	전산실, 자료보관실 등 개인정보를 보관하는 물리적 장소에 대한 출입통제 절차를 수립·운영하도록 계획하고 있습니까?
	반출·입 통제절차 수립	4.6.2	개인정보가 포함된 서류, 보조저장매체 등을 잠금장치가 있는 안전한 장소에 보관하고, 개인정보가 포함된 보조저장매체의 반출·입 통제를 위한 보안대책을 마련하도록 계획하고 있습니까?

4.7 개인정보의 파기	안전한 파기	4.7.1	개인정보를 파기할 경우 복구 또는 재생되지 않는 방법으로 파기하도록 계획하고 있습니까?
4.8 기타 기술적 보호조치	개발환경 통제	4.8.1	개발환경을 통한 개인정보의 유출을 방지하기 위하여 테스트 데이터 생성, 이용, 파기 및 기술적 보호조치 등에 관한 대책을 적용하도록 계획하고 있습니까?
	개인정보 처리화면 보안	4.8.2	개인정보취급자 및 정보주체의 개인정보 처리화면을 통한 개인정보 유·노출 등을 방지하기 위하여 개인정보 마스킹, 웹브라우저 우측 마우스 버튼 제한, 임시 파일 및 캐시 통제, 카드번호 등 중요 정보에 대한 복사·화면캡쳐 방지 및 키보드해킹 방지 등 보호대책을 적용하도록 계획하고 있습니까?
	출력 시 보호조치	4.8.3	개인정보취급자가 개인정보를 종이로 출력할 경우 출력·복사물에 대하여 출력자·출력일시 표시 등의 보호대책을 적용하도록 계획하고 있습니까?
4.9 개인정보 처리구역 보호조치	보호구역 지정	4.9.1	개인정보처리시스템 및 개인정보를 보관하고 있는 물리적 장소를 보호구역으로 지정하고 물리·환경적인 위협에 대응할 수 있도록 CCTV, 출입통제 장치, 화재경보기 등 보호설비를 설치·운영하도록 계획하고 있습니까?
		4.9.2	개인정보처리자는 화재, 홍수, 단전 등의 재해·재난 발생 시 개인정보처리시스템 보호를 위한 위기 대응 매뉴얼 등 대응 절차를 마련하고 정기적으로 점검하도록 계획하고 있습니까?
		4.9.3	개인정보처리자는 재해·재난 발생 시 개인정보처리시스템 백업 및 복구를 위한 계획을 마련하도록 계획하고 있습니까?

5. 특정 IT 기술 활용 시 개인정보 보호	5.1 CCTV	CCTV 설치 시 의견수렴	5.1.1	CCTV 설치시 관계 전문가 및 이해관계인의 의견을 수렴하도록 계획하고 있습니까?
		CCTV 설치 안내	5.1.2	CCTV 설치 후 정보주체가 이를 쉽게 인식할 수 있도록 안내판을 설치하거나 홈페이지, 이메일 등을 통해 안내하도록 계획하고 있습니까?
		CCTV 사용 제한	5.1.3	CCTV 사용 시 임의조작 및 음성녹음을 사용할 수 없도록 계획하고 있습니까?
			5.1.4	CCTV 운영 시 CCTV에 대한 운영·관리방침을 수립하도록 계획하고 있습니까?
		CCTV 설치 및 관리에 대한 위탁	5.1.5	CCTV 관리 위탁 시 개인정보보호에 필요한 전문장비 및 기술을 갖춘 기관을 선정하도록 계획하고 있습니까?
	5.2 RFID	RFID 이용자 안내	5.2.1	RFID 태그에 기록된 개인정보를 수집하는 경우 이용자에게 통지하거나 알아보기 쉽게 표시하도록 계획하고 있습니까?
			5.2.2	RFID 태그의 물품정보 등과 개인정보를 연계하는 경우 그 사실을 이용자에게 통지하거나 알기 쉽게 표기하도록 계획하고 있습니까?
			5.2.3	RFID 태그의 물품정보 등과 개인정보를 연계하여 생성된 정보를 수집 목적 외로 이용하거나 제3자에게 제공할 경우 이용자의 동의를 얻도록 계획하고 있습니까?
			5.2.4	RFID 태그에 기록된 개인정보를 판독할 수 있는 리더기를 설치한 경우 설치 사실을 이용자가 인식하기 쉽게 표기하도록 계획하고 있습니까?
		RFID 태그 부착 및 제거	5.2.5	구입 및 제공받은 물품에 RFID 태그가 내장 및 부착 되어 있을 경우 부착 위치, 기록정보 및 기능에 대해 표시하도록 계획하고 있습니까?
			5.2.6	RFID 태그가 내장 및 부착되어 있는 경우 판매 혹은 제공하는 자로부터 태그 기능을 제거할 수 있는 방법 또는 수단을 제공하도록 계획하고 있습니까?

		5.2.7	이용자의 신체에 RFID를 지속적으로 착용하지 않도록 계획하고 있습니까?
5.3 바이오 정보	원본정보 보관시 보호조치	5.3.1	수집된 바이오 원본정보와 제공자를 알 수 있는 신상정보(성명, 연락처 등)를 별도로 분리하도록 계획하고 있습니까?
		5.3.2	원본정보의 경우 특징정보 생성 후 지체 없이 파기하여 복원할 수 없도록 계획하고 있습니까?
5.4 위치정보	개인위치정보 수집 동의	5.4.1	개인위치정보 수집 시 정보주체 또는 위치정보 수집장치 소유자에 대해 사전고지와 명시적 동의를 거치도록 계획하고 있습니까?
	개인위치정보 제공시 안내사항	5.4.2	개인위치정보를 정보주체가 지정하는 제3자에게 제공하는 경우에는 개인위치정보주체에게 제공받는 자, 제공일시 및 제공목적을 통보하도록 계획하고 있습니까?

2.3 개인정보 영향평가 절차

개인정보 영향평가 수행 절차는 '개인정보 영향평가에 관한 고시' 제9조에 따라, ①사전 준비 단계, ②영향평가 수행단계, ③이행단계의 3단계로 구성된다.

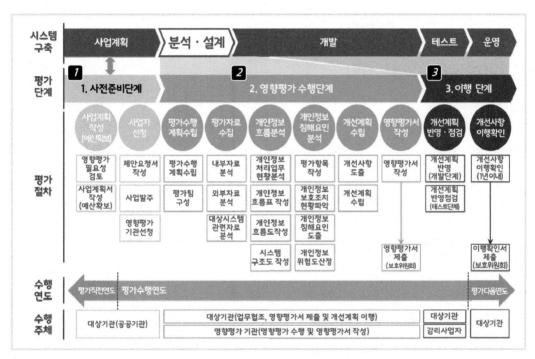

[그림 17] 개인정보 영향평가 절차(출처: 개인정보 영향평가 수행안내서)

2.3.1 사전준비 단계

사전준비 단계에서는 정보화사업의 계획을 검토하여 영향평가 수행여부를 결정하고, 영향평가 수행이 필요한 경우 영향평가 사업계획을 수립하여 예산을 확보하고 평가기관을 선정한다. 본 단계는 일반적으로 영향평가 사업의 전년도부터 수행된다.

2.3.1.1 사업계획 작성

1) 영향평가 필요성 검토

사업준비 단계에서는 우선 구축 또는 변경하고자 하는 정보화사업(정보시스템)에 대하여 영향평가 필요성 여부 판단한다. 이때 영향평가 필요성을 판단하는 기준은 개인정보 보호법 시행령 제35조에 명시된 4가지 요건을 반드시 포함하되, 해당 기준에는 해당되지 않더라도 신기술의 사용 등으로 인하여 개인정보 침해 위험이 높을 것으로 판단되는 경우 영향평가 수행을 검토해 볼 수 있다.

2) 사업계획서 작성(예산 확보)

영향평가 필요성 검토 결과 영향평가 수행대상으로 결정된 경우, 영향평가 사업계획서를 작성하고 관련 예산을 확보한다. 사업계획서는 일반적으로 사업개요, 대상업무 현황, 사업추진 계획, 사업내용, 소요자원 및 예산, 기타 지원요건 등의 사항을 포함하여 작성한다.

2.3.1.2 사업자(평가기관) 선정

1) 제안요청서 작성 및 사업 발주

사업계획에 기반하여 제안요청서를 작성하고 사업발주를 통해 평가기관을 선정한다. 평가기관은 개인정보보호위원회가 지정한 평가기관 중에서 선정하며, 평가의 독립성이 보장되도록 사업발주를 하여야 한다.

영향평가사업의 제안요청서는 사업계획서를 바탕으로 작성할 수 있으며, 영향평가 대상 시스템의 특성을 반영하여 구체적으로 요청사항을 작성하는 것이 바람직하다.

2) 영향평가기관 선정

영향평가기관 중 제안요청사항을 충족할 수 있는 적정 기관을 선정하되, 개인정보보호법 시행령 제37조(평가기관의 지정 및 지정취소) 제5항 및 영향평가 고시 제7조(사후관리)에 따라 개인정보보호위원회로부터 개선권고, 경고, 지정취소 등을 받은 경우 평가 수행 업체로 부적절하므로 선정시 유의하여야 한다.

2.3.2 영향평가 수행단계

영향평가 수행단계에서는 평가기관이 개인정보 흐름 및 침해요인을 분석하고 개선계획을 수립하여 영향평가서를 작성한다. 세부적으로는 평가계획수립, 평가자료 수집, 개인정보 흐름분석, 개인정보 침해요인 분석, 개선계획 수립, 영향평가서 작성의 순으로 진행된다.

2.3.2.1 영향평가 수행계획 수립

1) 영향평가 수행계획 수립

영향평가팀은 평가 과정에 필요한 사항들을 정리하고 영향평가팀 내부적으로 공유하기 위해 세부적인 평가 계획을 수립하여 "영향평가 수행계획서"를 작성한다. 평가 계획에는 평가목적, 평가대상, 평가수행 주체, 평가 기간, 평가 절차(방법), 주요 평가 사항, 평가기준 및 항목, 자료 수집 방법 및 분석 방법, 결과보고 방법(보고서 작성 등), 결과의 활용 방법 등이 포함되어야 한다. 특히, 영향평가 수행과정 전반에 대한 체계적인 품질관리를 통해 영향평가 결과의 품질을 향상시킬 수 있도록 품질관리 방안을 구체적으로 작성한다.

영향평가 수행계획서가 작성되면 영향평가 착수회의를 통해 영향평가팀은 물론 해당 사업과 관련된 부서, 기관 등의 협조를 이끌어낼 수 있도록 관련 내용을 공유할 필요가 있다.

2) 영향평가팀 구성

영향평가팀 구성 시 평가기관의 PM(Project Manager: 프로젝트 책임자)은 대상기관 사업관리 담당자의 협조 하에 개인정보 보호담당자, 유관부서 담당자, 외부전문가 등의 참여를 요청할 수 있다. 위탁 개발·관리되고 있는 정보시스템의 경우에는 실제 업무담당자와 사업담당자가 다를 수 있으므로 현업 업무담당자를 참여시키도록 할 필요가 있으며, 실제 개발·운영을 담당하는 외부 용역업체 담당자(외주 용역업체 PM, PL 등)를 포함하여 평가팀을 구성한다.

공공기관이 사업을 추진하나 실제 정보화사업 운영·관리를 산하기관 등 외부기관이 주관한다면 해당 산하기관 담당자도 참여시키도록 한다. 그 외에 개인정보보호 관련 법률 해석의 자문이 필요하거나 전문가의 조언이 필요한 경우 외부자문위원을 포함할 수 있다.

영향평가팀을 구성할 때는 참여하는 팀원들 간 역할 구분 및 업무분장을 실시하고 평가 추진을 위한 일정 등을 포함하여 평가팀 구성 및 운영계획서를 별도로 작성한다. 영향평가는 사업주관부서 및 평가기관이 주관하여 실시하되 유관부서의 지원역할도 명확히 정의하여 영향평가가 원활히 수행될 수 있도록 할 필요가 있다. 또한 개인정보 보호법 제33조에서는 영향평가의 수행 및 평가결과의 등록은 공공기관의 장이 하도록 하고 있다는 점을 고려하여야 한다.

2.3.2.2 평가자료 수집

본격적인 개인정보 영향평가 수행에 앞서 평가 대상 및 개인정보 정책 환경을 분석하기 위한 관련 자료를 수집할 필요가 있다.

자료 수집 시에는 개인정보보호를 위해 요구되는 법규 및 상위 기관의 지침과 해당 기관 내 규정 현황을 파악하고 해당 사업을 이해 및 분석할 수 있는 자료를 수집하여야 한다. 분석자료는 [표 22]와 같이 ① 내부 정책 자료, ② 외부 정책 자료, 사업 자체에 대한 이해를 위한 ③ 대상시스템 관련 자료 등으로 구분된다.

[표 22] **수집대상 평가자료 예시**

구분	수집 목적	수집 대상 자료 예시
① 내부 정책 자료	기관 내부의 개인정보보호 체계, 규정, 조직 현황 등 분석	• 기관 내 개인정보 보호 규정 • 기관 내 정보보안 관련 규정 • 기관 내 직제표 등
	개인정보취급자(정보시스템 관리자, 접근자 등), 위탁업체 등에 대한 내부 규정 및 관리·교육 체계 확인	• 개인정보 관련 조직 내 업무 분장표 및 직급별 권한 • 정보시스템의 접근권한에 대한 내부 규정 • 위탁업체 관리 규정 등 • 개인정보정보취급자에 대한 교육계획
② 외부 정책 자료	개인정보보호 정책 환경 분석	• 개인정보보호법, 관련 지침 등 • 개인정보보호 기본계획 등
	영향평가 대상사업의 특수성을 반영한 정책 환경 분석	• 평가대상사업 추진 근거 법률 및 개인정보 보호 관련 법령
③ 대상시스템 관련 자료	정보시스템을 통해 수집되는 개인정보의 양과 범위가 해당 사업 수행을 위해 적절한지 파악	• 사업 수행 계획서, 제안서 • 요구사항정의서, 업무기능분해도 • 업무흐름도, 화면설계서, ERD 등
	정보시스템의 외부연계 여부 검토	• 위탁 계획서, 연계 계획서 • 인터페이스 정의서 • 메뉴 구조도
	정보시스템의 구조와 연계된 개인정보 보호 기술 현황 파악	• 침입차단시스템, 침입탐지시스템 등 보안 시스템 구조도 • 인터페이스 정의서

2.3.2.3 개인정보 흐름분석

평가자료의 수집 및 분석이 완료되면 다음으로 대상 사업에서 처리되는 개인정보 흐름에 대한 정확한 파악을 위해 정보시스템 내 개인정보 흐름분석이 다음과 같이 4단계로 진행된다.

① 개인정보 처리 현황 분석을 하고 이에 대한 업무흐름도 작성

- 영향평가 대상 업무 중에서 개인정보 처리업무를 도출하여 평가범위를 선정
- 개인정보를 처리(수집, 생성, 연계, 연동, 기록, 저장, 보유, 가공, 편집, 검색, 출력, 정정, 복구, 이용, 제공, 공개, 파기 등)하는 모든 업무를 파악
- 개인정보 처리 업무 현황표 작성 및 업무흐름도 작성

② 개인정보 흐름표 작성

- 개인정보의 수집, 보유, 이용·제공 파기에 이르는 Life-Cycle별 현황을 식별하여 개인정보 처리현황을 명확히 알 수 있도록 흐름표 작성

③ 개인정보 흐름도 작성

- 개인정보의 수집, 보유, 이용·제공 파기에 이르는 Life-Cycle별 현황을 식별하여 개인정보 처리현황을 명확히 알 수 있도록 흐름도 작성

④ 정보시스템 구조도 작성

- 개인정보처리시스템, 개인정보 내·외부 연계시스템 및 관련 인프라의 구성 파악
- 다른 단계와 병렬 진행 가능하며, 분석초기에 작성하여 타 단계 진행 시 참고 가능

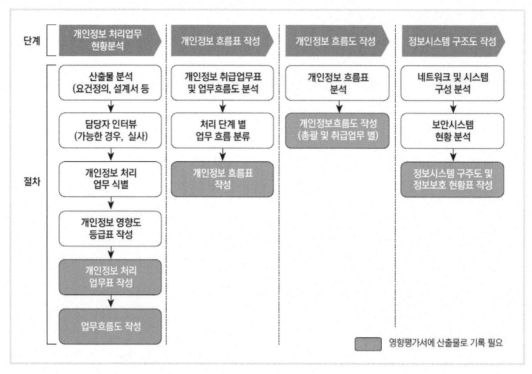

[그림 18] 개인정보 흐름분석 단계 별 세부절차(출처:개인정보 영향평가 수행안내서)

1) 개인정보 처리업무 현황 분석

개인정보 처리업무 현황 분석을 위해서는 평가자료 수집 단계에서 수집한 ①산출물 분석을 수행하고 ②업무 담당자 인터뷰 및 현장 실사 등을 통해 업무를 명확히 이해하여야 한다. 이후 대상 시스템내 ③개인정보 처리업무를 식별하고 ④개인정보 영향도 등급표를 작성한 후, ⑤개인정보 처리업무표 및 ⑥업무흐름도를 작성한다.

① 산출물 분석

* 평가 대상 업무 및 서비스 분석은 개발 관련 산출물에 대한 분석 및 담당자 인터뷰 등을 통해 수행할 수 있음
* 개발 관련 산출물의 예시로는 운영 매뉴얼, 관리자 매뉴얼, 시스템 설계서, 요건 정의서, 테스트 결과 보고서, 프로젝트 완료 보고서, 메뉴 구조도, 정보 설계서 등이 있음
* 정보시스템 분석·설계 단계에서는 설계서 등 산출물의 구체성이 높지 않을 수 있으며 특히 개발단계에서 변경될 가능성도 존재하므로 이러한 사항을 충분히 고려하여 산출물 분석이 이루어져야 함

② 담당자 인터뷰

- 조직도(대상기관, 개발 조직, 운영조직 등) 및 업무분장표 등을 참조하여 인터뷰 대상자를 선정하고 인터뷰 계획에 따라 인터뷰를 진행
- 인터뷰 대상자는 시스템 개발, 운영 담당자 및 현장 업무담당자를 포함하여야 하며, 개인정보 처리 업무 분석을 위해 필요하다고 판단되는 대상자도 포함
- 만약 기 구축되어 있는 시스템이나 기존 업무 절차 상의 변경이 발생하는 경우에는 시스템 실사를 통해 분석을 수행할 수 있음
- 실사는 홈페이지 회원 가입 절차, 관리자 메뉴, 운영자 메뉴, 사용자 메뉴, 회원정보 DB, 개인정보 관련 DB등에 대한 현장 확인 등의 형태로 수행될 수 있음

③ 개인정보 처리업무 식별

- 산출물 분석, 담당자 인터뷰, 시스템 및 업무 실사 등을 통하여 평가대상 사업 중 개인정보 처리 관련 업무 현황을 식별

④ 개인정보 영향도 등급표 작성

- 식별된 개인정보 처리업무 별로 개인정보 항목에 대한 중요도 평가를 위해 개인정보 영향도 등급표를 작성하고 등급표에 따라 영향도를 평가

[표 23] 개인정보 영향도 등급표 예시(출처: 개인정보 영향평가 수행안내서)

등급	조합 설명	위험성	자산 가치	분류	개인정보 종류
1등급	그 자체로 개인의 식별이 가능하거나 매우 민감한 개인정보 또는 관련 법령에 따라 처리가 엄격하게 제한된 개인정보	• 정보주체의 경제적/사회적 손실을 야기하거나, 사생활을 현저하게 침해 • 범죄에 직접적으로 악용 가능 • 유출 시 민/형사상 법적 책임 부여 가능 및 대외 신인도 크게 저하	5	고유식별 정보	주민등록번호, 여권번호, 운전면허번호, 외국인등록번호 ※ 개인정보 보호법 제24조 및 시행령 제19조
				민감정보	사상·신념, 노동조합·정당의 가입·탈퇴, 정치적 견해, 병력(病歷), 신체적·정신적 장애, 성적(性的) 취향, 유전자 검사정보, 범죄경력정보, 생체인식특징정보 등 사생활을 현저하게 침해할 수 있는 정보 ※ 개인정보 보호법 제23조 및 시행령 제18조

				인증정보	비밀번호, 생체인식정보(지문, 홍채, 정맥 등) ※ 개인정보의 안전성 확보조치 기준 고시 제2조
				신용정보 / 금융정보	신용정보, 신용카드번호, 계좌번호 등 ※ 신용정보의 이용 및 보호에 관한 법률 제2조, 제19조 및 동법 시행령 제2조, 제16조, 제21조, 별표2 등 ※ 개인정보의 기술적·관리적 보호조치 기준 제6조제2항
				의료정보	건강상태, 진료기록 등 ※ 의료법 제22조, 제23조 및 동법 시행규칙 제14조 등
				위치정보	개인 위치정보 등 ※ 위치정보의 보호 및 이용 등에 관한 법률 제2조, 제16조 등
				기타 중요정보	해당 사업의 특성에 따라 별도 정의
2등급	조합되면 명확히 개인의 식별이 가능한 개인정보	• 정보주체의 신분과 신상정보에 대한 확인 또는 추정 가능 • 광범위한 분야에서 불법적인 이용 가능 • 유출시 민/형사상 법적 책임 부여 가능 및 대외 신인도 저하	3	개인식별정보	이름, 주소, 전화번호, 핸드폰번호, 이메일주소, 생년월일, 성별 등
				개인관련정보	학력, 직업, 키, 몸무게, 혼인여부, 가족상황, 취미 등
				기타 개인정보	해당 사업의 특성에 따라 별도 정의

3등급	개인식별정보와 조합되면 부가적인 정보를 제공하는 간접 개인정보	• 정보주체의 활동 성향 등에 대한 추정 가능 • 제한적인 분야에서 불법적인 이용 가능 • 대외 신인도 다소 저하	1	자동생성 정보	IP정보, MAC주소, 사이트 방문기록, 쿠키(cookie) 등
				가공 정보	통계성 정보 등
				제한적 본인 식별 정보	회원번호, 사번, 내부용 개인식별정보 등
				기타 간접 개인정보	해당 사업의 특성에 따라 별도 정의

⑤ 개인정보 처리 업무표 작성

• 영향평가 대상시스템에는 일반적으로 다수의 개인정보 처리 업무가 존재하므로 각 처리 업무별 개인정보 처리업무를 분리하여 누락없이 '개인정보 처리 업무표'를 작성

• 업무별로 처리하는 개인정보의 누락이나 오류사항이 없도록 철저히 검토하고, 개인정보 처리 업무별 개인정보 영향도 등급표에 따라 영향도를 산정

[표 24] **개인정보 처리 업무표 예시**

평가업무명	처리목적	처리 개인정보	주관부서	개인정보 건수 (고유식별정보 건수)	개인정보 영향도
회원관리	홈페이지 회원가입, 본인확인, 정보제공 등 회원 서비스 제공	필수 : 성명, 생년월일, 전화번호, 이메일, ID, 비밀번호 선택 : 집주소, 집전화번호	민원팀	10만건 (0건)	5
상담업무	고객 문의 및 민원 응대	필수 : 성명, 전화번호, 상담내용	민원팀	5천건 (0건)	3
…	…	…	…	…	…

⑥ 업무흐름도 작성

* 평가대상 업무현황 분석을 통해 개인정보를 처리하는 업무 별로 '업무 흐름도'작성
* 개인정보 처리 업무별 주요 절차와 그에 따라 조직 내에서 처리하는 업무를 이해하고 개인정보가 어떻게 흘러가는지를 대략적으로 확인하기 목적으로서, 영향평가 기관의 서식에 맞춰 작성하고 사업분석 시 활용한 참고자료에 업무흐름도가 있으면 기존에 작성된 것을 활용 가능

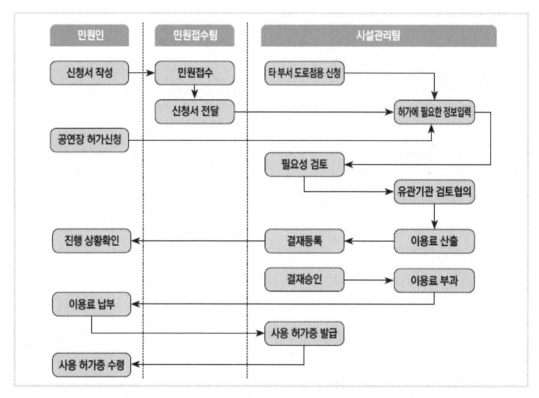

[그림 19] 개인정보 처리 업무흐름도 예시(출처:개인정보 영향평가 수행안내서)

2) 개인정보 흐름표 작성

개인정보 처리 업무 분석 과정을 거쳐 산출된 개인정보 처리 업무표를 바탕으로 개인정보의 수집, 보유, 이용, 제공, 파기로 구분하여 개인정보 흐름을 분류한다. 이후 개인정보 처리 단계별로 처리되는 개인정보 현황 및 처리 내역 등을 용이하게 식별할 수 있도록 개인정보 흐름표를 작성한다.

개인정보 흐름표 작성 시 개인정보 처리 업무표에 분류한 평가업무를 기준으로 논리적 연계성이 맞도록 작성하여야 하며, 개인정보 처리 업무표에서 분류한 평가업무를 기준으로

개인정보의 수집, 보유, 이용, 제공, 파기에 이르는 Life-Cycle별 현황을 기재하여 개인정보 흐름을 한 눈에 이해할 수 있도록 작성한다.

수집 흐름표

평가업무명[1]	수집 항목[2]	수집 경로[3]	수집 대상[4]	수집 주기[5]	수집담당자[6]	수집 근거[7]
민원처리	(필수) 성명, 주민등록번호, 전화번호, 이메일주소, 민원 내용 (선택) 집전화번호	온라인(홈페이지)	민원인	상시	-	이용자 동의/OO법제O조O항(주민등록번호)
		오프라인(민원신청서 작성)	민원인	상시	안내창구 담당자	이용자 동의/OO법제O조O항(주민등록번호)

보유·이용 흐름표

평가업무명[1]	보유 형태[2]	암호화 항목[3]	민원 처리			통계 관리		
			이용목적[4]	개인정보 취급자[5]	이용 방법[6]	이용 목적[4]	개인정보 취급자[5]	이용 방법[6]
민원처리	Web DB	주민등록번호, 비밀번호(일방향)	민원 처리 및 결과 관리	민원처리 담당자, 민원 관련 업무 담당자	관리자 홈페이지의 민원처리 화면 접속	민원 현황 조회	통계 담당자	관리자 홈페이지의 통계관리 화면 접속
	민원 DB	주민등록번호, 비밀번호(일방향)						
	캐비넷(신청서류철)	-						

제공·파기 흐름표

평가업무명[1]	제공 목적[2]	제공자[3]	수신자[4]	제공 정보[5]	제공 방법[6]	제공 주기[7]	암호화 여부[8]	제공 근거[9]	보관 기간[10]	파기 담당자[11]	파기 절차[12]	분리 보관 여부[13]
민원처리	민원처리 실적 집계	통계 담당자	OO도청	민원인 성명, 민원 접수 내용, 처리 결과	실시간 DB 연동	상시	통신구간 암호화(VPN)	전자정부법 시행령 OO조	민원 처리 완료 후 1년	DB 관리자	일단위 DB 파기	별도 보존DB 구성
									민원DB 입력 후 스캔 후 파기	통계 담당자	주단위 문서 절단	-

[그림 20] 개인정보 흐름표 예시(출처:개인정보 영향평가 수행안내서)

3) 개인정보 흐름도 작성

작성된 개인정보 흐름표를 기반으로 수집, 보유, 이용, 제공, 파기되는 개인정보 처리단계별로 흐름을 한 눈에 파악할 수 있도록 '개인정보 흐름도'를 작성한다.

개인정보 흐름도를 작성할 때, 영향평가 대상사업 또는 개인정보처리시스템 전체의 개인정보 흐름을 총괄적으로 표현한 '총괄 개인정보 흐름도'를 작성하고 '평가업무 별 개인정보 흐름도'를 함께 작성해야 한다.

개인정보 흐름도는 개인정보 흐름을 정확하고 명료하게 확인할 수 있도록 구체적으로 작성하고, 다양한 도형, 색상, 실선, 점선 등을 통하여 식별성을 높일 필요가 있다.

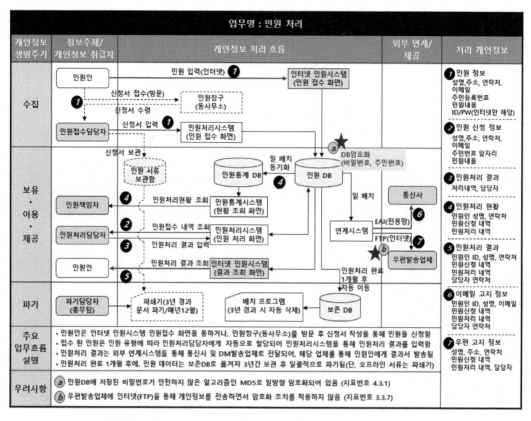

[그림 21] 민원처리 업무 개인정보 흐름도 예시(출처:개인정보 영향평가 수행안내서)

4) 정보시스템 구조도 작성

네트워크 접근제어의 미흡, 서비스 거부 공격에 대한 방어, 네트워크 가용성 확보 미흡 등과 같이 시스템 설계상 원천적으로 내재된 개인정보 자산의 위험을 분석하는데 활용하기 위해 시스템 구조도를 작성한다. 시스템 구조도는 방화벽, 침입탐지시스템과 같은 보안 메커니즘을 포함하여야 하고, 이를 통하여 개인정보보호를 위한 기술적·물리적·관리적 보안 메커니즘의 타당성을 검토할 수 있다.

개인정보처리시스템과 내·외부 연계시스템 등 인프라의 구성을 파악할 수 있도록 시스템 구조, 외부 연계 및 방화벽, 침입탐지시스템 및 전송데이터 암호화, DB암호화 등 보안시스템 현황을 분석 가능하도록 상세히 작성한다.

또한, 개인정보처리시스템에 대한 보호대책의 적정성을 검토하고 효과적인 침해요인 분석 및 위험도 산정이 가능하도록 '정보보호 시스템 목록'을 작성한다. 정보보호 시스템 목록에는 목적 및 용도, 시스템의 유형, 적용 솔루션명, 적용 대상 등에 대하여 기재하고, 추가적으로 시스템이 영향평가 사업 이전에 신규로 도입·적용되는 것인지, 기존에 운영 중인 정보보호 시스템이 확장 또는 변경되는 것인지 등에 대해서도 기재한다.

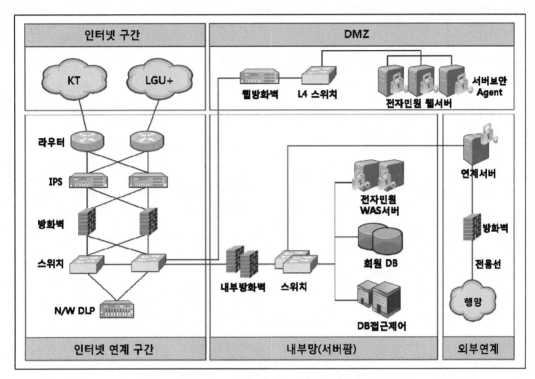

[그림 22] 정보시스템 구조도 예시(출처:개인정보 영향평가 수행안내서)

2.3.2.4 개인정보 침해요인 분석

1) 평가항목 구성

이번 본 단계에서는 개인정보 흐름분석을 마친 이후 개인정보 침해요인 분석을 위해 『개인정보 영향평가에 관한 고시』 별표4에 따라 5개 평가영역 25개 평가분야에 대하여, '개인정보 영향평가 수행안내서'에서 제시된 총 85개 평가항목을 바탕으로 평가를 수행하게 된다.

평가항목은 침해사고 사례, 법제도의 변화, 대상기관 및 대상사업의 특성 등에 따라 추가·삭제·변경 등 탄력적으로 구성하여 사용할 필요가 있으며, 특히 개인정보 보호법 관련 법령 및 고시가 개정된 경우 해당 사항에 대해서는 반드시 평가항목에 반영하여 점검하도록 하여야 한다.

'1. 대상기관 개인정보보호 관리체계' 평가영역의 경우, 1년 이내에 수행된 이전 영향평가를 통해 이미 평가를 수행한 경우 대상기관과의 협의를 거쳐 평가에서 제외할 수 있다.

평가항목과 관련된 세부 사항은 '2.5. 평가기준'의 내용을 참고하면 된다.

2) 개인정보 보호조치 현황파악

영향평가팀은 대상 사업의 특성에 맞게 작성된 평가항목을 바탕으로 설계산출물 등 자료검토, 시스템 점검, 현장실사, 인터뷰 등을 통해 개인정보보호 조치사항을 파악하여 분석한다.

영향평가 기준(점검표)은 이행 수준에 따라 '이행', '부분이행', '미이행', '해당 없음' 중하나로 평가하며, 관련해서 평가근거 및 의견을 구체적으로 작성한다. 평가근거에는 산출물(화면설계서, 시스템구성도 등), 내부 규정(내부관리계획 등), 각종 대장(권한관리 대장, 출입대장 등), 시스템 화면 캡쳐 등이 있을 수 있다.

개인정보 처리 업무 및 개인정보 흐름이 다수 존재하는 경우에는 각 개인정보 처리 업무별로 관련된 평가항목에 대하여 각각 평가를 수행해야 한다. 특히, 평가영역 '3. 개인정보 처리단계별 보호조치' 부분은 개인정보 처리 업무별로 구분하여 평가항목에 맞게 각각 평가를 수행하는 것이 바람직하다

[표 25] **점검표 예시**

세부분야	개인정보 보호책임자의 지정				
질의문 코드	질의문	이행	부분이행	미이행	해당없음
1.1.1	○ 개인정보 보호책임자를 법률기준에 따라 지정하고 있습니까?		○		
평가 예시	○ 이행 : 개인정보 보호책임자를 지정 기준에 따라 지정하고, 지침 또는 직무기술서, 임명장 등 관련 문서 등을 통해 개인정보 보호책임자의 지정사실을 알리고 있는 경우 ○ 부분 이행 : 개인정보 보호책임자가 지정되어 있으나 지정기준을 만족하지 못하거나, 지정사실을 전체 직원이 알 수 있도록 공식화하지 않은 경우				
평가근거 및 의견 (예시)	○ 평가대상기관인 △△△ 기관은 4급 이상의 공무원 자격 기준을 만족하고 있는 자를 개인정보 보호책임자로 지정하여야 하나, 현재 5급 공무원이 책임자로 지정되어 있음				

3) 개인정보 침해요인 도출

평가항목에 따른 평가를 수행한 후, 개인정보 흐름 분석 및 개인정보보호 조치 현황에 대한 평가 결과를 기반으로 개인정보 침해요인을 분석한다.

침해요인은 유사 침해사고 사례, 대상시스템 및 업무 특성 등을 반영하여 작성하고, 법률 위반 사항에 대해서는 별도로 표기하여 확인할 수 있도록 한다. 평가 결과 미이행(N), 부분 이행(P)에 따른 개인정보 침해요인 작성 예시는 아래와 같다.

[표 26] 개인정보 침해요인 작성 예시

질의문 코드	질의문	평가근거 및 의견	개인정보 침해요인	법적 준거성
4.3.3	고유식별정보, 바이오 정보, 비밀번호 등 중요 개인정보를 정보통신망을 통해 송·수신하거나 보조저장매체 등을 통해 전달하는 경우 암호화하도록 계획하고 있습니까?	현 시스템 및 설계서 상에 고유식별정보 등 개인정보를 홈페이지 서버로 전송 시 암호화가 적용되어 있지 않음	스니핑 등 네트워크 도청을 통해 홈페이지 회원의 고유식별정보, 인증정보가 비인가자에게 유출될 우려가 있음	개인정보의 안전성 확보조치 기준 고시 제7조 위반 (3,000만원 이하 과태료)

4) 개인정보 위험도 산정

도출된 침해요인은 모두 개선하는 것이 원칙이지만, 기관내 예산이 부족한 경우 등 불가 피한 사유가 있는 경우에는 위험도 분석 결과에 따라 개선사항의 우선 순위를 정하여 선택적으로 조치할 수도 있다. 단, 법적 의무사항은 필수적으로 조치를 수행해야 한다.

위험도 산정방법은 위험에 대한 관점 등에 따라 다양하므로, 평가기관의 자체 위험분석 방법론을 활용하여 위험도를 산정할 것을 권고한다. 참고로 위험도 산정 과정 및 결과는 합리적이고 납득 가능한 수준이어야 하며, 위험도 산정값은 실질적인 위험의 크기를 대변할 수 있어야 한다. 또한, 법적 준거성 등 개인정보보호 영역의 특성이 반영되어야 한다는 점에 유의할 필요가 있다.

2.3.2.5 개선계획의 수립

식별된 침해요인별 위험도를 측정하고 검토한 후, 위험요소를 제거하거나 최소화하기 위한 개선방안을 도출한다.

도출된 개선방안을 기반으로 대상기관 내 보안 조치 현황, 예산, 인력, 사업일정 등을 고려하여 개선계획을 수립한다. 도출된 개선계획은 위험평가 결과를 참고하여 위험도가 높은 순서의 개선방안을 먼저 실행하도록 개선 계획표를 작성한다.

[표 27] 개인정보 개선계획 작성 예시

순번	개선과제명	개선내용	담당 부서	수행시기
1	개인정보보호 교육 강화	• 개인정보보호 교육계획 수립(2.1.2) • 개인정보취급자에 대한 교육 수행 (2.1.2)	고객보호팀	사업종료전 (2021.08)
2	개인정보 수집·저장 시 보호조치 강화	• 회원 가입 시 입력받는 개인정보 수집항목 최소화(3.1.2) • 회원정보 DB 저장시 암호화 등의 설계 변경(4.3.1)	사업주관 부서	사업종료전 (2021.08)
…	…	…	…	…

도출된 개선과제에 대하여 실질적인 개선이 가능하도록 관련 사례 등을 포함하여 상세 개선방안을 제시한다.

개선과제명	1. 홈페이지 회원 비밀번호 일방향 암호화	순번	1
관련 평가항목	4.3.1	법적 요건	필수 사항
과제 상세 내용	(아래 상세 내용)		
담당부서 (수행 주체)	○○팀	수행 시기	2018.06
관련 법률	- 「개인정보 보호법」 제29조(안전조치의무) - 「개인정보의 안전성 확보조치 기준 고시」 제7조(개인정보의 암호화)		

과제 상세 내용:

● 일방향 암호화 대상 정보 : 홈페이지 회원 비밀번호, 관리자 비밀번호
● 일방향 암호화 알고리즘 : SHA-256 이상 적용 필요

[보안강도에 따른 일방향(단순해쉬/전자서명용 해쉬함수) 암호 분류]

보안 강도	NIST(미국)	CRYPTREC(일본)	ECRYPT(유럽)	국내	안정성 유지기간(년도)
80비트 이상	SHA-1 SHA-224/256/384/512	SHA-1↑ SHA-256/384/512 RIPEMD-160	SHA-1↑ SHA-256/384/512 RIPEMD-160 Whirlpool	SHA-1↑ HAS-160 SHA-256/384/512	2010년까지
112비트 이상	SHA-224/256/384/512	SHA-256/384/512	SHA-256/384/512 Whirlpool	SHA-256/384/512	2011년부터 2030년까지 (최대 20년)
128비트 이상	SHA-256/384/512	SHA-256/384/512	SHA-256/384/512 Whirlpool	SHA-256/384/512	
192비트 이상	SHA-384/512	SHA-384/512	SHA-384/512 Whirlpool	SHA-384/512	2030년 이후 (최대 30년)
256비트 이상	SHA-512	SHA-512	SHA-512 Whirlpool	SHA-512	

● 비밀번호 일방향 암호화 적용 시 고려 사항 (Salt값 적용 등)

[그림 23] 상세 개선방안 작성 예시(출처:개인정보 영향평가 수행안내서)

2.3.2.6 영향평가서 작성

영향평가서는 사전준비 단계에서부터 위험관리 단계까지 모든 절차, 내용, 결과 등을 취합·정리한 문서이다. 영향평가팀은 영향평가서를 최종적으로 검토 또는 승인할 수 있는 조직 내 최고의사결정권자(기관장)에게 보고하여야 한다.

영향평가 결과에 따른 개선사항이 사업추진 과정에서 계획대로 반영되어 개선되는지 이행점검을 통해 지속적인 관리가 필요하다.

완료된 영향평가서는 해당 개인정보파일을 구축·운용하기 전에 개인정보보호위원회에 제출하여야 한다.(개인정보 보호법 시행령 제38조제2항)

* 영향평가서를 제출받은 대상기관의 장은 2개월 이내에 보호위원회에 제출(개인정보 영향평가에 관한 고시 제12조)
* 영향평가서 제출은 개인정보보호 종합지원시스템(https://intra.privacy.go.kr)에 등록하여 제출

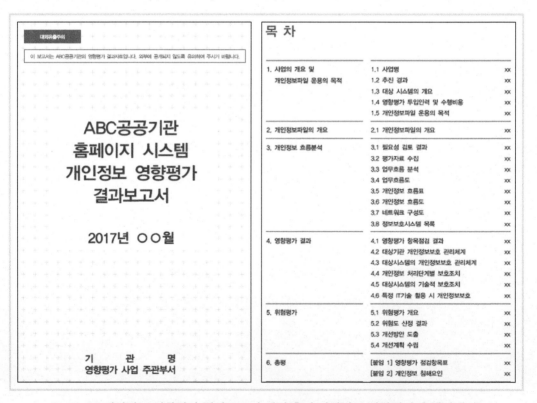

[그림 24] 개인정보 영향평가 결과보고서 예시(출처:개인정보 영향평가 수행안내서)

2.3.3 이행 단계

2.3.3.1 개선계획 반영여부 점검

정보시스템 분석·설계 단계에서 수행한 영향평가 개선계획의 반영여부를 개인정보파일 및 개인정보처리시스템 구축·운영 전에 확인하여야 한다. 대상기관은 정보시스템 분석·설계 단계에서 수행한 영향평가 결과 및 개선계획에 따라 필요한 사항을 반영하여야 한다.

감리 대상 정보화사업의 경우에는 영향평가 개선계획의 반영여부를 정보시스템 감리 시 확인하여야 한다. 만약 감리를 수행하지 않는 경우에는 정보시스템 테스트 단계에서 자체적으로 영향평가 개선계획의 반영 여부를 확인하여야 한다.(개인정보 영향평가에 관한 고시 제9조의3(영향평가 개선계획 반영여부의 확인))

2.3.3.2 개선사항 이행 확인

영향평가서를 제출받은 공공기관의 장은 개선사항으로 지적된 부분에 대한 이행 현황을 영향평가서를 제출받은 날로부터 1년 이내에 개인정보보호위원회에 제출하여야 한다.(개인정보 영향평가에 관한 고시 제14조)

◎ 개인정보 영향평가에 관한 고시 [별지 제8호서식]

개인정보 영향평가 개선사항 이행확인서					
평가영역	개선과제명	개선요구내용	이행계획 (또는 결과)	완료일 (또는 예정일)	담당자 확인

[그림 25] 이행확인서 양식(영향평가 고시 별지 제8호 서식)

CHAPTER 03

ISMS-P 개인정보보호관리체계

기업의 비즈니스에 존재하는 개인정보와 관련된 위험 평가, 관리, 운영 및 보호조치를 효과적으로 하기 위한 개인정보보호관리체계 (ISMS-P)의 준수 및 요구사항의 실무 적용방안에 대해 제시하고, 각 요구사항에 대한 개인정보 보호조치 위반 사례를 통하여 효과적인 대응 방안에 대해 제시한다.

3.1 개요

본 절에서는 본 과제의 목적, 범위 및 구성에 대해 알아본다.

1) 목적

기업의 비즈니스에 존재하는 개인정보와 관련된 위험 평가, 관리, 운영 및 보호조치를 효과적으로 하기 위한 정보보호 및 개인정보보호관리체계에서 개인정보보호를 위한 통제에 대한 요구사항의 실무 적용방안에 대해 제시하고, 각 요구사항에 대한 개인정보 침해 및 위반 사례를 통하여 개인정보가 비즈니스에 미치는 위험에 대해 알아보고자 한다.

2) 범위

본 문서에서는 기업의 법적 의무사항 준수를 위해서 또는 보안 프레임워크를 수립하기 위하여 정보보호 및 개인정보보호관리체계 인증(이하 ISMS-P)을 적용하는 기업에서 필요한 요구사항 및 적용방안에 대해 알아본다. 중점적으로 ISMS-P 인증기준에서 개인정보보호 영역에 해당하는 '개인정보 처리 단계별 요구사항'에 대해 알아보고 적용방안에 대해 제시한다. '관리체계 수립 및 운영' 및 '보호대책 요구사항'은 개인정보 처리 단계별 요구사항과 연계하여 방안을 제시한다. ISMS-P 개인정보 보호조치의 위반 사례 및 대응방안을 통하여 기업의 비즈니스 위험을 최소화할 수 있는 참조 사항을 제시한다.

3) 구성

본 문서는 ISMS-P 인증 사전준비 사항, 개인정보 처리 단계별 요구사항 및 적용방안 순으로 구성한다. ISMS-P 개인정보 처리 단계별 요구사항 및 적용방안에서는 요구사항 항목에 관한 설명, 적용방안 및 고려사항으로 구성하고 각 항목 위반 사례 및 대응방안을 제시하여 개인정보보호 활동에 대한 기업 최고 레벨 혹은 위원회에서 의사 결정 및 예방 활동에 참조할 수 있도록 한다.

3.2 개인정보보호관리체계(ISMS-P) 인증 사전준비

본 절에서는 ISMS-P 인증제도, 대상 및 범위, 인증 절차, 신청 및 준비 시에 고려해야 할 사항에 대해 알아본다.

3.2.1 ISMS-P 인증제도 체계

1) 인증제도 안내

ISMS-P 인증제도는 정보통신망 이용촉진 및 정보보호에 관한 법률(이항 정보통신망법) 및 개인정보보호법의 법령에 근거하여 시행하는 제도이다. 목적은 조직 전반의 정보보호 및 개인정보보호를 위한 위험관리, 대책구현, 사후관리 등의 지속적이고 체계적인 관리를 통해 구현된 여러 정보보호 대책들이 유기적으로 통합된 체계에 대하여 제3자의 인증기관(한국인터넷진흥원, 금융보안원)이 객관적이고 독립적으로 평가하여 기준에 대한 적합 여부를 보증해주는 제도이다. 인증은 2가지 ISMS (정보보호관리체계)와 ISMS-P (정보보호 및 개인정보보호 관리체계) 인증으로 나눌 수 있다.

가. 법적 근거

① 정보통신망법 제47조 및 개인정보보호법 제32조의2

② 정보보호 및 개인정보보호 관리체계 인증 등에 관한 고시

나. 인증 설명

[표 28] ISMS 및 ISMS-P 인증 비교

인증 종류	ISMS	ISMS-P
내용	정보서비스의 운영 및 보호에 필요한 조직, 물리적 위치, 정보자산을 포함	정보서비스의 운영 및 보호에 필요한 조직, 물리적 위치, 정보자산 개인정보 처리를 위한 수집, 보유, 이용, 제공, 파기에 관여하는 개인정보처리 시스템, 취급자를 포함
법적의무사항	필수 미이행시 3000만 과태료	선택
인증기준	총 인증항목 (80) 관리체계 수립 및 운영(16) 보호대책 요구사항(64)	총 인증항목 (102) 관리체계 수립 및 운영(16) 보호대책 요구사항(64) 개인정보 처리 단계별 요구사항(22)

2) 고려사항

개인정보 유출 및 오남용 방지를 위한 내부통제시스템을 구축하려는 기업 및 기관에서 ISMS-P 인증은 최적의 방안이 될 수 있다. ISMS-P 인증은 정보보호관리체계의 ISMS 인증과 개인정보보호체계를 포함하는 ISMS-P 인증으로 구분 할 수 있다. ISMS 인증의 경우 정보보호관리체계 인증으로 개인정보보호 사항에 대한 범위 밖으로 인식하는 경우가 있다. 그러나, 이것은 인증 범위에 대해 잘못 이해하고 있다. ISMS 인증에서도 '1.4.1 법적 요구사항 준수 검토' 통제를 통하여 개인정보보호의 관리 및 보호대책에 대해 확인을 한다. 단, 개인정보보호의 전반적인 관리체계의 검증에 대해서는 제한적이고 ISMS-P를 통하여 전체 개인정보 라이프사이클의 관리체계에 대해 검증할 수 있다.

3.2.2 ISMS-P 인증대상 및 범위

1) 인증대상

ISMS-P 인증제도 내에서 인증은 ISMS과 ISMS-P으로 나눌 수 있다. ISMS는 법적 의무 대상을 지정하고 있다. ISMS-P은 선택 사항이다.

가. ISMS 법적 의무 대상 기관

[표 29] ISMS 의무 인증대상

영역	인증 대상 상세
ISP (정보통신서비스 제공 사업자)	「전기통신사업법」제6조제1항에 따른 등록한 자로서 서울특별시 및 모든 광역시에서 정보통신서비스를 제공하는 자
IDC (직접정보통신 시설 사업자)	「정보통신망법」제46조에 따른 집적정보통신 시설 사업자
병원 및 학교	연간 매출액 또는 세입이 1500억원 이상인 자 중에서 다음에 해당하는 경우 1. 「의료법」 제3조의4에 따른 상급종합병원 2. 직전연도 12월31일 기준으로 재학생 수가 1만명 이상인 「고등교육법」 제2조에 따른 학교
정보통신서비스 제공자	정보통신서비스 부문 전년도(법인인 경우에는 전 사업연도를 말한다) 매출액이 100억원 이상인 자 전년도 말 기준으로 직전 3개월간의 일일평균 이용자 수가 100만명 이상인 자

2) 인증범위

ISMS-P 인증은 '정보보호 및 개인정보보호 관리체계 수립 및 운영', '보호대책 요구사항' 및 '개인정보 처리 단계별 요구사항'을 포함하여 102개의 인증기준으로 구성되어 있다. '보호대책 요구사항'은 정보시스템서비스와 서비스 제공을 위한 정보시스템, 인력, 물리적 위치 등을 포함한다. 시스템 중심의 관리적, 기술적 보호대책에 대한 사항으로 구성되어 있다. '개인정보처리 단계별 요구사항'은 개인정보 라이프사이클(수집, 제공, 이용, 파기)에 따라 각 과정에서 필요한 관리적 보호조치 사항으로 구성되어 있다.

[표 30] ISMS-P 인증기준 항목

인증		영역	인증기준 개수
ISMS-P	ISMS	1. 관리체계 수립 및 운영	16
		2. 보호대책 요구사항	64
		3. 개인정보 처리단계별 요구사항	22

3) 고려사항

ISMS 인증은 의무 대상이 되는 경우 신청을 한다. 또는 인증기관이 매년 신규 대상 기관을 선별하여 대상 기업 및 기관에 공문을 송부한다. 공문을 받은 경우, ISMS 의무 대상이 아니라고 판단한 경우에는 이의 신청을 하면 된다. 의무대상자로 지정되면 인증은 차년도 8.31일까지 취득을 완료해야 한다.

ISMS-P 인증은 신청 시 인증범위 선정에 대해 고민을 하게 된다. ISMS는 의무 인증 범위가 정의되어 있어 (외부망에서 접속 가능한 시스템 및 연계 시스템) 범위를 지정하기 쉽지만 ISMS-P는 자율적으로 선정하여야 한다. 기업 및 기관의 여건이 된다면 ISMS 범위의 시스템 또는 서비스에서 수집된 개인정보를 처리하는 백엔드 및 내부 처리시스템을 포함하여 신청한다. 만일 기업 규모에 따라 전체 개인정보 처리시스템 인증이 부담이 된다면 핵심 개인정보처리 시스템 대상으로 선정이 가능하다. 이 경우에는 선정된 시스템에서 수집 또는 이용되는 개인정보의 파기까지 연계된 시스템, 조직 및 절차도 포함하여야 한다.

3.2.3 ISMS-P 인증 절차 및 혜택

1) 인증 절차

인증을 취득하고자 하는 경우에는 인증기관(KISA)에 인증 신청하는 것으로 시작된다. 신청 시에는 최소 인증기준에 따른 관리체계를 2개월 이상 운영하고 있어야 한다. 최소 2개월 이상의 운영 증적이 있어야 한다. 신청 후에는 심사기관이 배정되고 심사팀장에 의한 예비점검이 실시된다. 예비점검 시에는 인증범위 및 준비상태를 확인한다. 만일 준비상태가 미비하다면 보강 조치에 대한 권고 및 재예비점검이 이루어질 수도 있다.

심사 단계 시에는 인증팀이 대상지에 방문하여 이행점검을 실시한다. 일반적으로 심사 기간은 범위의 규모에 따라 다르지만 ISMS는 1주 정도 ISMS-P는 1주~2주 이내로 진행된다. 심사 전날에 예비결과가 피인증기관에 전달되고 결과에 대해 이의 또는 이견이 있는 경우 심사팀과 협의를 통하여 조율할 수 있다. 심사 마지막날에는 심사결과와 결함보고서가 전달된다. 피인증기관은 100일 이내에 결함 보완조치를 완료하고 보완조치내역서를 제출하여야 한다. 보완조치가 완료되면 보완 실사확인을 위해 심사팀장이 방문하여 확인한다.

인증 단계 시에는 심사결과 및 이행결과가 인증위원회에 제출되고 심사결과 검토 심의를 통하여 최종 인증 부여 여부가 결정된다. 인증이 통과되면 인증서가 발급되고 ISMS-P 누리집(isms.kisa.or.kr)의 인증서 발급현황에서 확인할 수 있다.

인증의 유효기간은 3년이다. 최초심사 후에는 2년 동안 사후심사를 받게 된다. 사후심사 시에는 인증위원회 심사가 없고 인증기관의 심사만 있다. 최초심사 2년 이후 받는 갱신심사는 최초심사 절차와 동일하다.

[표 31] ISMS-P 인증심사 절차[1)

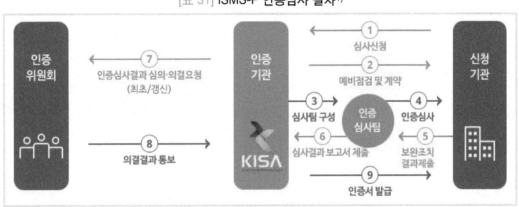

[표 32] ISMS-P 인증심사 종류

구분	설명
최초심사	인증을 처음으로 취득할 때 진행하는 심사이며, 인증의 범위에 중요한 변경이 있어 다시 인증을 신청할 때에도 실시. 최초심사를 통해 인증을 취득하면 3년의 유효기간이 부여
사후심사	인증을 취득한 이후 관리체계가 지속적으로 유지되고 있는지 확인하는 것을 목적으로 인증 유효기간 중 매년 1회 이상 시행하는 심사
갱신심사	관리체계 인증 유효기간 연장을 목적으로 시행하는 심사

---

1) https://isms.kisa.or.kr ISMS-P 인증심사 절차

2) 인증 혜택

인증 혜택 중 가장 큰 혜택은 인증 요건에 해당되는 정보통신서비스 및 개인정보보호에 대한 정부에서 인정한 제3자로부터 의무를 다한 것으로 인정받는 것이다. 그리고 관리체계를 유지함으로써 정보보안 및 개인정보보호에 대한 수준을 높여서 기업의 비즈니스의 안정성을 강화할 수 있다. 아래는 ISMS-P 인증기관에서 소개하는 효과이다.

[기대효과]

① 정보보호 위험관리를 통한 비즈니스 안정성 제고

② 윤리 및 투명 경영을 위한 정보보호 법적 준거성 확보

③ 침해사고, 집단소송 등에 따른 사회 · 경제적 피해 최소화

④ 인증 취득 시 정보보호 대외 이미지 및 신뢰도 향상

⑤ IT관련 정부과제 입찰 시 인센티브 일부 부여

3) 고려사항

인증을 준비하면서 담당자는 예산 수립을 위한 비용을 확보해야 한다. 비용은 사전준비 비용과 인증 비용으로 구분할 수 있다. 사전준비 비용은 일반적으로 인증 최초준비 시에는 전문업체로부터 컨설팅을 받는다. 컨설팅 비용은 범위 및 자산 규모에 따라 다르다. 컨설팅은 정책 및 절차 수립, 흐름도 등의 인증 필요문서 및 증적 준비, 교육, 보안 점검, 취약점 점검, 수탁사 점검 등이 있다. 인증비는 인증심사 수수료와 인증 직접경비가 있다. 인증심사 수수료는 인증 신청하면서 납부하는 비용이다. 사전에 ISMS-P 누리집 자료집에서 비용 산출 문서를 내려받아서 예측할 수 있다. 인증 수수료는 다음의 경우 감면 혜택이 있다. 해당 사항에 속하는 경우 인증 신청 시에 심사기관에 알려 감면을 받도록 한다.

[표 33] ISMS-P 인증수수료 감면 대상

감면 대상	상세	감면액
소기업	「중소기업기본법」 제2조에 따른 소기업	30%
정보보호공시	「정보보호산업의 진흥에 관한 법률」 제13조에 따라 정보보호 현황을 공시한 경우	30%
인증심사생략	고시 제20조에 따라 'ISO/IEC 27001', '주요정보통신기반시설의 취약점 점검'을 한 경우	20%

직접경비는 교통비, 식대 등의 현장심사 시 소요되는 경비로 인증 심사 후에 청구된다.

심사기관의 배정은 인증기관에 의해 신청 시에 배정된다. 심사기관은 23년 기준으로 한국정보통신진흥협회(KAIT), 한국정보통신기술협회(TTA), 개인정보보호협회(OPA), 차세대 정보보안인증원(NISC)이 있다. 단, 한국인터넷진흥원, 금융보안원(금융 ISMS 인증기관)과 같은 인증기관은 심사기관 역할도 수행한다. 심사기관이 배정되고 3년 경과 후에는 특별한 사유가 없는 한 새로운 기관으로 배정된다.

현장 심사 시에는 사전에 심사 일정에 대해 심사팀장과 협의해야 한다. 확정된 일정에 따라 각 영역 또는 시스템별 내부 담당자에게 미리 인터뷰 일정을 공유하고 대상 서비스, 시스템 및 절차 등을 숙지할 수 있도록 준비해야 한다.

착수회의와 종료회의에는 보안 인식활동의 일환으로 이해관계자가 모두 참석하는 것을 권장하나 여건이 안되면 정보보호책임자 및 개인정보보호책임자는 참석하는 것을 권장한다.

3.3 개인정보 처리 단계별 요구사항 및 적용방안

본 절에서는 ISMS-P 인증기준에서 개인정보 처리단계별 세부 요구사항과 적용방안에 대해 알아본다. 각 요구사항의 인증기준, 확인사항, 법규를 제시하고 기관 및 기업에서 요구사항 준수를 위한 구현 방안 적용 사항 및 고려해야 할 사항에 대해 알아본다.

3.3.1 개인정보 수집 시 보호조치 및 적용

개인정보 수집 시 보호조치 및 적용 기준은 개인정보 수집 시에 필요한 요구사항으로 7개의 상세 통제사항으로 구성되어 있다.

3.3.1.1 개인정보 수집 제한

1) 인증기준

개인정보는 서비스 제공을 위하여 필요한 최소한의 정보를 적법하고 정당하게 수집하여야 하며, 필수정보 이외의 개인정보를 수집하는 경우에는 선택항목으로 구분하여 해당 정보를 제공하지 않는다는 이유로 서비스 제공을 거부하지 않아야 한다.

2) 확인사항

○ 개인정보를 수집하는 경우 서비스 제공 또는 법령에 근거한 처리 등을 위해 필요한 범위 내에서 최소한의 정보만을 수집하고 있는가?

○ 수집 목적에 필요한 최소한의 정보 외의 개인정보를 수집하는 경우 정보주체(이용자) 가 해당 개인정보의 제공 여부를 선택할 수 있도록 하고 있는가?

○ 정보주체(이용자)가 수집 목적에 필요한 최소한의 정보 이외의 개인정보 수집에 동의 하지 않는다는 이유로 서비스 또는 재화의 제공을 거부하지 않도록 하고 있는가?

3) 적용방안

○ 정보주체의 동의를 받거나 법령에 따른 개인정보만 수집

○ 개인정보의 동의 항목을 필수 항목과 선택 항목으로 구분하여 각각 동의, 비동의 선택 제공. 선택 항목 비동의 시에도 기본 서비스 제공은 가능하도록 적용

○ 개인정보 수집·이용 동의서 약관과 개인정보처리방침 내용의 일관성 유지

○ 개인정보 수집·이용 시 담당자 검토 절차 수립 및 적용

4) 위반사례 및 대응방안

○ 위반사례: A업체는 지원자 신청서에 개인정보 수집·이용 시 정보주체 동의 미획득

○ 대응방안

• 지원자 신청서 또는 지원서에 개인정보 수집·이용에 대한 약관 및 동의를 추가하고 필수 및 선택 정보로 구분

• 기업, 기관의 표준 지원자 신청서 및 지원 사이트가 아닌 자유형식의 지원서 또는 이력 서 접수 시, 개인정보 수집·이용에 대한 안내하고 동의를 획득할 수 있도록 시스템 구현

3.3.1.2 개인정보의 수집 동의

1) 인증기준

개인정보는 정보주체(이용자)의 동의를 받거나 관계 법령에 따라 적법하게 수집하여야

하며, 만 14세 미만 아동의 개인정보를 수집하려는 경우에는 법정대리인의 동의를 받아야한다.

2) 확인사항

○ 개인정보 수집 시 법령에 특별한 규정이 있는 경우를 제외하고는 정보주체(이용자)에게 관련 내용을 명확하게 고지하고 동의를 받고 있는가?

○ 정보주체(이용자)에게 동의를 받는 방법 및 시점은 적절하게 되어 있는가?

○ 정보주체(이용자)에게 동의를 서면(전자문서 포함)으로 받는 경우 법령에서 정한 중요한 내용에 대해 명확히 표시하여 알아보기 쉽게 하고 있는가?

○ 만 14세 미만 아동의 개인정보에 대해 수집·이용·제공 등의 동의를 받는 경우 법정대리인에게 필요한 사항에 대하여 고지하고 동의를 받고 있는가?

○ 법정대리인의 동의를 받기 위하여 필요한 최소한의 개인정보만을 수집하고 있으며, 법정대리인이 자격 요건을 갖추고 있는지 확인하는 절차와 방법을 마련하고 있는가?

○ 정보주체(이용자) 및 법정대리인에게 동의를 받은 기록을 보관하고 있는가?

3) 적용방안

○ 개인정보 수집·이용 동의 시 필수 사항 고지

• 개인정보 수집·이용 목적

• 수집하려는 개인정보의 항목

• 개인정보의 보유 및 이용기간

• 동의를 거부할 권리가 있다는 사실 및 동의 거부에 따른 불이익이 있는 경우에는 그 불이익의 내용

○ 개인정보가 필요한 시점에 수집

• 웹사이트 회원가입 시 특정 서비스 이용에만 필요한 개인정보는 해당 서비스 이용시점에 수집. 예) 주문배송 정보 수집, 고객상담 게시판의 정보 수집

○ 서면 동의 시 법령에서 정한 중요한 내용 명확히 표시 (개인정보 처리방법에 관한 고시 제4조)

• 글씨크기는 최소 9포인트 이상으로 다른 내용보다 20퍼센트 이상 크게 하여 알아보기 쉽게 할 것

- 글씨의 색깔, 굵기 또는 밑줄 등을 통하여 그 내용이 명확히 표시되도록 할 것
- 동의 사항이 많아 중요한 내용이 명확히 구분되기 어려운 경우에는 중요한 내용이 쉽게 확인될 수 있도록 그 밖의 내용과 별도로 구분하여 표시할 것
○ 만 14세 미만 아동에 대하여 개인정보를 수집·이용·제공 등의 동의를 받는 경우 별도의 수집 동의 양식 제공하고 법정대리인 확인 절차를 마련하여 동의를 받도록 조치
○ 법정대리인 동의 획득 절차 시 다음의 진위 여부 검증 절차 적용
- 법정대리인의 미성년자 여부 확인
- 아동과의 나이 차이 확인 등
○ 법정대리인이 동의를 거부하거나, 법정대리인의 동의 의사가 확인되지 않은 경우 수집일로부터 5일 이내에 파기 절차 적용
○ 법적대리인 동의 기록 보존
- 기록으로 남겨야 할 사항 : 동의 일시, 동의 항목, 동의자(법정대리인이 동의한 경우 법정대리인 정보), 동의 방법 등
- 보존기간 : 회원탈퇴 등으로 인하여 해당 개인정보를 파기할 때까지
○ 개인정보 수집·이용 동의서의 수집·이용·제공의 내용과 개인정보처리방침의 일관성 유지를 위한 정기적인 점검
○ 법정대리인 동의가 필요한 서비스의 확인 및 목록 관리

4) 위반사례 및 대응방안

○ 위반사례: 프랜차이즈 업체에서 아동 대상 이벤트 시, 14세미만의 정보주체의 개인정보를 수집할 때 법정대리인의 동의란이 없음
○ 대응방안: 미성년자 대상 개인정보 수집 시에는 대상 나이를 확인하여 14세 미만 시에는 법정대리인의 동의를 획득할 수 있도록 표준 개인정보 수집·이용 동의서를 작성하고 특히, 오프라인에서 개인정보 수집 시에 법정대리인의 신분 확인을 위한 신분증 확인 등과 같은 확인 방법과 절차를 수립하고 적용

3.3.1.3 주민등록번호 처리 제한

1) 인증기준

주민등록번호는 법적 근거가 있는 경우를 제외하고는 수집·이용 등 처리할 수 없으며,

주민등록번호의 처리가 허용된 경우라 하더라도 인터넷 홈페이지 등에서 대체수단을 제공하여야 한다.

2) 확인사항

○ 주민등록번호는 명확한 법적 근거가 있는 경우에만 처리하고 있는가?

○ 주민등록번호의 수집 근거가 되는 법조항을 구체적으로 식별하고 있는가?

○ 법적 근거에 따라 정보주체(이용자)의 주민등록번호 수집이 가능한 경우에도 아이핀, 휴대폰 인증 등 주민등록번호를 대체하는 수단을 제공하고 있는가?

3) 적용방안

○ 주민등록번호를 수집 및 처리하는 경우 해당 처리의 근거가 되는 법조항을 구체적으로 식별하여 입증할 수 있도록 기록

○ 대체수단 CI, DI를 이용하는 경우 DI는 내부용 (중복확인 등) 및 CI는 외부 연계목적으로 사용할 수 있도록 구분하여 이용

4) 위반사례 및 대응방안

○ 위반사례: 협회에서 국가자격검정 및 교육관련 업무 등을 온라인상에서 지원하고 처리하는 홈페이지를 운영하면서 법적 근거 없는 주민등록번호 수집

○ 대응방안: 주민등록번호는 법적 근거가 없는 경우 수집을 불가하고 본인 확인이 필요한 경우 본인확인 서비스를 이용할 수 있도록 구현. 주민등록번호의 위반 행위에 대해서는 다른 개인정보 위반보다 심각한 위험을 초래할 수 있으므로 개인정보처리자들이 중요성을 인식할 수 있도록 교육, 내부 공지 등을 통하여 정보 전달

3.3.1.4 민감정보 및 고유식별정보의 처리 제한

1) 인증기준

민감정보와 고유식별정보(주민등록번호 제외)를 처리하기 위해서는 법령에서 구체적으로 처리를 요구하거나 허용하는 경우를 제외하고는 정보주체(이용자)의 별도 동의를 받아야 한다.

2) 확인사항

○ 민감정보는 정보주체(이용자)로부터 별도의 동의를 받거나 관련 법령에 근거가 있는 경우에만 처리하고 있는가?

○ 고유식별정보(주민등록번호 제외)는 정보주체(이용자)로부터 별도의 동의를 받거나 관련 법령에 구체적인 근거가 있는 경우에만 처리하고 있는가?

3) 적용방안

○ 민감정보는 정보주체(이용자)로부터 별도의 동의를 받거나 관련 법령에 근거가 있는 경우에 한하여 수집

○ 고유식별정보(주민등록번호 제외)는 정보주체(이용자)로부터 별도의 동의를 받거나 관련 법령에 근거가 있는 경우에 한하여 수집

○ 주민등록번호, 민감정보, 고유식별정보는 필요 목적을 재검토하고 법령에 근거하여 수집하는 경우에는 법조항을 구체적으로 식별하여 기록 관리하고 저장, 이용 시에는 암호화 등의 기술적 보호조치 적용

[표 34] **민감정보 및 고유식별정보**

민감정보	고유식별정보
1. 사상·신념 : 각종 이데올로기 또는 사상적 경향, 종교적 신념 등 2. 정치적 견해 : 정치적 사안에 대한 입장이나 특정 정당의 지지 여부에 관한 정보 3. 노동조합·정당의 가입·탈퇴: 노동조합 또는 정당에의 가입·탈퇴에 관한 정보 4. 건강 및 성생활에 관한 정보: 개인의 과거 및 현재의 병력(病歷), 신체적·정신적 장애(장애등급 유무 등), 성적취향 등에 관한 정보. 혈액형은 이에 해당하지 않음 5. 사생활을 현저하게 침해할 우려가 있는 개인정보	1. 주민등록번호(다만 주민등록번호 수집 법정주의에 따라 동의에 근거한 수집은 불가함.) 2. 여권번호 3. 운전면허번호 4. 외국인등록번호

4) 위반사례 및 대응방안

○ 위반사례: 의료업체 회원 가입 시에 서비스에 직접 관련 없는 과거 성형 및 병력 정보를 필수항목으로 수집 및 포괄적 동의 획득

○ 대응방안: 민감정보 및 고유식별정보 수집 시에 필요 여부를 재확인하는 절차를 시행하고 별도 동의를 받을 수 있도록 '표준 개인정보 수집·이용 동의서'를 만들어 배포

3.3.1.5 간접수집 보호조치

1) 인증기준

정보주체(이용자) 이외로부터 개인정보를 수집하거나 제공받는 경우에는 업무에 필요한 최소한의 개인정보만 수집·이용하여야 하고 법령에 근거하거나 정보주체(이용자)의 요구가 있으면 개인정보의 수집 출처, 처리목적, 처리정지의 요구권리를 알려야 한다.

2) 확인사항

○ 정보주체(이용자) 이외로부터 개인정보를 제공받는 경우 개인정보 수집에 대한 동의 획득 책임이 개인정보를 제공하는 자에게 있음을 계약을 통해 명시하고 있는가?

○ 공개된 매체 및 장소에서 개인정보를 수집하는 경우 정보주체(이용자)의 공개 목적·범위 및 사회 통념상 동의 의사가 있다고 인정되는 범위 내에서만 수집·이용하는가?

○ 서비스 계약 이행을 위해 필요한 경우로서, 사업자가 서비스 제공 과정에서 자동수집 장치 등에 의해 수집·생성하는 개인정보(이용내역 등)의 경우에도 최소수집 원칙을 적용하고 있는가?

○ 정보주체(이용자) 이외로부터 수집하는 개인정보에 대해 정보주체(이용자)의 요구가 있는 경우 즉시 필요한 사항을 정보주체(이용자)에게 알리고 있는가?

○ 정보주체(이용자) 이외로부터 수집한 개인정보를 처리하는 경우 개인정보의 종류·규모 등이 법적 요건에 해당하는 경우 필요한 사항을 정보주체(이용자)에게 알리고 있는가?

○ 정보주체(이용자)에게 수집 출처에 대해 알린 기록을 해당 개인정보의 파기 시까지 보관·관리하고 있는가?

3) 적용방안

○ 서비스 계약 이행을 위하여 필요한 경우로서 사업자가 서비스 제공과정에서 자동수집 장치 등에 의하여 수집·생성되는 개인정보(통화기록, 접속로그, 결제기록, 이용내역 등)에 대해서도 해당 서비스의 계약 및 서비스 제공 계약 이행과는 무관하게 이용하

는 경우에는 수집 시 선택 동의 항목으로 분류하여 별도의 사전 동의 획득

○ 정보주체(이용자) 이외로부터 수집한 개인정보를 처리할 때 개인정보의 종류·규모 등
법적 통지 요건에 해당하는 경우 필요한 사항을 정보주체(이용자)에게 통지

[표 35] **통지 의무 요건 및 방법**

구분	내용
통지의무가 부과되는 개인정보처리자 요건	1. 5만 명 이상 정보주체에 관한 민감정보 또는 고유식별정보를 처리하는 자 2. 100만 명 이상의 정보주체에 관한 개인정보를 처리하는 자
통지하여야 할 사항	1. 개인정보의 수집 출처 2. 개인정보의 처리 목적 3. 개인정보 처리의 정지를 요구할 권리가 있다는 사실
통지 시기	개인정보를 제공받는 날로부터 3개월 이내 다만 동의를 받은 범위에서 연 2회 이상 주기적으로 개인정보를 제공받아 처리하는 경우에는 제공받은 날부터 3개월 이내에 통지하거나 그 동의를 받은 날부터 기산하여 연 1회 이상 통지
통지 방법	서면·전화·문자전송·전자우편 등 정보주체가 쉽게 알 수 있는 방법

○ 정보주체(이용자)에게 수집 출처에 대하여 알린 기록을 해당 개인정보의 파기 시까지
보관·관리

3.3.1.6 영상정보처리기기 설치·운영

1) 인증기준

영상정보처리기기를 공개된 장소에 설치·운영하는 경우 설치 목적 및 위치에 따라 법적
요구사항(안내판 설치 등)을 준수하고, 적절한 보호대책을 수립·이행하여야 한다.

2) 확인사항

○ 공개된 장소에 영상정보처리기기를 설치·운영할 경우 법적으로 허용한 장소 및 목적
인지 검토하고 있는가?

○ 공공기관이 공개된 장소에 영상정보처리기기를 설치·운영하려는 경우 공청회·설명회
개최 등의 법령에 따른 절차를 거쳐 관계 전문가 및 이해관계인의 의견을 수렴하고
있는가?

○ 영상정보처리기기 설치·운영 시 정보주체가 쉽게 인식할 수 있도록 안내판 설치 등 필요한 조치를 하고 있는가?

○ 영상정보처리기기 및 영상정보의 안전한 관리를 위한 영상정보처리기기 운영·관리 방침을 마련하여 시행하고 있는가?

○ 영상정보의 보관 기간을 정하고 있으며, 보관 기간 만료 시 지체 없이 삭제하고 있는가?

○ 영상정보처리기기 설치·운영에 관한 사무를 위탁하는 경우 관련 절차 및 요건에 따라 계약서에 반영하고 있는가?

3) 적용방안

○ 영상정보처리기기를 설치·운영할 경우 법적으로 허용한 장소 및 목적인지 검토하는 절차 수립 및 이행

○ 영상정보처리기기 설치·운영 시 정보주체가 쉽게 인식할 수 있도록 안내판을 설치

○ 안내판에 포함되어야 할 사항

• 설치 목적 및 장소

• 촬영 범위 및 시간

• 관리책임자 이름 및 연락처

• 위탁받은 자의 명칭 및 연락처(영상정보처리기기 설치·운영 사무 위탁 시)

○ 영상정보의 보관 기간을 정하여 보관 기간 만료 시 지체 없이 삭제. 보유 목적 달성을 위한 최소한의 기간을 산정하기 곤란한 때에는 보관 기간을 개인영상정보 수집 후 30일 이내로 함 (표준 개인정보 보호지침 제41조제2항)

○ 영상정보처리기기 설치·운영에 관한 사무를 위탁하는 경우 다음의 내용을 포함하는 위탁 계약서 작성

• 위탁하는 사무의 목적 및 범위

• 재위탁 제한에 관한 사항

• 영상정보에 대한 접근 제한 등 안전성 확보 조치에 관한 사항

• 영상정보의 관리 현황 점검에 관한 사항

• 위탁받는 자가 준수하여야 할 의무를 위반한 경우의 손해배상 등 책임에 관한 사항

4) 법령질의 및 해석

○ 질의사항: 비대면 온라인 화상회의 또는 수업에 참여한 사람의 얼굴 등을 공유하는 것이 개인정보의 유출 또는 제3자 제공 해당 여부에 대한 법령해석[2]

○ 답변: 참석자 상호 간 자발적인 정보제공으로서 개인정보의 유출 또는 제3자 제공으로 볼 수 없음 (법적 문제 없음)

○ 질의사항: 직장 내 괴롭힘 조사를 위한 영상정보의 목적 외 이용·제공 가능여부에 대한 법령해석[3]

○ 답변: 비공개장소인 사무공간에 영상정보처리 기기를 설치·운영하기 위해서는 근로자 개개인의 동의 혹은 직장에 설치된 노사협의회[4]의 회의에서 그 설치에 대한 협의가 이루어지거나 또는 법률에 특별한 규정이 있어야 함

3.3.1.7 홍보 및 마케팅 목적 활용 시 조치

1) 인증기준

재화나 서비스의 홍보, 판매 권유, 광고성 정보전송 등 마케팅 목적으로 개인정보를 수집·이용하는 경우에는 그 목적을 정보주체(이용자)가 명확하게 인지할 수 있도록 고지하고 동의를 받아야 한다.

2) 확인사항

○ 정보주체(이용자)에게 재화나 서비스를 홍보하거나 판매를 권유하기 위하여 개인정보 처리에 대한 동의를 받는 경우 정보주체(이용자)가 이를 명확하게 인지할 수 있도록 알리고 별도 동의를 받고 있는가?

○ 전자적 전송매체를 이용하여 영리목적의 광고성 정보를 전송하는 경우 수신자의 명시적인 사전 동의를 받고 있으며, 2년 마다 정기적으로 수신자의 수신동의 여부를 확인하고 있는가?

---

2) 개인정보보호 위원회 「개인정보 주요 이슈 법령해석 사례 30선 2022」 P49
3) 개인정보보호 위원회 「개인정보 주요 이슈 법령해석 사례 30선 2022」 P88
4) 노사협의회는 상시(常時) 30명 이상의 근로자를 사용하는 근로조건에 대한 결정권이 있는 사업이나 사업장 단위로 설치 및 운영(근로자참여 및 협력증진에 관한 법률 제4조 제1항)

○ 전자적 전송매체를 이용한 영리목적의 광고성 정보 전송에 대해 수신자가 수신거부의 사를 표시하거나 사전 동의를 철회한 경우 영리목적의 광고성 정보 전송을 중단하도록 하고 있는가?

○ 영리목적의 광고성 정보를 전송하는 경우 전송자의 명칭, 수신거부 방법 등을 구체적으로 밝히고 있으며, 야간시간에는 전송하지 않도록 하고 있는가?

3) 적용방안

○ 홍보하거나 판매를 권유하기 위하여 개인정보를 처리하는 경우는 목적을 명확하게 제공하고 수집

○ 전자적 전송매체(이메일, 문자, 카카오톡 등)를 이용하여 영리목적의 광고성 정보를 전송하는 경우 수신자의 명시적인 사전 동의를 받아야 하며, 2년마다 정기적으로 수신자의 수신동의 여부를 확인. 다만 거래관계에 의한 예외에 해당하는 경우에는 수신동의를 받지 않고 광고성 정보 전송이 가능.

○ 거래관계에 의한 광고성 정보전송 수신동의 예외 사항

• 재화 등의 거래관계를 통하여 수신자로부터 직접 연락처를 수집한 자가 거래가 있은 날로부터 6개월 이내에 자신이 처리하고 수신자와 거래한 것과 동종의 재화 등에 대한 영리목적의 광고성 정보를 전송하려는 경우

• 「방문판매 등에 관한 법률」에 따른 전화권유판매자가 육성으로 수신자에게 개인정보의 수집 출처를 고지하고 전화권유를 하는 경우

○ 정보주체(이용자)의 광고성 정보 전송에 대한 동의 기록 저장 및 관리

• 개인정보 보호법 제22조제4항에 따른 홍보·판매권유 목적의 동의는 전송자가 광고성 정보를 전송하기 위하여 수신자의 개인정보를 수집·이용하는 것에 대한 동의에 해당하고, 정보통신망법 제50조제1항 동의는 전송자가 보내는 광고성 정보를 수신하겠다는 것에 대한 동의에 해당하여 두 개의 동의는 구분 후 별개로 수집

○ 스마트폰 앱(애플리케이션)을 다운받아 단순히 설치만 한 상태에서는 광고성 정보(앱 푸시 광고)를 전송 기능은 금지하며 앱을 최초로 실행하는 경우 광고성 정보의 수신동의 여부를 확인하여 동의를 받은 후 광고 전송하도록 적용

○ 2년 마다 정기적으로 수신자의 수신동의 여부를 확인하기 위한 안내서 발송 시 통지 방법을 정의하고 중복 발송 및 누락이 안되도록 확인 절차를 수립하고 문의에 대한 Q&A 가이드 작성하여 고객상담시 이용

4) 위반사례 및 대응방안

○ 위반사례: A업체에서 쿠키 정보를 수집 및 이용 동의 업무 외 목적인 맞춤형 광고에
이용

○ 대응방안: 쿠키는 다른 정보와 결합하여 개인을 알아볼 수 있는 경우 개인정보에 해
당하여 광고 등 홍보 목적으로 이용하는 경우 정보주체(이용자)의 사전 동의를 획득.
홍보, 광고 및 이벤트를 위하여 쿠키, 전화번호, 이메일 등을 활용 시에는 별도 동의를
획득하였는지 확인 후 사용하는 절차를 수립하고 시행

3.3.2 개인정보 보유 및 이용 시 보호조치 및 적용

개인정보 보유 및 이용 시 보호조치는 개인정보 보유 및 이용 시에 필요한 요구사항으로
5개의 상세 통제사항으로 구성되어 있다.

3.3.2.1 개인정보 현황관리

1) 인증기준

수집·보유하는 개인정보의 항목, 보유량, 처리 목적 및 방법, 보유기간 등 현황을 정기적
으로 관리하여야 하며, 공공기관의 경우 이를 법률에서 정한 관계기관의 장에게 등록하여
야 한다.

2) 확인사항

○ 수집·보유하고 있는 개인정보의 항목, 보유량, 처리 목적 및 방법, 보유기간 등 현황
을 정기적으로 관리하고 있는가?

○ 공공기관이 개인정보파일을 운용하거나 변경하는 경우 관련된 사항을 법률에서 정한
관계기관의 장에게 등록하고 있는가?

○ 공공기관은 개인정보파일의 보유 현황을 개인정보 처리방침에 공개하고 있는가?

3) 적용방안

○ 개인정보 현황표, 개인정보 흐름도 정기적인 검토 및 현행화

• 개인정보 현황표는 개인정보처리시스템 또는 서비스, 개인정보 항목, 보유량, 처리근

거 (동의, 법령 등), 처리목적 및 방법, 보유기간, 망분리 대상 여부 등을 포함
- 개인정보 흐름도는 개인정보 처리 서비스 및 시스템 신규 구축 또는 변경 시 최신화하고 전체 흐름도도 정기적인 검토를 통한 현행화
○ 공공기관은 개인정보파일 신규 혹은 변경 시 개인정보보호책임자 검토를 통하여 적정성 검증 후 개인정보위원회에 60일 이내 등록
○ 공공기관은 개인정보파일의 보유 현황을 개인정보처리방침에 공개
○ 공공기관은 개인정보파일 관리대장을 관리하고 개인정보보호위원회의 개인정보파일 등록 현황과 개인정보처리방침과의 일치 여부에 대해 정기적인 검토

3.3.2.2 개인정보 품질보장

1) 인증기준

수집된 개인정보는 처리 목적에 필요한 범위에서 개인정보의 정확성·완전성·최신성이 보장되도록 정보주체(이용자)에게 관리절차를 제공하여야 한다.

2) 확인사항

○ 수집된 개인정보는 내부 절차에 따라 안전하게 처리하도록 관리하며 최신의 상태로 정확하게 유지하고 있는가?
○ 정보주체(이용자)가 개인정보의 정확성, 완전성 및 최신성을 유지할 수 있는 방법을 제공하고 있는가?

3) 적용방안

○ 개인정보처리시스템 구축 및 변경 시 개인정보보호 담당자가 관여하여 개인정보보호 대책을 검토할 수 있도록 절차 수립 및 적용
○ 정보주체(이용자)의 본인 정보 변경 시 안전한 온·오프라인 본인확인 절차 마련 및 시행

4) 위반사례

○ 위반사례: A기관은 택지 개발 및 공동 주택 분양, 임대 등의 업무를 수행하는 기관으로 개인정보처리방침내 처리 목적, 보유기간, 항목 누락

○ 대응방안: 개인정보 수집 및 이용 서비스 신규 및 변경 시에는 개인정보 수집·이용 동의서 약관의 내용을 개인정보처리방침에 반영했는지 여부를 확인하는 절차를 마련하고 정기적인 개인정보처리방침 검토 절차를 수립 및 시행

3.3.2.3 개인정보 표시제한 및 이용 시 보호조치

1) 인증기준

개인정보의 조회 및 출력(인쇄, 화면표시, 파일생성 등) 시 용도를 특정하고 용도에 따라 출력 항목 최소화, 개인정보 표시제한, 출력물 보호조치 등을 수행하여야 한다. 또한 빅데이터 분석, 테스트 등 데이터 처리 과정에서 개인정보가 과도하게 이용되지 않도록 업무상 반드시 필요하지 않은 개인정보는 삭제하거나 또는 식별할 수 없도록 조치하여야 한다.

2) 확인사항

○ 개인정보의 조회 및 출력(인쇄, 화면표시, 파일생성 등) 시 용도를 특정하고 용도에 따라 출력항목을 최소화하고 있는가?

○ 개인정보 표시제한 보호조치의 일관성을 확보할 수 있도록 관련 기준을 수립하여 적용하고 있는가?

○ 개인정보가 포함된 종이 인쇄물 등 개인정보의 출력·복사물을 안전하게 관리하기 위해 필요한 보호조치를 하고 있는가?

○ 개인정보 검색 시 불필요하거나 과도한 정보가 조회되지 않도록 일치검색 또는 두 가지 항목 이상의 검색조건을 요구하고 있는가?

○ 개인정보를 가명 처리하여 이용·제공 시 추가 정보의 사용·결합 없이 개인을 알아볼 수 없도록 적절한 방법으로 가명처리를 수행하고 있으며, 이에 대한 적정성을 평가하고 있는가? 또한, 다른 개인정보처리자 간의 가명정보 결합은 국가에서 지정한 전문기관을 통하고 있는가?

○ 가명정보를 처리하는 경우 추가 정보를 삭제 또는 별도로 분리하여 보관·관리하는 등 안전성 확보에 필요한 기술적·관리적 및 물리적 조치를 하고 있는가? 또한, 가명정보의 처리내용을 관리하기 위하여 관련 기록을 작성·보관하고 있는가?

3) 적용방안

○ 개인정보처리시스템의 개인정보 조회, 다운로드 및 인쇄 기능에서 개인정보 출력항목을 최소화 및 보호조치

• 다운로드 기능의 경우, 망분리 조건을 검토하여 적용하고 사유를 기입하도록 구현

• 개인정보 검색 시 like 검색을 통한 전체 목록 출력이 되지 않도록 조치. 일치검색 또는 두 가지 항목 이상의 검색조건을 요구하도록 구현

• 웹페이지 소스 보기 등을 통하여 불필요한 개인정보가 노출되지 않도록 조치

○ 개인정보처리시스템의 개인정보 목록 조회 출력 화면, 다운로드 및 인쇄 기능에서 개인정보 표시제한을 위한 기준을 수립 및 마스킹 적용

○ 개인정보 종이 인쇄물은 분실·도난·유출되지 않도록 관리 정책을 수립하고 보안기술 적용, 기록 또는 관리대장을 마련

○ 개인정보유출 모니터링 (DLP) 솔루션을 통한 오피스 문서 등에서 불필요하거나 과도한 개인정보가 안전조치 없이 전송되는 것을 방지 구현

○ 서로 다른 기업 및 기관이 가명정보를 결합하여 활용하는 경우 국가에서 지정한 결합전문기관을 통하여 수행

○ 가명정보를 처리하는 경우 추가 정보 삭제 및 별도 분리 보관 및 관리하고 안전성 확보 조치

○ 개인정보 보유연한이 지난 개인정보 활용 시에는 익명화를 하고 개인정보보호 담당자에 의한 식별가능성에 대해 검토 절차 수립 및 적용

4) 위반사례 및 대응방안

○ 위반사례: 중앙행정기관에서 시험공고/공지사항 게시판의'공채 임용유예자 명단' 첨부파일에서 주민등록번호 노출

○ 대응방안: 개인정보 마스킹 지침을 마련하고 개발 가이드에 개인정보 목록이 조회 및 다운로드하는 화면 또는 기능에서 마스킹 지침 적용 및 like 검색을 제한

3.3.2.4 이용자 단말기 접근 보호

1) 인증기준

정보주체(이용자)의 이동통신단말장치 내에 저장되어 있는 정보 및 이동통신단말장치에

설치된 기능에 접근이 필요한 경우 이를 명확하게 인지할 수 있도록 알리고 정보주체(이용자)의 동의를 받아야 한다.

2) 확인사항

○ 정보주체(이용자)의 이동통신단말장치 내에 저장되어 있는 정보 및 이동통신단말장치에 설치된 기능에 대하여 접근할 수 있는 권한이 필요한 경우 명확하게 인지할 수 있도록 알리고 정보주체(이용자)의 동의를 받고 있는가?

○ 이동통신단말장치 내에서 해당 서비스를 제공하기 위하여 반드시 필요한 접근권한이 아닌 경우, 정보주체(이용자)가 동의하지 않아도 서비스 제공을 거부하지 않도록 하고 있는가?

○ 이동통신단말장치 내에서 해당 접근권한에 대한 정보주체(이용자)의 동의 및 철회방법을 마련하고 있는가?

3) 적용방안

○ 이동통신단말장치 내에서 해당 접근권한에 대한 정보주체(이용자)의 동의 및 철회방법을 마련하고 적용 ('스마트폰 앱 접근권한 개인정보 보호 안내서' 참고)

○ 접근권한 구현 시 필수 접근권한 및 선택 접근권한을 구분하여 적용 및 선택 접근권한에 동의하지 않을 수 있다는 사실 안내

○ 개별동의가 불가능한 안드로이드 및 IOS 버전에 대한 스마트폰 앱 지원 기준 마련

3.3.2.5 개인정보 목적 외 이용 및 제공

1) 인증기준

개인정보는 수집 시의 정보주체(이용자)에게 고지·동의를 받은 목적 또는 법령에 근거한 범위 내에서만 이용 또는 제공하여야 하며, 이를 초과하여 이용·제공하려는 때에는 정보주체(이용자)의 추가 동의를 받거나 관계 법령에 따른 적법한 경우인지 확인하고 적절한 보호대책을 수립·이행하여야 한다.

2) 확인사항

○ 개인정보는 최초 수집 시 정보주체(이용자)로부터 동의 받은 목적 또는 법령에 근거한 범위 내에서만 이용·제공하고 있는가?

○ 개인정보를 수집 목적 또는 범위를 초과하여 이용하거나 제공하는 경우 정보주체(이용자)로부터 별도의 동의를 받거나 법적 근거가 있는 경우로 제한하고 있는가?

○ 개인정보를 목적 외의 용도로 제3자에게 제공하는 경우 제공받는 자에게 이용목적·방법 등을 제한하거나 안전성 확보를 위해 필요한 조치를 마련하도록 요청하고 있는가?

○ 공공기관이 개인정보를 목적 외의 용도로 이용하거나 제3자에게 제공하는 경우 그 이용 또는 제공의 법적 근거, 목적 및 범위 등에 관하여 필요한 사항을 관보 또는 인터넷 홈페이지 등에 게재하고 있는가?

○ 공공기관이 개인정보를 목적 외의 용도로 이용하거나 제3자에게 제공하는 경우 목적 외 이용 및 제3자 제공대장에 기록·관리하고 있는가?

3) 적용방안

○ 개인정보의 목적 외 이용, 목적이 다른 서비스 및 시스템에서 사용, 위탁 제공 등에 대한 개인정보담당자의 검토 절차를 수립 및 적용하고 법령에 근거한 범위 내에서만 이용 및 제공

[표 36] **개인정보 목적 외 이용·제공이 가능한 경우**

	목적 외 이용·제공이 가능한 경우	공공기관	공공기관 외
1	정보주체(이용자)로부터 별도의 동의를 받는 경우	○	○
2	다른 법률에 특별한 규정이 있는 경우	○	○
3	정보주체 또는 그 법정대리인이 의사표시를 할 수 없는 상태에 있거나 주소불명 등으로 사전 동의를 받을 수 없는 경우로서 명백히 정보주체 또는 제3자의 급박한 생명·신체·재산의 이익을 위하여 필요하다고 인정되는 경우	○	○
4	개인정보를 목적 외의 용도로 이용하거나 이를 제3자에게 제공하지 않으면 다른 법률에서 정하는 소관 업무를 수행할 수 없는 경우로서 개인정보보호위원회의 심의·의결을 거친 경우	○	-
5	조약, 그 밖의 국제협정의 이행을 위하여 외국정부 또는 국제기구에 제공하기 위하여 필요한 경우	○	-
6	범죄의 수사와 공소의 제기 및 유지를 위하여 필요한 경우	○	-
7	법원의 재판업무 수행을 위하여 필요한 경우	○	-
8	형(刑) 및 감호, 보호처분의 집행을 위하여 필요한 경우	○	-

○ 개인정보의 처리 서비스 및 시스템 위탁, 제3자 제공의 경우 개인정보 안전성 확보를 위한 조치가 준비되어 있는지 검증하는 절차 및 체크리스트 마련하고 계약 문서에 책임관계를 명확화(개인정보위원회 2020년 발간 '개인정보 처리 위·수탁 안내서' 참조)

○ 공공기관이 개인정보를 목적 외에 용도로 이용하거나 이를 제3자에게 제공하는 경우 그 이용 또는 제공의 법적 근거, 목적 및 범위 등에 관하여 필요한 사항을 관보 또는 인터넷 홈페이지에 거재 및 제3자 제공대장에 기록 및 관리(「개인정보 처리 방법에 관한 고시」별지 서식 이용)

4) 위반사례 및 대응방안

○ 위반사례: 교육업체에서 회원탈퇴를 했음에도 동의 없이 홍보 이메일 발송

○ 대응방안: 개인정보 회원탈퇴 시에는 삭제 또는 분리 보관하고 개인정보 데이터 접근을 최소화하여 목적 외 사용을 방지

3.3.3 개인정보 제공 시 보호조치 및 적용

개인정보 제공 시 보호조치는 개인정보 제공 시에 필요한 요구사항으로 4개의 상세 통제사항으로 구성되어 있다.

3.3.3.1 개인정보 제3자 제공

1) 인증기준

개인정보를 제3자에게 제공하는 경우 법적 근거에 의하거나 정보주체(이용자)의 동의를 받아야 하며, 제3자에게 개인정보의 접근을 허용하는 등 제공 과정에서 개인정보를 안전하게 보호하기 위한 보호대책을 수립·이행하여야 한다.

2) 확인사항

○ 개인정보를 제3자에게 제공하는 경우 법령에 규정이 있는 경우를 제외하고는 정보주체(이용자)에게 관련 내용을 명확하게 고지하고 동의를 받고 있는가?

○ 개인정보의 제3자 제공 동의는 수집·이용에 대한 동의와 구분하여 받고 이에 동의하지 않는다는 이유로 해당 서비스의 제공을 거부하지 않도록 하고 있는가?

○ 개인정보를 제3자에게 제공하는 경우 제공 목적에 맞는 최소한의 개인정보 항목으로 제한하고 있는가?

○ 개인정보를 제3자에게 제공하는 경우 안전한 절차와 방법을 통해 제공하고 제공 내역을 기록하여 보관하고 있는가?

○ 제3자에게 개인정보의 접근을 허용하는 경우 개인정보를 안전하게 보호하기 위한 보호절차에 따라 통제하고 있는가?

3) 적용방안

○ 개인정보를 제3자에게 제공하는 경우 법령에 규정이 있는 경우를 제외하고는 정보주체(이용자)에게 관련 내용을 명확하게 고지하고 다른 동의와 분리하여 동의 획득

• 제3자 제공 동의 시 제공항목, 동의 거부권 내용 고지

• 제공받는 자를 구체적으로 명시

• 제3자 미동의시에도 회원 가입할 수 있도록 적용

○ 개인정보 제3자 제공 예시

• 개인정보의 저장매체나 개인정보가 담긴 출력물·책자 등을 물리적으로 이전

• 네트워크를 통한 개인정보의 전송

• 개인정보에 대한 제3자의 접근권한 부여

• 개인정보처리자와 제3자의 개인정보 공유

• 기타 개인정보의 이전 또는 공동 이용 상태를 초래하는 모든 행위

○ 개인정보의 제3자 제공과 관련하여 기존에 정보주체(이용자)에게 고지한 사항 중 변경이 발생한 경우 정보주체(이용자)에게 관련 변경 내용을 알리고 추가로 동의 획득

○ 제3자 제공의 경우 개인정보 안전성 확보에 관한 책임관계를 계약 문서에 명확화하고 안전한 절차를 통하여 전달 및 제공 기록을 보존

• 개인정보를 제공하는 자와 제공받는 자의 안전성 확보에 관한 책임관계 명확화(계약서 등)

• 제3자 제공과 관련된 승인 절차(담당자에 의한 제공 시)

• 전송 또는 전달 과정의 암호화

• 접근통제, 접근권한 관리 등 안전성 확보 조치 적용

• 제공 기록의 보존 등

○ 제3자에게 개인정보의 접근을 허용하는 경우 개인정보 접근 규정을 마련하고 안전성 확보를 위한 접근통제, 암호화, 접속기록 보존을 적용
○ 개인정보처리방침에 제3자 제공 내용 정기적인 검토를 통한 현행화

4) 위반사례 및 대응방안

○ 위반사례: A업체는 온라인 쇼핑사이트에서 개인정보를 보험사 제공 및 이용하는 것에 대한 정보주체 동의 미획득
○ 대응방안: 개인정보처리 서비스의 신규 또는 변경 시 제3자 제공에 대한 검토 절차 수립 및 시행하고 정기적으로 부서별 제동현황 및 목적을 파악

3.3.3.2 업무 위탁에 따른 정보주체 고지

1) 인증기준

개인정보 처리업무를 제3자에게 위탁하는 경우 위탁하는 업무의 내용과 수탁자 등 관련 사항을 정보주체(이용자)에게 알려야 하며, 필요한 경우 동의를 받아야 한다.

2) 확인사항

○ 개인정보 처리업무를 제3자에게 위탁하는 경우 인터넷 홈페이지 등에 위탁하는 업무의 내용과 수탁자를 현행화하여 공개하고 있는가?
○ 재화 또는 서비스를 홍보하거나 판매를 권유하는 업무를 위탁하는 경우에는 서면, 전자우편, 문자전송 등의 방법으로 위탁하는 업무의 내용과 수탁자를 정보주체에게 알리고 있는가?

3) 적용방안

○ 개인정보 처리업무 위탁하는 경우 업무의 내용과 수탁자를 개인정보처리방침에 공개
○ 재화 또는 서비스를 홍보하거나 판매를 권유하는 업무를 위탁하는 경우에는 서면, 전자우편, 문자전송 등의 방법으로 위탁하는 업무의 내용과 수탁자를 정보주체(이용자)에게 통지
○ 업무 수탁자 현행화를 위해 구매 또는 계약 절차에 개인정보 업무 위탁에 대한 적용 유무를 추가하여 수탁자를 식별할 수 있도록 적용

○ 개인정보 처리 수탁자 관리대장을 관리하고 정기적으로 개인정보보호 안정성 조치를 준수하고 있는지 점검 및 조치

○ 개인정보 수탁자 관리대장 항목

• 수탁자명, 처리업무, 개인정보 처리 항목, 계약 기간, 관련 서비스 또는 시스템, 수탁사 개인정보책임자 및 담당자 등

○ 개인정보처리방침에 수탁자 관리대장과 대조하여 목록 현행화

4) 위반사례 및 대응방안

○ 위반사례: A업체는 전산 개발 및 유지보수 업무에 대해서 B업체에 위탁 관리하나 정보주체에게 미고지

○ 대응방안: 구매 절차에서 개인정보처리 여부를 확인하는 과정을 추가하거나 혹은 부서별 위탁 현황을 정기적으로 파악하여 개인정보처리방침 현행화하고 계약 시에는 「개인정보의 안정성 확보조치 기준」내용 추가. 계약 종료 후 파기여부 확인

3.3.3.3 영업의 양수 등에 따른 개인정보의 이전

1) 인증기준

영업의 양도·합병 등으로 개인정보를 이전하거나 이전 받는 경우 정보주체(이용자) 통지 등 적절한 보호조치를 수립·이행하여야 한다.

2) 확인사항

○ 영업의 전부 또는 일부의 양도·합병 등으로 개인정보를 다른 사람에게 이전하는 경우 필요한 사항을 사전에 정보주체(이용자)에게 알리고 있는가?

○ 영업양수자 등은 법적 통지 요건에 해당될 경우 개인정보를 이전 받은 사실을 정보주체(이용자)에게 지체 없이 알리고 있는가?

○ 개인정보를 이전 받는 자는 이전 당시의 본래 목적으로만 개인정보를 이용하거나 제3자에게 제공하고 있는가?

3) 적용방안

○ 영업의 전부 또는 일부의 양도·합병 등으로 개인정보를 다른 사람에게 이전하는 경우

다음 사항을 사전에 정보주체(이용자)에게 통지

- 개인정보를 이전하려는 사실
- 개인정보를 이전 받는 자의 이름, 주소, 전화번호 및 그 밖의 연락처
- 정보주체(이용자)가 개인정보의 이전을 원하지 않는 경우 조치할 수 있는 방법 및 절차

○ 영업양수자 등은 법적 통지 요건에 해당될 경우 개인정보를 이전 받은 사실을 정보주체(이용자)에게 통지

○ 정보주체(이용자)가 이전을 원하지 않은 경우 조치할 수 있는 방법과 절차를 마련

4) 위반사례 및 대응방안

○ 위반사례: A병원이 B병원과 합병하여 C병원으로 재설립하였으나 A병원에서 수집한 개인정보를 정보주체에게 양수·양도 고지 없이 이용

○ 대응방안: 영업 양도 및 합병 발생 시에는 영업양수자 또는 인수자가 법적 통지 요건에 해당될 경우 개인정보를 이전 받은 사실을 정보주체에게 통지하고 이전을 원하지 않은 경우 조치할 수 있는 방법과 절차를 마련

3.3.3.4 개인정보의 국외이전

1) 인증기준

개인정보를 국외로 이전하는 경우 국외 이전에 대한 동의, 관련 사항에 대한 공개 등 적절한 보호조치를 수립·이행하여야 한다.

2) 확인사항

○ 개인정보를 국외의 제3자에게 제공하는 경우 정보주체(이용자)에게 필요한 사항을 모두 알리고 동의를 받고 있는가?

○ 정보통신서비스 제공자 등이 국외에 개인정보를 처리위탁 또는 보관 시 이전되는 개인정보 항목, 이전되는 국가 등 필요한 사항을 모두 이용자에게 알리고 있는가?

○ 개인정보 보호 관련 법령 준수 및 개인정보 보호 등에 관한 사항을 포함하여 국외 이전에 관한 계약을 체결하고 있는가?

○ 개인정보를 국외로 이전하는 경우 개인정보 보호를 위해 필요한 조치를 취하고 있는가?

3) 적용방안

○ 개인정보를 국외의 제3자에게 제공하는 경우 정보주체(이용자)에게 필요한 사항을 모두 알리고 동의 획득

○ 정보통신서비스 제공자 등이 국외에 개인정보를 처리위탁 또는 보관 시 이전되는 개인정보의 항목, 이전되는 국가 등 필요한 사항을 정보주체(이용자)에게 고지

○ 개인정보 국외 이전에 관한 계약 체결 시, 개인정보 보호 관련 법령 준수 및 개인정보 보호 등에 관한 사항을 포함

[표 37] 개인정보 국외 이전에 관한 계약 시 고려사항

개인정보처리자	정보통신서비스 제공자
개인정보 보호법을 위반하는 내용으로 개인정보의 국외 이전에 관한 계약을 체결하여서는 안 됨	정보통신서비스 제공자 등은 다음 사항을 개인정보를 국외에서 이전 받는 자와 미리 협의하고, 이를 계약내용 등에 반영하여야 함 1. 「개인정보보호법 시행령」 제48조의2제1항에 따른 개인정보 보호를 위한 안전성 확보 조치 2. 개인정보 침해에 대한 고충처리 및 분쟁해결에 관한 조치 3. 그 밖에 이용자의 개인정보 보호를 위하여 필요한 조치

3.3.4 개인정보 파기 시 보호조치 및 적용

개인정보 파기 시 보호조치는 개인정보 파기 시에 필요한 요구사항으로 3개의 상세 통제사항으로 구성되어 있다.

3.3.4.1 개인정보의 파기

1) 인증기준

개인정보의 보유기간 및 파기 관련 내부 정책을 수립하고 개인정보의 보유기간 경과, 처리목적 달성 등 파기 시점이 도달한 때에는 파기의 안전성 및 완전성이 보장될 수 있는 방법으로 지체 없이 파기하여야 한다.

2) 확인사항

○ 개인정보의 보유기간 및 파기와 관련된 내부 정책을 수립하고 있는가?

○ 개인정보의 처리목적이 달성되거나 보유기간이 경과한 경우 지체 없이 해당 개인정보를 파기하고 있는가?

○ 개인정보를 파기할 때에는 복구·재생되지 않도록 안전한 방법으로 파기하고 있는가?

○ 개인정보 파기에 대한 기록을 남기고 관리하고 있는가?

3) 적용방안

○ 온·오프라인 개인정보의 보유기간 및 실데이터와 분리보관, 파기와 관련된 정책 수립 및 적용

- 수집항목별, 목적별, 경로별 보관장소(문서 창고, DB, 백업데이터, 클라우드 저장소 등), 분리보관, 파기방법, 파기시점 법령근거 등

- 공공기관은 개인정보파일의 보유기간, 처리 목적 등을 반영한 개인정보 파기계획을 수립·시행 (표준 개인정보 보호지침 제55조제2항)

○ 개인정보의 처리목적 달성 및 보유기간이 경과한 경우 개인정보 파기 시행

- 정보주체(이용자)가 웹사이트 회원에서 탈퇴한 경우

- 정보주체(이용자)가 마일리지 회원에서 탈퇴를 요청한 경우

- 개인정보를 수집·이용하는 이벤트가 종료된 경우

- 제3의 업체에게 텔레마케팅을 위하여 정보를 제공한 후 해당 업체의 TM업무가 종료된 경우 등

○ 개인정보가 포함된 종이, 하드디스크, 자기테이프, SSD 등의 미디어 소재에 대한 파기 시 복구 재생되지 않도록 기술적 방법을 식별하고 적용

- 종이: 소각, 파쇄 등

- 하드디스크, 자기테이프, SSD, USB 등: 파쇄, 전용 소자장비를 이용한 삭제, 완전 포맷 3회 이상, 덮어쓰기 3회 이상, 암호화 후 삭제

○ 개인정보 파기에 대한 기록 및 관리

- 개인정보 파기의 시행, 파기 결과의 확인 및 파기에 관한 사항을 기록·관리

- 파기 관리대장에 기록 또는 파기 내용을 담은 사진 등을 기록물로 보관

- 공공기관은 개인정보파일을 파기하는 경우 파기 결과를 확인하고, 개인정보파일 파기 관리 대장을 작성(표준 개인정보 보호지침 제55조)

○ 보유기간 지난 개인정보 보유 현황 정기적인 점검 (DW, CRM, 상담이력, 이벤트에서 수집된 개인정보, 테스트용 데이터 등)

4) 위반사례 및 대응방안

○ 위반사례: A여행업체는 온라인 및 오프라인으로 수집된 예약 고객정보를 법적 요구기간 5년이 지난 개인정보 미파기

○ 대응방안: 온라인으로 수집된 개인정보는 보유연한이 지난 정보는 삭제하도록 구현하고 오프라인으로 수집된 개인정보는 용도별 보유기간을 지정하여 보관하고 보유기간이 지난 개인정보 문서는 파기하는 절차 마련

3.3.4.2 처리목적 달성 후 보유 시 조치

1) 인증기준

개인정보의 보유기간 경과 또는 처리목적 달성 후에도 관련 법령 등에 따라 파기하지 아니하고 보존하는 경우에는 해당 목적에 필요한 최소한의 항목으로 제한하고 다른 개인정보와 분리하여 저장·관리하여야 한다.

2) 확인사항

○ 개인정보의 보유기간 경과 또는 처리목적 달성 후에도 관련 법령 등에 따라 파기하지 아니하고 보존하는 경우, 관련 법령에 따른 최소한의 기간으로 한정하여 최소한의 정보만을 보존하도록 관리하고 있는가?

○ 개인정보의 보유기간 경과 또는 처리목적 달성 후에도 관련 법령 등에 따라 파기하지 아니하고 보존하는 경우 해당 개인정보 또는 개인정보파일을 다른 개인정보와 분리하여 저장·관리하고 있는가?

○ 분리 보관하고 있는 개인정보에 대하여 법령에서 정한 목적 범위 내에서만 처리 가능하도록 관리하고 있는가?

○ 분리 보관하고 있는 개인정보에 대하여 접근권한을 최소한의 인원으로 제한하고 있는가?

3) 적용방안

○ 개인정보의 보유기간 경과 또는 처리목적 달성 후에도 관련 법령 등에 따라 파기하지 않고 보존하는 개인정보에 대한 법령 식별 및 보유기간 설정

[표 38] **법령에 따른 개인정보 보유기간**

근거법령	개인정보의 종류	보존기간
통신비밀보호법 시행령 제41조 (통신사실확인자료)	로그기록자료, 접속지의 추적자료	3개월
	전기통신일시, 전기통신개시·종료시간, 사용도수, 상대방의 가입자번호, 발신기지국의 위치추적자료	12개월
전자상거래 등에서의 소비자보호에 관한 법률 시행령 제6조 (거래기록)	소비자의 불만 또는 분쟁처리에 관한 기록	3년
	계약 또는 청약철회 등에 관한 기록 대금 결제 및 재화 등의 공급에 관한 기록	5년
전자금융거래법 시행령 제12조 (전자금융거래기록)	건당 거래금액 1만원 이하 전자금융거래에 관한 기록 전자지급수단 이용과 관련된 거래승인에 관한 기록	1년
	전자금융거래 종류 및 금액, 상대방에 관한 정보, 지급인의 출금 동의에 관한 사항, 전자금융거래와 관련한 전자적 장치의 접속기록, 전자금융거래 신청 및 조건의 변경에 관한 사항, 건당 거래금액 1만원 초과 전자금융거래에 관한 기록	5년
신용정보의 이용 및 보호에 관한 법률 제20조 (업무처리기록)	신용정보 업무처리에 관한 기록	3년
의료법 시행규칙 제15조 (진료에 관한 기록)	처방전	2년
	진단서 등의 부본	3년
	환자 명부, 검사소견기록, 간호기록부, 방사선 사진 및 그 소견서, 조산기록부	5년
	진료기록부, 수술기록	10년
국세기본법 제85조의3 (장부 및 증거서류)	국세 부과 제척기간(조세시효)	10년
	국세징수권 및 국세환급금 소멸시효	5년
상법 제64조, 제464조의2, 제487조, 제662조 (보험금 등 관련 자료)	보험료청구권 소멸시효	2년
	보험료/적립금 반환청구권 소멸시효	3년
	상사채권 소멸시효, 배당금 지급청구권 소멸시효	5년
	사채상환청구권 소멸시효	10년
제조물책임법 제7조 (손해배상 관련 자료)	손해배상청구권 소멸시효	3년/ 10년

○ 개인정보의 보유기간 경과 또는 처리목적 달성 후 법령 등에 따라 보존하는 경우 실
개인정보와 탈퇴 개인정보을 분리 저장 후 접근통제 관리
• 분리 보관 개인정보의 다른 목적 활용 금지
• 최소인원 접속 권한 제한
• 접속기록 및 월간 기록 검토

4) 위반사례 및 대응방안

○ 위반사례: 지방자치단체 B기관은 홈페이지에 민원 요청으로 수집한 개인정보를 정보
주체가 탈퇴했음에도 파기하지 않고 보관
○ 대응방안: 서비스 가입자가 회원 혹은 사이트 탈퇴 시에는 개인정보는 삭제 혹은 분
리보관하고 분리 보관된 데이터에는 최소 접근만 허용하여 목적 외 이용 예방 및 주
기적인 개인정보접근 로그 검토를 통한 불법 활동 모니터링

3.3.4.3 휴면 이용자 관리

1) 인증기준

서비스를 일정기간 동안 이용하지 않는 휴면 이용자의 개인정보를 보호하기 위하여 관련
사항의 통지, 개인정보의 파기 또는 분리보관 등 적절한 보호조치를 이행하여야 한다.

2) 확인사항

○ 정보통신서비스 제공자 등은 법령에서 정한 기간 동안 이용하지 않는 휴면 이용자의
개인정보를 파기 또는 분리 보관하고 있는가?
○ 휴면 이용자의 개인정보를 파기하거나 분리하여 저장·관리하려는 경우 이용자에게
알리고 있는가?
○ 분리되어 저장·관리하는 휴면 이용자의 개인정보는 법령에 따른 보관 목적 또는 이용
자의 요청에 대해서만 이용 및 제공하고 있는가?
○ 분리되어 저장·관리하는 휴면 이용자의 개인정보에 대하여 접근권한을 최소한의 인
원으로 제한하고 있는가?

3) 적용방안

○ 정보통신서비스 제공자 등은 정보통신서비스를 1년의 기간 동안 이용하지 않는 이용자의 개인정보 또는 정보통신서비스 가입 시 이용자의 미이용 기간 선택 제공 시 선택 기간 이후 개인정보를 파기하거나 분리 보관

○ 미이용 기간 산정 시 주의사항

• 유효기간제 시행 주기는 영업일 기준으로 최소 5일 이내로 하여야 함

• 이용자의 요청 또는 가입 시 설정하는 경우 예외적으로 1년 이외의 서비스 미이용 기간을 정할 수 있음

• 광고 이메일을 단순 클릭하는 것은 서비스를 이용한 것으로 볼 수 없음

• 미이용 기간에 대한 산정은 '로그인' 여부로 판단

○ 휴면 이용자의 개인정보를 파기하거나 분리하여 저장·관리하는 경우 이용자에게 관련 사항을 사전 통지

[표 39] 휴면 이용자 개인정보 파기 사전통지 방법

항목	내용
통지시기	서비스 미이용 기간 만료 30일 전까지
통지방법	전자우편, 서면, 모사전송(팩스), 전화 등의 방법 중 하나를 선택
통지항목	1. 개인정보를 파기하는 경우: 개인정보가 파기되는 사실, 기간 만료일 및 파기되는 개인정보의 항목 2. 개인정보를 분리하여 저장·관리하는 경우: 개인정보가 분리되어 저장·관리되는 사실, 기간 만료일 및 분리·저장되어 관리되는 개인정보의 항목

4) 위반사례 및 대응방안

○ 위반사례: A업체는 휴면 처리된 계정의 개인정보를 이용하여 광고성 정보 전달

○ 대응방안: 개인정보유효기간이 경과한 개인정보는 삭제 혹은 분리보관하고 분리 보관된 데이터에는 최소 접근만 허용하여 목적 외 이용 예방 및 주기적인 개인정보접근 로그 검토를 통한 불법 활동 모니터링

3.3.5 정보주체 권리보호 및 적용

정보주체 권리보호는 개인정보에 대한 정보주체의 열람, 정정·삭제, 처리정지 등에 필요한 요구사항으로 3개의 상세 통제사항으로 구성되어 있다.

3.3.5.1 개인정보처리방침 공개

1) 인증기준

개인정보의 처리 목적 등 필요한 사항을 모두 포함하여 개인정보처리방침을 수립하고, 이를 정보주체(이용자)가 언제든지 쉽게 확인할 수 있도록 적절한 방법에 따라 공개하고 지속적으로 현행화하여야 한다.

2) 확인사항

○ 개인정보 처리방침을 정보주체(이용자)가 쉽게 확인할 수 있도록 인터넷 홈페이지 등에 지속적으로 현행화하여 공개하고 있는가?

○ 개인정보 처리방침에는 법령에서 요구하는 내용을 모두 포함하고 있는가?

○ 개인정보 처리방침이 변경되는 경우 사유 및 변경 내용을 지체없이 공지하고 정보주체(이용자)가 언제든지 변경된 사항을 쉽게 알아볼 수 있도록 조치하고 있는가?

3) 적용방안

○ 개인정보처리방침을 정보주체(이용자)가 확인할 수 있도록 각 서비스 홈페이지 등에 현행화하여 공개

[표 40] 개인정보처리방침 공개 방법

매체	방법
홈페이지	홈페이지 첫 화면 또는 첫 화면과의 연결화면을 통하여 지속적으로 게재 글자 크기, 색상 등을 활용하여 다른 고지사항과 구분하여 정보주체(이용자)가 쉽게 확인할 수 있도록 표시
사업장 비치	점포, 사무소 등 사업장 내의 보기 쉬운 장소에 써 붙이거나 비치하여 열람
지면	1. 관보(공공기관인 경우만 해당)나 시·도 이상의 지역을 주된 보급지역으로 하는 일반 일간신문, 일반주간신문 또는 인터넷신문에 싣는 방법 2. 같은 제목으로 연 2회 이상 발행하는 정보주체에게 배포하는 간행물, 소식지, 홍보지 또는 청구서 등에 지속적으로 싣는 방법 3. 재화나 용역을 제공하기 위하여 개인정보처리자와 정보주체가 작성한 계약서 등에 실어 정보주체에게 발급하는 방법

[표 41] 개인정보처리방침 필수 및 기타 기재사항[5]

구분	기재사항
필수	1. 개인정보의 처리 목적 2. 처리하는 개인정보의 항목 3. 개인정보의 처리 및 보유 기간 4. 개인정보의 파기에 관한 사항 5. 영 제30조제1항에 따른 개인정보의 안전성 확보조치에 관한 사항 6. 개인정보의 열람, 정정·삭제, 처리정지 요구권 등 정보주체의 권리·의무 및 그 행사방법에 관한 사항 7. 개인정보 처리방침의 변경에 관한 사항 8. 개인정보 보호책임자에 관한 사항 9. 개인정보의 열람청구를 접수·처리하는 부서 10. 정보주체의 권익침해에 대한 구제방법
해당 시	1. 개인정보의 제3자 제공에 관한 사항 2. 개인정보처리의 위탁에 관한 사항: 개인정보 처리 수탁자 담당자 연락처, 수탁자의 관리 현황 점검 결과 등 개인정보처리 위탁에 관한 사항 3. 개인정보를 자동으로 수집하는 장치의 설치·운영 및 그 거부에 관한 사항 4. 가명정보를 처리하는 경우 가명정보 처리에 관한 사항 5. 영상정보처리기기 운영·관리에 관한 사항 (권장) 6. 개인정보파일 등록 현황 (공공기관 해당) 7. 개인정보영향평가 수행 결과 (공공기관 권장) 8. 개인정보 관리수준진단 결과 (권장) 9. 그밖에 개인정보처리자가 개인정보 처리 기준 및 보호조치 등에 관하여 자율적으로 개인정보 처리방침에 포함하여 정한 사항

○ 개인정보 처리방침이 변경되는 경우 사유 및 변경 내용 공지하고 정보주체(이용자)가 언제든지 변경된 사항을 쉽게 알아볼 수 있도록 변경 전·후를 비교하여 공개
○ 개인정보처리방침의 지속적인 현행화 및 지침 및 변경 사항에 대한 정기적인 검토 절차 수립 및 시행
• 개인정보 수집·이용 동의 약관과 일치 여부
• 기재사항 변경 반영 여부

---

5) 개인정보보호위원회 개인정보처리방침 작성지침 참조

- 글자크기, 색상 등의 표준 지침 반영 여부
- 개정 이전의 개인정보처리방침 내용 열람 가능 여부

4) 위반사례 및 대응방안

○ 위반사례: A기관은 택지 개발 및 공동 주택 분양, 임대 등의 업무를 수행하는 기관으로 개인정보처리방침내 처리 목적, 보유기간, 항목 누락

○ 대응방안: 개인정보 수집 및 이용 서비스 신규 및 변경 시에는 개인정보 수집·이용 동의서 약관의 내용을 개인정보처리방침에 반영했는지 여부를 확인하는 절차를 마련하고 정기적인 개인정보처리방침 검토 절차를 수립 및 시행

○ 위반사례: A업체는 대기업으로 겸직제한 의무대상임에도 임원이 아니고 전산 겸직업무를 수행하는 전산담당 부장을 정보보호책임자 및 개인정보보호책임자로 지정하여 개인정보처리방침에 등재

○ 대응방안: 법령에서 정한 정보보호책임자 및 개인정보보호책임자 규정을 확인하여 겸직 및 임원급 지정 해당여부를 확인하여 법적 요구에 충족하도록 인사 발령 및 지정

3.3.5.2 정보주체 권리보장

1) 인증기준

정보주체(이용자)가 개인정보의 열람, 정정·삭제, 처리정지, 이의제기, 동의철회 요구를 수집 방법·절차보다 쉽게 할 수 있도록 권리행사 방법 및 절차를 수립·이행하고, 정보주체(이용자)의 요구를 받은 경우 지체 없이 처리하고 관련 기록을 남겨야 한다. 또한 정보주체(이용자)의 사생활 침해, 명예훼손 등 타인의 권리를 침해하는 정보가 유통되지 않도록 삭제 요청, 임시조치 등의 기준을 수립·이행하여야 한다.

2) 확인사항

○ 정보주체(이용자) 또는 그 대리인이 개인정보에 대한 열람, 정정·삭제, 처리정지, 이의제기, 동의 철회(이하 '열람 등'이라 함) 요구를 개인정보 수집방법 절차보다 쉽게 할 수 있도록 권리 행사 방법 및 절차를 마련하고 있는가?

○ 정보주체(이용자) 또는 그 대리인이 개인정보 열람 요구를 하는 경우 규정된 기간 내에 열람 가능하도록 필요한 조치를 하고 있는가?

○ 정보주체(이용자) 또는 그 대리인이 개인정보 정정·삭제 요구를 하는 경우 규정된 기간 내에 정정·삭제 등 필요한 조치를 하고 있는가?

○ 정보주체(이용자) 또는 그 대리인이 개인정보 처리정지 요구를 하는 경우 규정된 기간 내에 처리정지 등 필요한 조치를 하고 있는가?

○ 정보주체(이용자)의 요구에 대한 조치에 불복이 있는 경우 이의를 제기할 수 있도록 필요한 절차를 마련하여 안내하고 있는가?

○ 정보주체(이용자) 또는 그 대리인이 개인정보 수집·이용·제공 등의 동의를 철회하는 경우 지체 없이 수집된 개인정보를 파기하는 등 필요한 조치를 취하고 있는가?

○ 개인정보 열람 등의 요구 및 처리 결과에 대하여 기록을 남기고 있는가?

○ 정보통신망에서 사생활 침해 또는 명예훼손 등 타인의 권리를 침해한 경우 침해를 받은 자가 정보통신서비스 제공자에게 정보의 삭제 요청 등을 할 수 있는 절차를 마련하여 시행하고 있는가?

3) 적용방안

○ 정보주체(이용자) 또는 그 대리인이 개인정보에 대한 열람, 정정·삭제, 처리정지, 이의제기, 동의 철회 요구를 개인정보 수집방법·절차보다 쉽게 할 수 있도록 권리행사 방법 및 절차 수립, 공개 및 시행

○ 열람·제공 등 요구에 대해 본인 확인 및 개인화 조치된 정보의 형태(성명, 연락처, 로그 기록, 쿠키 등)로 이용자가 제공받도록 조치

• 열람 등을 요구한 자가 본인이거나 정당한 대리인인지 확인하여야 하며, 확인 방법은 합리적인 수단이라고 객관적으로 인정되는 방식이어야 함(본인 인증 서비스, 공동인증서, 아이핀, 운전면허증 확인 등).

• 개인정보처리자가 공공기관인 경우 「전자정부법」에 따른 행정정보의 공동 이용을 통하여 신분 확인

• 개인화 조치의 여부나 방법은 열람·제공의 대상이 되는 개인정보의 성격에 따라 달라질 수 있으며, 개인화의 의미가 없이 일률적으로 이루어지는 배송이나 고객센터 운영 등의 개인정보 처리위탁, 본인 확인 관련 개인정보는 개인화 예외 항목으로 운영할 수 있음

[표 42] **열람·제공 요구 회신 예시**

1. 사업자 보유 개인정보(개인화)

연번	수집일	보유항목	수집방법	목적	보유 기간
1	OOOO. OO. OO.	성명, 아이디, 연락처, 이메일 주소	홈페이지	회원가입	회원탈퇴 시 또는 관련 법령상의 보관 시
2	OOOO. O. OO.	배송 주소	홈페이지	구매 물품 배송	회원탈퇴 시 또는 위탁 계약 종료 시

2. 개인정보의 이용·제3자 제공 현황(개인화 또는 개인화 예외)

(개인화)

연번	내역	이용·제공일	항목	목적	보유 기간	제공받는 자
1	이용	OOOO. OO. OO.	성명, 연락처, 주소	배송	회원탈퇴 시	-
2	제공	OOOO. OO. O.	성명, 아이디, 연락처	고객센터 상담	회원탈퇴 시 또는 위탁 계약 종료 시	O사

○ 정보주체(이용자)의 개인정보 열람·제공 등 요구를 받은 경우, 지체 없이 회신

• '지체 없이'란 정당한 사유가 있는 경우를 제외하고는 요구를 받은 날부터 근무일 기준 10일 이내를 의미

• 요구되는 개인정보에 따라 회신 기간을 연장할 수 있으나, 이 경우 이용자에게 연장이 필요한 사유를 통지

• 이용자의 열람·제공 등 요구에 따른 자료 제공으로 발생하는 실비 범위에서 사업자가 정하는 바에 따라 이용자에게 수수료와 우송료 (사본의 우송을 요구하는 경우에 한함) 청구할 수 있음

[표 43] **정보주체의 열람 요구를 제한·거절할 수 있는 사유**[6]

법령의 열람요구 제한·거절 가능 사유

1. 법률에 따라 열람이 금지되거나 제한되는 경우
2. 다른 사람의 생명·신체를 해할 우려가 있거나 다른 사람의 재산과 그 밖의 이익을 부당하게 침해할 우려가 있는 경우
3. 공공기관이 다음 각 목의 어느 하나에 해당하는 업무를 수행할 때 중대한 지장을 초래하는 경우
　가. 조세의 부과·징수 또는 환급에 관한 업무
　나. 「초등교육법」 및 「고등교육법」에 따른 각급 학교, 「평생교육법」에 따른 평생교육시설, 그 밖의 다른 법률에 따라 설치된 고등교육기관에서의 성적 평가 또는 입학자 선발에 관한 업무
　다. 학력·기능 및 채용에 관한 시험, 자격 심사에 관한 업무
　라. 보상금·급부금 산정 등에 대하여 진행 중인 평가 또는 판단에 관한 업무
　마. 다른 법률에 따라 진행 중인 감사 및 조사에 관한 업무
4. 열람·제공 등을 요구한 목적이 불법적이거나, 목적에 비추어 요구 범위(기간, 항목 등)가 과도하거나, 정당한 이유 없이 반복적으로 요구하는 경우에는 거부할 수 있음

○ 정보주체(이용자) 또는 그 대리인으로부터 개인정보의 정정·삭제를 요구받은 경우 정보주체(이용자)의 요구가 정당하다고 판단되면 지체 없이 그 개인정보를 조사하여 정보주체의 요구에 따라 해당 개인정보의 정정·삭제 등의 조치를 한 후 그 결과를 지체 없이 정보주체(이용자)에게 통지

[표 44] **처리정지 요구 거부 사유(개인정보 보호법 제37조제2항)**

처리정지 요구 거부 가능 사유

1. 법률에 특별한 규정이 있거나 법령상 의무를 준수하기 위하여 불가피한 경우
2. 다른 사람의 생명·신체를 해할 우려가 있거나 다른 사람의 재산과 그 밖의 이익을 부당하게 침해할 우려가 있는 경우
3. 공공기관이 개인정보를 처리하지 않으면 다른 법률에서 정하는 소관 업무를 수행할 수 없는 경우
4. 개인정보를 처리하지 않으면 정보주체와 약정한 서비스를 제공하지 못하는 등 계약의 이행이 곤란한 경우로서 정보주체가 그 계약의 해지 의사를 명확하게 밝히지 않은 경우

---

6) 개인정보 보호법 제35조제4항

○ 정보주체(이용자) 또는 그 대리인이 개인정보 수집·이용·제공 등의 동의를 철회하는 경우 지체 없이 수집된 개인정보를 파기하는 등 필요한 조치

[표 45] **정보주체(이용자) 동의 철회 시 조치**

동의 철회 시 조치
1. 해당 정보주체(이용자)와 관련된 개인정보의 지체 없는 파기
2. 다른 법령에 따라 보존의무가 부여된 경우 해당 법령에 따른 기간 동안 분리하여 보관
3. 제3자 제공 동의에 대한 철회한 경우 더 이상 제3자에게 개인정보를 제공하지 않도록 조치
4. 홍보, 마케팅 등을 위한 문자, 이메일 등이 더 이상 발송되지 않도록 조치 등

○ 개인정보 열람, 정정·삭제, 처리정지, 이의제기, 동의 철회 등의 요구 및 처리 결과 기록 및 정기적으로 검토하여 이용자 권리보장이 적절히 이루어지고 있는지 확인 및 필요 시 보완조치

○ 정보통신망에서 사생활 침해 또는 명예훼손 등 타인의 권리를 침해한 경우 침해를 받은 자가 정보통신 서비스 제공자에게 정보의 삭제 요청 등을 할 수 있는 절차 수립 및 시행

3.3.5.3 이용내역 통지

1) 인증기준

개인정보의 이용내역 등 정보주체(이용자)에게 통지하여야 할 사항을 파악하여 그 내용을 주기적으로 통지하여야 한다.

2) 확인사항

○ 법적 의무대상자에 해당하면 개인정보 이용내역을 주기적으로 정보주체(이용자)에게 통지하고 그 기록을 남기고 있는가?

○ 개인정보 이용내역 통지 항목은 법적 요구항목을 모두 포함하고 있는가?

3) 적용방안

○ 개인정보 이용내역 통지 법적 의무대상자에 해당하면 주기적으로 정보주체(이용자)에게 통지하고 기록을 보관

[표 46] **개인정보 이용내역 통지 대상 및 방법**

항목	내용
대상	1. 전년도 말 기준 직전 3개월간 그 개인정보가 저장·관리되고 있는 이용자 수가 일일 평균 100만 명 이상이거나 정보통신서비스 부문 전년도(법인인 경우에는 전 사업연도를 말한다.) 2. 매출액이 100억 원 이상인 정보통신서비스 제공자 등
통지주기	연 1회 이상
통지방법	전자우편·서면·모사전송·전화 또는 이와 유사한 방법 중 어느 하나의 방법 (카카오톡, SMS 등) 주의사항: 전자우편, 전화번호 중복에 대한 단일 발송 또는 중복 발송에 대한 방안 수립 -
통지예외	연락처 등 이용자에게 통지할 수 있는 개인정보를 수집하지 않은 경우
통지항목	1. 개인정보의 수집·이용 목적 및 수집한 개인정보의 항목 2. 개인정보를 받은 자와 그 제공 목적 및 제공한 개인정보의 항목(다만 「통신비밀보호법」 제13조, 제13조의2, 제13조의4 및 「전기통신사업법」 제83조제3항에 따라 제공한 정보는 제외)

| 참고문헌

1. ISMS-P 인증기준 안내서, 한국인터넷진흥원 (2022.4.22.)

2. 2022 개인정보 주요 이슈 법령해석 사례 30선, 개인정보보호위원회 (2022.12)

3. 2022 개인정보 보호법 표준 해석례, 개인정보보호위원회 (2022.12)

4. 개인정보의 기술적 관리적 보호조치 기준(제2021-3호) 해설서, 개인정보보호위원회 (2022.10)

5. 개인정보 실태점검 및 행정처분 사례집, 행전안전부 (2018.4)

PART
02

주요 영역 별 개인정보보호

CHAPTER 04

클라우드 환경을 고려한 개인정보 안전성 확보조치

4.1 개인정보의 기술적·관리적 및 물리적 보호조치

4.4.1 개요

개인정보의 기술적·관리적 및 물리적 보호조치 기준은 적용 대상에 따라 개인정보의 안전성 확보조치 기준과 개인정보의 기술적·관리적 보호조치 기준으로 구분할 수 있다. 개인정보의 안전성 확보조치 기준은 「개인정보보호법」제23조, 제24조, 제29조 및 같은 법 시행령 제21조, 제30조에 근거하며, 개인정보처리자는 개인정보를 처리할 때 이 기준을 준수해야 한다. 개인정보의 기술적·관리적 보호조치 기준은 「개인정보보호법」제29조 및 같은 법 시행령 제48조의2의제3항에 근거하며, 정보통신서비스 제공자등은 개인정보를 처리할 때 이 기준을 준수해야 한다. 관련 법률에 따른 개인정보의 안전성 확보조치 기준과 개인정보의 기술적·관리적 보호조치 기준을 준수하지 아니한 자 등에게는 관련 법률에 따라 과징금, 벌칙(징역 또는 벌금), 과태료를 부과할 수 있다.

[표 1] 안전성 확보조치 기준 VS 기술적·관리적 보호조치 기준

구분	개인정보의 안전성 확보조치 기준	개인정보의 기술적·관리적 보호조치 기준
법적 근거	• 개인정보보호법 제23조(민감정보의 처리 제한), 제24조(고유식별 정보의 처리 제한), 제29조(안전조치의무) • 같은 법 시행령 제21조(고유식별정보의 안전성 확보 조치), 제30조(개인정보의 안전성 확보 조치)	• 개인정보 보호법 제29조(안전조치의무) • 같은 법 시행령 제48조의2제3항(개인정보의 안전성 확보조치에 관한 특례)

과징금 부과 및 벌칙	• 2년 이하의 징역 또는 2천만원 이하의 벌금(법 제73조제1호) • 3천만원 이하의 과태료(법 제75조제2항제6호)	• 위반행위와 관련한 매출액의 100분의 3 이하의 과징금(법 제39조의15제1항제5호) • 2년 이하의 징역 또는 2천만원 이하의 벌금(법 제73조제1호) • 3천만원 이하의 과태료(법 제75조제2항제6호)
적용대상	• 개인정보처리자 • 개인정보처리자로부터 개인정보를 제공받은 자 • 개인정보처리자로부터 개인정보 처리를 위탁받은 자(이하 '수탁자', 준용)	• 정보통신서비스 제공자 • 정보통신서비스 제공자로부터 개인정보를 제공받은 자 • 정보통신서비스 제공자로부터 개인정보 처리를 위탁받은 자(이하 '수탁자', 준용) • 방송사업자(준용)
목적	• 개인정보처리자가 개인정보를 처리함에 있어서 개인정보가 분실·도난·유출·위조·변조 또는 훼손되지 아니하도록 안전성 확보에 필요한 기술적 관리적 및 물리적 안전조치에 관한 최소한의 기준을 정함	• 정보통신서비스 제공자등이 이용자의 개인정보를 처리할 때 개인정보가 분실·도난·유출·위조·변조 또는 훼손되는 것을 방지하고 개인정보의 안전성 확보를 위하여 필요한 보호조치의 기준을 정함
성격	• 반드시 준수해야 하는 최소한의 기준	• 반드시 준수해야 하는 최소한의 기준
주요 내용	• 내부 관리계획의 수립 시행 • 접근 권한의 관리 • 접근통제 • 개인정보의 암호화 • 접속기록의 보관 및 점검 • 악성프로그램 등 방지 • 관리용 단말기의 안전조치 • 물리적 안전조치 • 재해 재난 대비 안전조치 • 개인정보의 파기	• 내부관리계획의 수립·시행 • 접근통제 • 접속기록의 위·변조방지 • 개인정보의 암호화 • 악성프로그램 방지 • 물리적 접근 방지 • 출력·복사시 보호조치 • 개인정보 표시 제한 보호조치

개인정보의 안전성 확보조치 기준을 준수하여야 하는 개인정보처리자, 개인정보처리자로부터 개인정보를 제공받은 자, 개인정보처리자로부터 개인정보 처리를 위탁받은 자(이하 '수탁자', 준용)의 경우에는 개인정보처리자의 유형 및 개인정보 보유량에 따른 개인정보의 안전성 확보조치 기준이 다르게 적용될 수 있다.

[표 2] **개인정보처리자 유형 및 개인정보 보유량에 따른 안전조치 기준**

유형	적용 대상	개인정보의 안전성 확보조치 기준
유형3 **(완화)**	• 1만명 미만의 정보주체에 관한 개인정보를 보유한 소상공인, 단체, 개인	• 제5조 : 제2항부터 제5항까지 • 제6조 : 제1항, 제3항, 제6항 및 제7항 • 제7조 : 제1항부터 제5항까지, 제7항 • 제8조 • 제9조 • 제10조 • 제11조 • 제13조
유형2 **(표준)**	• 제4조 : 제1항제1호부터 제11호까지 및 제15호, 제3항부터 제4항까지 • 제5조 • 제6조제1항부터 제7항까지 • 제7조:1항부터 제5항까지, 제7항 • 제8조 • 제9조 • 제10조 • 제11조 • 제13조	• 제4조 : 제1항제1호부터 제11호까지 및 제15호, 제3항부터 제4항까지 • 제5조 • 제6조제1항부터 제7항까지 • 제7조:1항부터 제5항까지, 제7항 • 제8조 • 제9조 • 제10조 • 제11조 • 제13조
유형3 **(완화)**	• 10만명 이상의 정보주체에 관한 개인정보를 보유한 대기업, 중견기업, 공공기관 • 100만명 이상의 정보주체에 관한 개인정보를 보유한 중소기업, 단체	• 제4조부터 제13조까지

4.2 내부 관리계획

"개인정보 내부 관리계획"이란 개인정보처리자가 개인정보의 분실·도난·유출·위조·변조 또는 훼손되지 아니하도록 안전성 확보에 필요한 기술적·관리적 및 물리적 안전조치에 관한 사항 등을 규정한 계획, 규정, 지침 등을 말한다. 내부 관리계획은 전사적인 계획 내에서 개인정보가 관리될 수 있도록 최고경영층으로부터 내부결재 등의 승인을 받아 사내 게시판 게시, 교육 등의 방법으로 모든 임직원 및 관련자에게 알림으로써 이를 준수할 수 있도록 해야 한다.

개인정보 처리 방법, 처리 환경 및 안전조치 사항 등 내부 관리계획에 중요한 변경이 있는 경우에는 변경사항을 즉시 반영하여 내부 관리계획을 수정·변경하여 시행하여야 하며, 내부 관리계획의 수정·변경 시에도 내부 의사결정 절차를 통하여 내부 관리계획을 수정하여 시행해야 한다. 내부 관리계획을 수정·변경하는 경우에는 그 내용, 수정 및 시행 시기 등 이력을 관리해야 한다. 또한, 내부 관리계획의 수정·변경 사항을 개인정보취급자 등에게 전파하여 이를 준수할 수 있도록 해야 한다.

개인정보 보호책임자는 내부 관리계획의 적정성과 실효성을 보장하기 위하여 연 1회 이상 내부 관리계획에 따른 기술적·관리적 및 물리적 안전조치의 이행 여부를 점검·관리해야 한다. 이행 점검은 사내 독립성이 보장되는 부서(감사팀 등), 관련 부서(개인정보 보호팀) 또는 개인정보보호 전문업체 등에서 수행할 수 있다.

[표 3] **내부 관리계획 수립 관련 근거**

개인정보보호법

제29조(안전조치의무) 개인정보처리자는 개인정보가 분실·도난·유출·위조·변조 또는 훼손되지 아니하도록 내부 관리계획 수립, 접속기록 보관 등 대통령령으로 정하는 바에 따라 안전성 확보에 필요한 기술적·관리적 및 물리적 조치를 하여야 한다.

개인정보보호법 시행령

제30조(개인정보의 안전성 확보 조치) ① 개인정보처리자는 법 제29조에 따라 다음 각 호의 안전성 확보 조치를 하여야 한다.

1. 개인정보의 안전한 처리를 위한 내부 관리계획의 수립·시행
· 개인정보의 안전성 확보조치 기준 제4조(내부 관리계획의 수립·시행)
· 개인정보의 기술적·관리적 보호조치 기준 제3조(내부관리계획의 수립·시행)

가명정보 처리 관련 추가 요구사항

개인정보보호법

제28조의4(가명정보에 대한 안전조치의무 등) ① 개인정보처리자는 가명정보를 처리하는 경우에는 원래의 상태로 복원하기 위한 추가 정보를 별도로 분리하여 보관·관리하는 등 해당 정보가 분실·도난·유출·위조·변조 또는 훼손되지 않도록 대통령령으로 정하는 바에 따라 안전성 확보에 필요한 기술적·관리적 및 물리적 조치를 하여야 한다.
② 개인정보처리자는 가명정보를 처리하고자 하는 경우에는 가명정보의 처리 목적, 제3자 제공 시 제공받는 자 등 가명정보의 처리 내용을 관리하기 위하여 대통령령으로 정하는 사항에 대한 관련 기록을 작성하여 보관하여야 한다.

개인정보보호법 시행령

제29조의5(가명정보에 대한 안전성 확보 조치) ① 개인정보처리자는 법 제28조의4제1항에 따라 가명정보 및 가명정보를 원래의 상태로 복원하기 위한 추가 정보(이하 이 조에서 "추가정보"라 한다)에 대하여 다음 각 호의 안전성 확보 조치를 해야 한다.
1. 제30조 또는 제48조의2에 따른 안전성 확보 조치
2. 가명정보와 추가정보의 분리 보관. 다만, 추가정보가 불필요한 경우에는 추가정보를 파기해야 한다.
3. 가명정보와 추가정보에 대한 접근 권한의 분리.

데이터 3법의 개정에 따라 가명정보에 대한 내부 관리계획 안전조치 의무가 신설되어 가명정보를 처리하는 기관의 경우 내부 관리계획에 아래 내용도 추가 하여야 한다.

[표 4] **가명정보 처리에 관한 사항**

데이터 3법 개정에 따라 가명저보 처리를 위한 안전조치 의무 신설
추가 정보 별도 분리 및 보관
접근 권한 분리
가명정보의 기술적·관리적 및 물리적 안전조치
가명정보의 처리 목적, 보유기간, 이용 및 파기 등 내용 기록 보관
가명정보의 처리 목적이 달성되거나 보유기간 경과시 지체없이 파기

내부 관리계획은 법률 적용 대상에 따라 개인정보의 안전성 확보조치 기준 제4조(내부 관리계획의 수립·시행), 개인정보의 기술적·관리적 보호조치 기준 제3조(내부관리계획의 수립·시행)을 준수해야 한다.

[표 5] 내부 관리계획 수립 기준

구분	개인정보의 안전성 확보조치 기준	개인정보의 기술적·관리적 보호조치 기준
구성	1. 개인정보 보호책임자의 지정에 관한 사항 2. 개인정보 보호책임자 및 개인정보취급자의 역할 및 책임에 관한 사항 3. 개인정보취급자에 대한 교육에 관한 사항 4. 접근 권한의 관리에 관한 사항 5. 접근 통제에 관한 사항 6. 개인정보의 암호화 조치에 관한 사항 7. 접속기록 보관 및 점검에 관한 사항 8. 악성프로그램 등 방지에 관한 사항 9. 물리적 안전조치에 관한 사항 10. 개인정보 보호조직에 관한 구성 및 운영에 관한 사항 11. 개인정보 유출사고 대응 계획 수립·시행에 관한 사항 12. 위험도 분석 및 대응방안 마련에 관한 사항 13. 재해 및 재난 대비 개인정보처리시스템의 물리적 안전조치에 관한 사항 14. 개인정보 처리업무를 위탁하는 경우 수탁자에 대한 관리 및 감독에 관한 사항 15. 그 밖에 개인정보 보호를 위하여 필요한 사항	1. 개인정보 보호책임자의 자격요건 및 지정에 관한 사항 2. 개인정보 보호책임자와 개인정보취급자의 역할 및 책임에 관한 사항 3. 개인정보 내부관리계획의 수립 및 승인에 관한 사항 4. 개인정보의 기술적·관리적 보호조치 이행 여부의 내부 점검에 관한 사항 5. 개인정보 처리업무를 위탁하는 경우 수탁자 관리 및 감독에 관한 사항 6. 개인정보의 분실·도난·유출·변조·훼손 등이 발생한 때의 대응절차 및 방법에 관한 사항 7. 그 밖에 개인정보보호를 위해 필요한 사항 개인정보 보호책임자 및 개인정보취급자 교육에 관한 사항

[표 6] 내부 관리계획 목차 예시(안전성 확보조치 기준 대상)

제1장 총칙
　　제1조(목적)
　　제2조(용어정의)
　　제3조(적용범위)
제2장 내부 관리계획의 수립 및 시행
　　제4조(내부 관리계획의 수립 및 승인)
　　제5조(내부 관리계획의 공표)
제3장 개인정보 보호책임자의 역할과 책임
　　제6조(개인정보 보호책임자의 지정)
　　제7조(개인정보 보호책임자의 역할 및 책임)
　　제8조(개인정보취급자의 역할 및 책임)
제4장 개인정보 보호 교육
　　제9조(개인정보 보호책임자의 교육)
　　제10조(개인정보취급자의 교육)
제5장 기술적 안전조치
　　제11조(접근권한의 관리)
　　제12조(접근통제)
　　제13조(개인정보의 암호화)
　　제14조(접속기록의 보관 및 점검)
　　제15조(악성프로그램 등 방지)
제6장 관리적 안전조치
　　제16조(개인정보 보호조직 구성 및 운영)
　　제17조(개인정보 유출사고 대응)
　　제18조(위험도 분석 및 대응)
　　제19조(수탁자에 대한 관리 및 감독)
제7장 물리적 안전조치
　　제20조(물리적 안전조치)
　　제21조(재해 및 재난 대비 안전조치)
제8장 그 밖에 개인정보 보호를 위하여 필요한 사

[표 7] 내부 관리계획 목차 예시(기술적·관리적 보호조치 기준 대상)

제1장 총칙
  제1조(목적)
  제2조(용어정의)
  제3조(적용범위)
제2장 내부관리계획의 수립 및 시행
  제4조(내부 관리계획의 수립 및 승인)
  제5조(내부 관리계획의 공표)
제3장 개인정보보호 조직 구성 및 운영
  제6조 개인정보 보호책임자의 지정
  제7조 개인정보 보호책임자의 역할 및 책임
  제8조 개인정보취급자의 역할 및 책임
제4징 개인정보보호 교육
  제9조 개인정보 보호책임자의 교육
  제10조 개인정보취급자의 교육
제5장 기술적·관리적 및 물리적 보호조치
  제11조 접근통제
  제12조 접속기록의 위·변조방지
  제13조 개인정보의 암호화
  제14조 악성프로그램 방지
  제15조 물리적 접근 방지
  제16조 출력·복사시 보호조치
  제17조 개인정보 표시 제한 보호조치
제6장 관리 및 감독
  제18조 기술적·관리적 및 물리적 보호조치 이행 점검
  제19조 수탁자 관리 및 감독
제7장 개인정보 침해사고 대응절차 및 방법
제8장 그 밖에 개인정보보호를 위해 필요한 사항

4.2.1 개인정보 보호책임자의 지정에 관한 사항

개인정보 보호책임자는 개인정보 처리에 관한 전반적인 사항을 결정하고 이로 인한 제반 결과에 대하여 책임을 지는 자이므로 개인정보보호 법·제도 및 기술 등에 대해 이해와 지식을 보유한 자로 지정하여야 한다. 개인정보 보호책임자는 개인정보 수집·이용·제공 등 처리에 대하여 실질적인 권한을 가지고 있어야 하며 조직 내에서 어느 정도 독자적인 의사결정을 할 수 있는 지위(임원, 개인정보의 처리에 대해 실질적 권한을 가지는 부서의 장 등)에 있는 자이어야 한다. 개인정보처리자가 개인정보 보호책임자를 지정하거나 변경하는 경우에는 개인정보처리방침에 공개하여야 하며, 이에 관한 사항을 내부관리계획에 포함하여야 한다.

[표 8] **개인정보 보호책임자의 지정**

개인정보보호법 제31조(개인정보 보호책임자의 지정) ① 개인정보처리자는 개인정보의 처리에 관한 업무를 총괄해서 책임질 개인정보 보호책임자를 지정하여야 한다.

개인정보보호법 시행령 제32조(개인정보 보호책임자의 업무 및 지정요건 등) ② 개인정보처리자는 법 제31조제1항에 따라 개인정보 보호책임자를 지정하려는 경우에는 다음 각 호의 구분에 따라 지정한다.
1. 공공기관: 다음 각 목의 구분에 따른 기준에 해당하는 공무원 등
    가. 국회, 법원, 헌법재판소, 중앙선거관리위원회의 행정사무를 처리하는 기관 및 중앙행정기관: 고위공무원단에 속하는 공무원(이하 "고위공무원"이라 한다) 또는 그에 상당하는 공무원
    나. 가목 외에 정무직공무원을 장(長)으로 하는 국가기관: 3급 이상 공무원(고위공무원을 포함한다) 또는 그에 상당하는 공무원
    다. 가목 및 나목 외에 고위공무원, 3급 공무원 또는 그에 상당하는 공무원 이상의 공무원을 장으로 하는 국가기관: 4급 이상 공무원 또는 그에 상당하는 공무원
    라. 가목부터 다목까지의 규정에 따른 국가기관 외의 국가기관(소속 기관을 포함한다): 해당 기관의 개인정보 처리 관련 업무를 담당하는 부서의 장
    마. 시·도 및 시·도 교육청: 3급 이상 공무원 또는 그에 상당하는 공무원
    바. 시·군 및 자치구: 4급 공무원 또는 그에 상당하는 공무원
    사. 제2조제5호에 따른 각급 학교: 해당 학교의 행정사무를 총괄하는 사람
    아. 가목부터 사목까지의 규정에 따른 기관 외의 공공기관: 개인정보 처리 관련 업무를 담당하는 부서의 장. 다만, 개인정보 처리 관련 업무를 담당하는 부서의 장이 2명 이상인 경우에는 해당 공공기관의 장이 지명하는 부서의 장이 된다.
2. 공공기관 외의 개인정보처리자: 다음 각 목의 어느 하나에 해당하는 사람
    가. 사업주 또는 대표자
    나. 임원(임원이 없는 경우에는 개인정보 처리 관련 업무를 담당하는 부서의 장)

4.2.2 개인정보 보호책임자 및 개인정보취급자의 역할 및 책임에 관한 사항

개인정보처리자는 개인정보 보호책임자가 형식적으로 외부에 보여주기 위한 장치가 아닌 개인정보처리자의 내부 관리체계를 강화하고 자율규제를 활성화하는 등 개인정보 보호책임자에게 실질적인 권한과 의무를 부여하여야 한다. 개인정보 보호책임자와 개인정보취급자의 역할 및 책임에 관한 사항을 내부관리계획에 포함하여야 한다.

[표 9] **개인정보 보호책임자 및 개인정보취급자의 역할 및 책임에 관한 사항**

개인정보보호법 제31조(개인정보 보호책임자의 지정) ② 개인정보 보호책임자는 다음 각 호의 업무를 수행한다.
1. 개인정보 보호 계획의 수립 및 시행
2. 개인정보 처리 실태 및 관행의 정기적인 조사 및 개선
3. 개인정보 처리와 관련한 불만의 처리 및 피해 구제
4. 개인정보 유출 및 오용·남용 방지를 위한 내부통제시스템의 구축
5. 개인정보 보호 교육 계획의 수립 및 시행
6. 개인정보파일의 보호 및 관리·감독
7. 그 밖에 개인정보의 적절한 처리를 위하여 대통령령으로 정한 업무
③ 개인정보 보호책임자는 제2항 각 호의 업무를 수행함에 있어서 필요한 경우 개인정보의 처리현황, 처리 체계 등에 대하여 수시로 조사하거나 관계 당사자로부터 보고를 받을 수 있다.
④ 개인정보 보호책임자는 개인정보 보호와 관련하여 이 법 및 다른 관계 법령의 위반 사실을 알게 된 경우에는 즉시 개선조치를 하여야 하며, 필요하면 소속 기관 또는 단체의 장에게 개선조치를 보고하여야 한다.
⑤ 개인정보처리자는 개인정보 보호책임자가 제2항 각 호의 업무를 수행함에 있어서 정당한 이유 없이 불이익을 주거나 받게 하여서는 아니 된다.

개인정보보호법 시행령 제32조(개인정보 보호책임자의 업무 및 지정요건 등) ① 법 제31조제2항제7호에서 "대통령령으로 정한 업무"란 다음 각 호와 같다.
1. 법 제30조에 따른 개인정보 처리방침의 수립·변경 및 시행
2. 개인정보 보호 관련 자료의 관리
3. 처리 목적이 달성되거나 보유기간이 지난 개인정보의 파기

개인정보 보호책임자는 개인정보보호 관련 계획 수립·시행, 처리 실태 조사 및 개선, 이용자 고충 처리, 내부통제시스템 구축 등의 역할, 개인정보 처리 실태 등에 대하여 조사하거나 관계 당사자로부터 보고를 받을 수 있으며, 필요하면 정보통신서비스 제공자등의 사

업주 또는 대표자에게 조사결과 및 개선조치를 보고하는 등 개인정보보호 업무에 관하여 책임질 수 있어야 한다.

[표 10] 개인정보 보호책임자의 역할 및 책임(예시)

- 개인정보보호 관련 계획 수립 및 시행
- 개인정보 처리 실태 및 관행의 정기적인 조사 및 개선
- 개인정보 처리와 관련한 불만의 처리 및 피해 구제
- 개인정보 유출 및 오·남용 방지를 위한 내부통제시스템의 구축
- 개인정보보호 교육 계획 수립 및 시행
- 개인정보파일의 보호 및 관리·감독
- 개인정보 처리방침의 수립·변경 및 시행
- 개인정보 보호 관련 자료의 관리
- 처리 목적이 달성되거나 보유기간이 지난 개인정보의 파기 등

개인정보취급자는 이용자의 개인정보를 처리(개인정보를 수집, 생성, 연계, 연동, 기록, 저장, 보유, 가공, 편집, 검색, 출력, 정정(訂正), 복구, 이용, 제공, 공개, 파기(破棄), 그 밖에 이와 유사한 행위)하는 역할을 한다.

[표 11] 개인정보취급자의 역할 및 책임(예시)

- 내부관리계획 등 각종 규정, 지침 등 준수
- 개인정보처리시스템의 안전한 운영 및 관리
- 개인정보의 기술적·관리적 보호조치 기준 이행
- 개인정보보호 교육 참석
- 개인정보 침해사고 발생 시 대응 및 보고
- 개인정보 처리 현황, 처리 체계 등의 점검 및 보고 등

4.2.3 개인정보취급자에 대한 교육에 관한 사항

개인정보처리자는 개인정보의 적정한 취급을 보장하기 위하여 개인정보취급자에게 정기적으로 필요한 교육을 실시하여야 한다. 교육에 관한 사항에는 교육 목적, 교육 대상, 교육 내용(프로그램 등 포함), 교육 일정 및 방법 등을 포함하도록 한다. 내부 관리계획 등에 규정하거나 "○○년 개인정보보호 교육 계획(안)" 등과 같은 형태로 수립할 수 있다. 교육 내

용은 개인정보취급자의 지위·직책, 담당 업무의 내용, 업무 숙련도 등에 따라 각기 다르게 할 필요가 있다. 해당 업무를 수행하기 위한 분야별 전문기술 교육뿐만 아니라 개인정보보호 관련 법률 및 제도, 내부 관리계획 등 필히 알고 있어야 하는 사항을 포함하여 교육을 실시하도록 한다. 교육 방법에는 사내교육, 외부교육, 위탁교육 등 여러 종류가 있을 수 있으며, 조직의 여건 및 환경을 고려하여 집체 교육, 온라인 교육 등 다양한 방법을 활용할 수 있다. 또한,보호위원회가 운영하는 개인정보보호 포털(https://www.privacy.go.kr)에서 제공하는 온라인 및 현장 교육 프로그램, 교육 교재 그리고 전문강사 등을 활용할 수 있다. 교육 실시 결과는 "○○년 개인정보보호 교육 결과" 등과 같은 형태로 작성할 수 있으며, 교육 일시·내용·참석자 등을 확인할 수 있는 정보를 전자적으로 기록하거나 수기로 작성하여야 한다.

정보통신서비스 제공자등은 개인정보의 안전한 처리를 위하여 개인정보 보호책임자 및 개인정보취급자에게 최소 연1회 이상 필요한 교육을 실시하여야 한다. 개인정보보호 교육의 구체적인 사항은 교육 목적 및 대상, 교육 내용(프로그램 등), 교육 일정 및 방법 등을 포함하도록 한다.

[표 12] **개인정보 보호 교육 내용(예시)**

- 개인정보 보호의 중요성
- 내부 관리계획의 제·개정에 따른 준수 및 이행
- 위험 및 대책이 포함된 조직 보안 정책, 보안지침, 지시 사항, 위험관리 전략
- 개인정보처리시스템의 안전한 운영·사용법(하드웨어, 소프트웨어 등)
- 개인정보의 안전성 확보조치 기준
- 개인정보 보호업무의 절차, 책임, 방법
- 개인정보 처리 절차별 준수사항 및 금지사항
- 개인정보 유·노출 및 침해신고 등에 따른 사실 확인 및 보고, 피해구제 절차 등

4.2.4 개인정보 보호조직에 관한 구성 및 운영에 관한 사항

개인정보처리자는 개인정보 처리과정 전반에 걸쳐 개인정보를 안전하게 관리하고 보호하기 위하여 개인정보 보호조직을 구성하고 운영하여야 한다. 개인정보 보호조직은 처리하는 개인정보의 종류·중요도 및 보유량, 개인정보를 처리하는 방법 및 환경 등을 고려하여 개인정보처리자 스스로 구성 및 운영하도록 한다. 개인정보 보호조직은 인사명령, 업무분

장, 내부 관리계획 등에 명시하도록 하며 인력의 지정에 관한 사항, 역할 및 책임 그리고 역량 및 요건 등 적정성에 관한 사항 등을 포함할 수 있다.

- 개인정보 보호책임자 : 개인정보 처리에 관한 업무를 총괄해서 책임지는 자
- 개인정보 보호담당자 : 개인정보 보호책임자의 지휘·감독 하에 개인정보 보호 책임자의 업무를 지원하는 자
- 개인정보 취급부서 : 개인정보를 처리하는 부서
- 개인정보 취급자 : 개인정보처리자의 지휘·감독을 받아 개인정보를 처리하는 업무를 담당하는 자

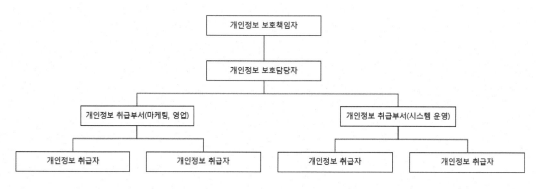

[그림 1] 개인정보보호 조직 예시

4.2.5 개인정보 유출사고 대응 계획 수립·시행에 관한 사항

개인정보 유출사고 발생 시 신속한 대응을 통해 피해 발생을 최소화하기 위하여 긴급조치, 유출 신고 및 통지, 피해신고 접수 및 피해 구제 등과 같은 사항을 포함하는 개인정보 유출 사고 대응 계획을 수립·시행하여야 한다. "표준 개인정보 유출사고 대응 매뉴얼"은 개인정보보호 포털(https://www.privacy.go.kr)에서 다운로드 할 수 있다.

[표 13] 개인정보 유출사고 대응 계획(예시)

- 개인정보 유출의 정의 및 사례·유형
- 개인정보 유출사고 예방을 위한 안전조치 및 상시 모니터링 수행
- 개인정보 유출사고 대응팀 구성·운영 및 비상연락망
- 개인정보 유출사고시 단계별 대응절차
  - 사고인지 및 긴급조치, 유출통지 및 신고, 피해신고 접수 및 피해구제, 사고 원인 분석 및 안전조치, 재발방지 대책 수립·운영 등

• 개인정보 유출 신속대응체계 구축

개인정보 유출 사실을 알게 된 때에는 개인정보 보호책임자는 즉시 사업주 또는 대표자에게 보고하고 개인정보보호·정보보호 부서를 중심으로「개인정보 유출 신속대응팀」을 구성하여, 추가 유출 및 이용자 피해발생 방지를 위한 조치를 강구하여야 한다.

• 유출 원인 파악 및 추가 유출 방지 조치

개인정보 유출 원인을 파악한 후 추가 유출 방지를 위해 유출 원인별 보호조치를 실시하여야 한다.

• 개인정보 유출 신고 및 통지

(신고) 개인정보의 유출 사실을 알게 된 때에는 개인정보 유출 사실을 보호위원회 또는 한국인터넷진흥원에 신고하여야 한다.

대상	개인정보처리자	정보통신서비스제공자	상거래 기업 및 법인
신고 기준	1천 명 이상 정보주체의 개인정보 유출 시	1명 이상 이용자의 개인정보 유출 시	1만명 이상 신용정보주체의 개인신용정보가 유출(누설된 경우
신고 기한	지체 없이 (5일 이내)	지체 없이 (24시간 이내)	지체 없이 (5일 이내)
신고내용	1. 정보주체에의 통지 여부 2. 유출된 개인정보의 항목 및 규모 3. 유출된 시점과 경위 4. 유출피해 최소화 대책·조치 및 결과 5. 정보주체가 할 수 있는 피해 최소화 방법 및 구제절차 6. 담당부서·담당자 및 연락처	1. 이용자에 대한 통지 여부 2. 유출등이 된 개인정보의 항목 및 규모 3. 유출등이 발생한 시점과 그 경위 4. 정보통신서비스 제공자등의 대응조치 5. 이용자가 취할 수 있는 조치 6. 담당부서·담당자 및 연락처	1. 신용정보주체에의 통지 여부 2. 유출(누설)된 개인신용정보의 항목 및 규모 3. 유출(누설)된 시점과 그 경위 4. 유출(누설)피해 최소화 대책·조치 및 결과 5. 신용정보주체가 할 수 있는 피해 최소화 방법 및 구제절차 6. 담당부서·담당자 및 연락처
근거 조항	개인정보보호법 제34조	개인정보보호법 제39조의4	신용정보의 이용 및 보호에 관한 법률 제39조의4

(통지) 유출된 개인정보로 인하여 추가적인 피해가 발생하지 않도록 개인정보 유출 사실을 알게 된 후 즉시(24시간 이내) 해당 이용자에게 개인정보 유출 사실을 통지하여야 한다.

근거 법률	개인정보 보호법		신용정보법
	제34조	제39조의 4	제39조의 4
통지 시점	5일 이내 (긴급 조치 가능)	24시간 이내	5일 이내 (긴급 조치 가능)

1명의 정보주체에 관한 개인정보가 유출된 경우라 할지라도 통지해야 하며, 서면, 전자우편, 모사전송, 전화, 휴대전화 문자전송 또는 이와 유사한 방법으로 개별 통지하는 것을 말합니다. 단, 법에서 정한 일정규모 이상의 정보주체에 관한 개인정보가 유출된 경우에는 해당 법에서 정한 방법으로 통지하여야 합니다.

근거 법률	개인정보 보호법		신용정보법
	제34조	제39조의 4	제39조의 4
통지 방법	1명 이상 : 홈페이지, 전화, 팩스, 이메일, 우편 등		
	(1천명 이상의 경우에는 서면등의 방법과 동시에, 홈페이지 또는 사업장에 7일 이상 게시)	(이용자의 연락처를 알 수 없는 등의 경우에는 홈페이지에 30일 이상 게시)	(1만명 이상의 경우에는 홈페이지 또는 사업장에 15일 이상 게시 또는 신문 등에 7일 이상 게시)

- 이용자 피해구제 및 재발방지 대책 마련

이용자 피해구제 방법을 안내하고 유사 사고의 재발방지를 위한 대책을 마련하여야 한다.

4.2.6 위험도 분석 및 대응방안 마련에 관한 사항

개인정보 유출에 영향을 미칠 수 있는 다양한 위험요소를 사전에 식별·평가하고 해당 위험요소를 적절하게 통제할 수 있는 방안을 마련하기 위해 종합적으로 분석하는 등 위험도 분석 및 대응방안에 관한 사항을 마련하여야 한다. "개인정보 위험도 분석 기준 및 해설서"

에 따른 위험도 분석을 수행하고 대응방안을 마련하거나 개인정보처리자가 처리하는 개인 정보의 종류 및 중요도, 개인정보를 처리하는 방법 및 환경 등에 따라 국제표준 및 전문기 관 권고사항 등을 적용하는 등 개인정보처리자 스스로 이행할 수도 있다. "개인정보 위험도 분석 기준 및 해설서"는 개인정보보호 포털(https://www.privacy.go.kr)에서 다운로드 할 수 있다.

[표 14] **위험도 분석 및 대응방안(예시)**

- (자산식별) 개인정보, 개인정보처리시스템 등 보호대상을 명확하게 확인
- (위협확인) 자산에 손실 또는 해를 끼칠 수 있는 위협요소(취약점 등) 확인
- (위험확인) 위협으로 인하여 자산에 영향을 끼칠 수 있는 위험의 내용과 정도를 확인
- (대책마련) 위험에 대한 적절한 통제 방안 마련
- (사후관리) 위험대책을 적용하고 지속적으로 개선·관리를 위한 안전조치 사항

4.2.7 개인정보 처리업무를 위탁하는 경우 수탁자에 대한 관리 및 감독에 관한 사항

개인정보처리자는 개인정보 처리업무 위탁으로 인하여 정보주체의 개인정보가 분실·도 난·유출·변조 또는 훼손되지 아니하도록 수탁자를 교육하고, 수탁자가 개인정보를 안전하게 처리하는지를 감독하여야 한다. 개인정보처리자는 수탁자에 대하여 정기적으로 교육을 실시 하고, 수탁자의 개인정보처리 현황 및 실태, 목적 외 이용·제공, 재위탁 여부, 안전성 확보조 치 여부 등을 정기적으로 점검 등 관리·감독하여야 한다. 내부 관리계획에는 수탁자에 대한 교육 및 감독의 시기와 방법, 절차, 점검 항목 등을 포함해야 하며, 이외 수탁자 교육 및 감독 에 대한 기록을 남기고 문제점이 발견된 경우 그에 따른 개선 조치를 하여야 한다.

[표 15] **수탁자 관리 및 감독(예시)**

- 관리·감독 대상 및 시기
- 관리·감독 항목 및 내용
- 관리·감독 방법 및 절차
- 관리·감독 결과 기록 및 보관
- 관리·감독 결과 후속조치(개선, 보고) 등

4.2.8 그 밖에 개인정보 보호를 위하여 필요한 사항

개인정보의 분실·도난·유출·위조·변조 또는 훼손을 방지하고 안전성 확보를 위하여 필요한 개인정보 보호조치에 관한 사항을 추가적으로 포함하여야 한다. 정보통신서비스 제공자등은 사업규모, 서비스의 유형, 개인정보 보유 수, 처리하는 개인정보의 유형 및 중요도, 개인정보를 처리하는 방법 및 환경, 보안위험요인 등을 고려하도록 한다.

[표 16] **수탁자 관리 및 감독(예시)**

- 개인정보보호 관리체계(PIMS) 등 개인정보보호 관련 인증 획득
- 개인정보보호 컨설팅
- 위험관리(자산식별, 위험평가, 대책마련, 사후관리)
- 개인정보처리시스템 설계, 개발, 운영 보안
- 보안장비 및 보안솔루션 도입 및 운영, 형상·운영 관리 및 기록
- 개인정보보호 예산 및 인력의 적정수준 반영
- 개인정보보호 관련 지침, 규정 등 수립 및 시행
- 개인정보 파기 절차 수립 및 시행 등

4.3　접근통제

개인정보처리시스템을 보호하기 위해 침입차단시스템, 침입탐지시스템 안전한 인증수단, 접속수단, 망분리 등 다양한 형태의 기술적인 보호 방안을 마련하여 운영하여야 한다.

[표 17] **접근통제 기준**

구분	개인정보의 안전성 확보조치 기준	개인정보의 기술적·관리적 보호조치 기준
구성	제6조(접근통제) ① 개인정보처리자는 정보통신망을 통한 불법적인 접근 및 침해사고 방지를 위해 다음 각 호의 기능을 포함한 조치를 하여야 한다.	제4조(접근통제) ④ 정보통신서비스 제공자등은 개인정보취급자가 정보통신망을 통해 외부에서 개인정보처리시스템에 접속이 필요한 경우에는 안전한 인증 수단을 적용하여야 한다.

1. 개인정보처리시스템에 대한 접속 권한을 IP(Internet Protocol) 주소 등으로 제한하여 인가받지 않은 접근을 제한

2. 개인정보처리시스템에 접속한 IP(Internet Protocol)주소 등을 분석하여 불법적인 개인정보 유출 시도 탐지 및 대응

② 개인정보처리자는 개인정보취급자가 정보통신망을 통해 외부에서 개인정보처리시스템에 접속하려는 경우 가상사설망(VPN : Virtual Private Network) 또는 전용선 등 안전한 접속수단을 적용하거나 안전한 인증수단을 적용하여야 한다.

③ 개인정보처리자는 취급중인 개인정보가 인터넷 홈페이지, P2P, 공유설정, 공개된 무선망 이용 등을 통하여 열람권한이 없는 자에게 공개되거나 유출되지 않도록 개인정보처리시스템, 업무용 컴퓨터, 모바일 기기 및 관리용 단말기 등에 접근 통제 등에 관한 조치를 하여야 한다.

④ 고유식별정보를 처리하는 개인정보처리자는 인터넷 홈페이지를 통해 고유식별정보가 유출·변조·훼손되지 않도록 연 1회 이상 취약점을 점검하고 필요한 보완 조치를 하여야 한다.

⑤ 개인정보처리자는 개인정보처리시스템에 대한 불법적인 접근 및 침해사고 방지를 위하여 개인정보취급자가 일정시간 이상 업무처리를 하지 않는 경우에는 자동으로 시스템 접속이 차단되도록 하여야 한다.

⑥ 개인정보처리자가 별도의 개인정보처리시스템을 이용하지 아니하고 업무용 컴퓨터 또는 모바일 기기를 이용하여 개인정보를 처리하는 경우에는 제1항을 적용하지 아니할 수 있으며, 이 경우 업무용 컴퓨터 또는 모바일 기기의 운영체제(OS : Operating System)나 보안프로그램 등에서 제공하는 접근 통제 기능을 이용할 수 있다.

⑤ 정보통신서비스 제공자등은 정보통신망을 통한 불법적인 접근 및 침해사고 방지를 위해 다음 각 호의 기능을 포함한 시스템을 설치·운영하여야 한다.

1. 개인정보처리시스템에 대한 접속 권한을 IP주소 등으로 제한하여 인가받지 않은 접근을 제한

2. 개인정보처리시스템에 접속한 IP주소 등을 재분석하여 불법적인 개인정보 유출 시도를 탐지

⑥ 전년도 말 기준 직전 3개월간 그 개인정보가 저장·관리되고 있는 이용자 수가 일일평균 100만명 이상이거나 정보통신서비스 부문 전년도(법인인 경우에는 전 사업연도를 말한다) 매출액이 100억원 이상인 정보통신서비스 제공자등은 개인정보처리시스템에서 개인정보를 다운로드 또는 파기할 수 있거나 개인정보처리시스템에 대한 접근권한을 설정할 수 있는 개인정보취급자의 컴퓨터 등을 물리적 또는 논리적으로 망분리 하여야 한다.

⑨ 정보통신서비스 제공자등은 처리중인 개인정보가 인터넷 홈페이지, P2P, 공유설정 등을 통하여 열람권한이 없는 자에게 공개되거나 외부에 유출되지 않도록 개인정보처리시스템 및 개인정보취급자의 컴퓨터와 모바일 기기에 조치를 취하여야 한다.

⑩ 정보통신서비스 제공자등은 개인정보처리시스템에 대한 개인정보취급자의 접속이 필요한 시간 동안만 최대 접속시간 제한 등의 조치를 취하여야 한다.

⑦ 개인정보처리자는 업무용 모바일 기기의 분실·도난 등으로 개인정보가 유출되지 않도록 해당 모바일 기기에 비밀번호 설정 등의 보호조치를 하여야 한다.

4.3.1 침입 차단·탐지시스템 구축

개인정보처리시스템에 대한 접속 권한을 IP(Internet Protocol)주소, 포트(Port), MAC (Media Access Control) 주소 등으로 제한해야 한다. 또한 개인정보처리시스템에 접속한 IP(Internet Protocol)주소, 포트(Port), MAC(Media Access Control) 주소 등을 분석하여 불법적인 개인정보 유출 시도를 탐지(침입탐지 기능)하고 접근 제한·차단 등 적절한 대응 조치를 해야 한다.

침입차단시스템, 침입탐지시스템, 침입방지시스템, 보안 운영체제(Secure OS), 웹방화벽, 로그분석시스템, ACL(Access Control List)을 적용한 네트워크 장비, 통합보안관제시스템 이외에도 인터넷데이터센터(IDC), 클라우드 서비스, 보안업체 등에서 제공하는 보안서비스 등도 활용 가능하다. 다만, 어느 경우라도 접근 제한 기능 및 유출 탐지 기능이 모두 충족되어야 한다. 또한 신규 위협 대응 등을 위하여 접근 제한 정책 및 유출 탐지 정책을 설정하고 지속적인 업데이트 적용 및 운영·관리해야 한다.

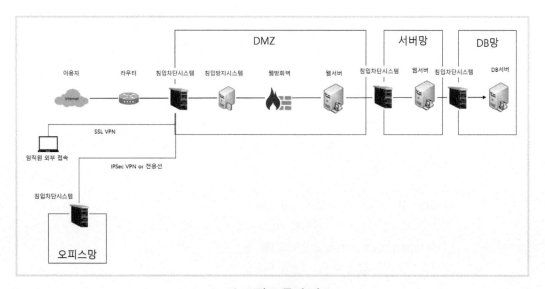

[그림 2] 접근 통제 개요

클라우드 환경에서는 침입차단 및 침입탐지 수단도 변경될 수 있기 때문에 클라우드 환경에서의 보안솔루션 구축 및 접근통제 방식을 충분히 이해하고 접근통제 솔루션을 구성해야 한다.

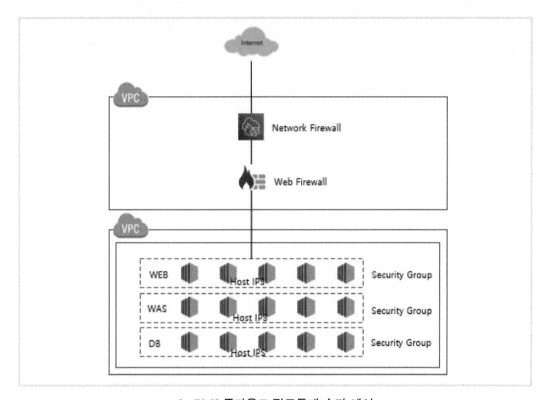

[그림 3] 클라우드 접근통제 수단 예시

4.3.2 안전한 접속 수단 및 인증수단 적용

인터넷구간 등 외부로부터 개인정보처리시스템에 대한 접속은 원칙적으로 차단하여야하나, 개인정보처리자의 업무 특성 또는 필요에 의해 개인정보취급자가 노트북, 업무용 컴퓨터, 모바일 기기 등으로 외부에서 정보통신망을 통해 개인정보처리시스템에 접속이 필요한 경우에는 안전한 접속수단을 적용하거나 안전한 인증수단을 적용하여야 한다.

- 접속수단 예시: 가상사설망(VPN : Virtual Private Network) 또는 전용선 등
- 인증수단 예시: 인증서(PKI), 보안토큰, 일회용 비밀번호(OTP) 등

4.3.3 P2P 등 유해사이트 차단

개인정보처리자는 취급중인 개인정보가 인터넷 홈페이지 등을 통해 공개되거나 유출되지 않도록 접근통제 등의 방안을 마련해야 한다. 개인정보처리시스템, 업무용 컴퓨터, 모바일 기기 및 관리용 단말기 등에 P2P, 공유설정은 기본적으로 사용하지 않는 것이 원칙이나, 업무상 반드시 필요한 경우에는 권한 설정 등의 조치를 통해 권한이 있는 자만 접근할 수 있도록 설정하고 업무상 꼭 필요한 경우라도 드라이브 전체 또는 불필요한 폴더가 공유되지 않도록 하고, 공유폴더에 개인정보 파일이 포함되지 않도록 정기적으로 점검해야 한다.

4.3.4 망분리

정보통신서비스 제공자등은 전년도 말 기준 직전 3개월간 그 개인정보가 저장·관리되고 있는 이용자 수가 일일평균 100만명 이상(제공하는 정보통신서비스가 다수일 때에는 전체를 합산하여 적용)이거나 정보통신서비스 부문 전년도(법인일 때에는 전 사업연도를 말한다) 매출액이 100억원 이상(정보통신서비스와 그 외 서비스를 함께 제공할 때에는 정보통신서비스 부문을 합산한 매출액만 적용)인 경우에는 개인정보처리시스템에서 개인정보를 다운로드 또는 파기할 수 있거나 개인정보처리시스템에 대한 접근권한을 설정할 수 있는 개인정보취급자의 컴퓨터 등을 물리적 또는 논리적으로 망분리 하여야 한다.

- 물리적 망분리 : 통신망, 장비 등을 물리적으로 이원화하여 인터넷 접속이 불가능한 컴퓨터와 인터넷 접속만 가능한 컴퓨터로 분리하는 방식
- 논리적 망분리 : 물리적으로 하나의 통신망, 장비 등을 사용하지만 가상화 등의 방법으로 인터넷 접속이 불가능한 내부 업무영역과 인터넷 접속영역을 분리하는 방식

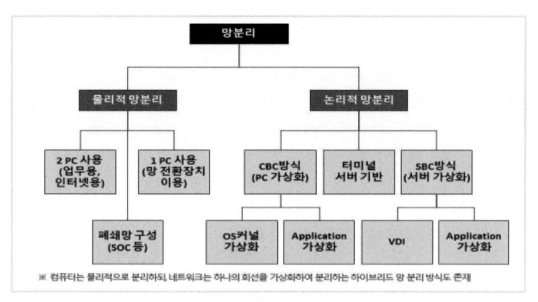

[그림 4] 망분리 방식 분류

[표 18] 물리적 망분리 vs 논리적 망분리

구분	물리적 망분리	논리적 망분리
운영 방법	업무용 망과 인터넷용 망을 물리적으로 분리	가상화 등의 기술을 이용하여 논리적으로 분리
도입 비용	높음	구축환경에 따라 상이
보안성	보안성 높음	상대적으로 낮음
효율성	업무 환경의 효율성 저하	상대적으로 관리 용이

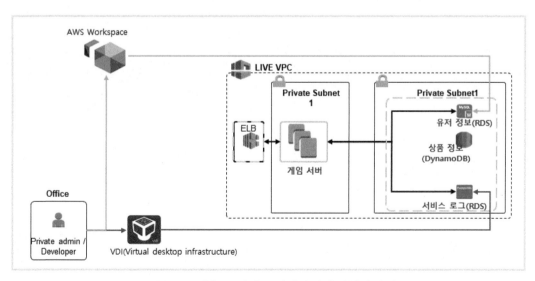

[그림 5] 클라우드 서비스 환경에서의 망분리 수단

4.3.5 취약점 점검

고유식별정보를 처리하는 개인정보처리자는 인터넷 홈페이지를 통해 고유식별정보가 유출·변조·훼손되지 않도록 연 1회 이상 취약점을 점검하고 필요한 보완 조치를 하여야 한다. 취약점 점검은 네트워크, OS, WEB/WAS 엔진, DBMS, Application 등 개인정보처리시스템을 구성하는 모든 컴포넌트를 대상으로 진행해야 한다.

취약점 진단 상세 방법은 정부에서 발간한 아래 가이드를 참고하여 진행할 수 있다.

- 주요정보통신기반시설 기술적 취약점 분석·평가 상세가이드(과학기술정보통신부, 2021)
- 전자정부 SW 개발·운영자를 위한 소프트웨어 개발보안 가이드(행정안전부, 2019)

[그림 6] **취약점 진단 참고 가이드**

4.3.6 자동 시스템 접속 차단(세션 타임아웃)

개인정보처리시스템에 불법적인 접근 및 침해사고 방지를 위해 개인정보처리자가 일정시간 업무를 처리하지 않는 경우, 개인정보를 처리하는 방법, 환경, 업무특성 등을 고려하여 적정한 시스템 접속차단 시간(일반적으로 10 ~ 30분 이내 권장)을 결정하여 적용해야 한다.

[표 19] **웹서버 설정을 통한 장기 미접속자 세션 차단 조치 설정 예시**

웹서버	설정 방법
ISS	응용프로그램 -〉 고급설정 -〉 프로세스 모델 내 "유효시간 제한(분) 설정
Apache	Apache 환경설정 파일(httpd-default.conf) 내 "Timeout" 설정
Tomcat	Tomcat 환결설정 파일(web.xml) 내 "session-timeout" 설정 〈web-app〉 〈session-config〉 〈session-timeout〉10〈/session-timeout〉 〈/session-config〉 〈/web-app〉

4.4 접근권한 관리

개인정보처리시스템에 대한 접근권한은 업무수행에 필요한 최소한의 권한만 부여하는 것을 원칙으로 전보, 퇴직 등의 인사이동이 발생한 경유 지체없이 권한을 변경하거나 말소해야 한다. 또한 권한 부여, 변경 또는 말소에 대한 내역을 기록하고 법률에서 요구하는 기간 동안 보관해야 한다.

[표 20] 접근권한 관리 기준

구분	개인정보의 안전성 확보조치 기준	개인정보의 기술적·관리적 보호조치 기준
구성	제5조(접근권한의 관리) ① 개인정보처리자는 개인정보처리시스템에 대한 접근 권한을 업무 수행에 필요한 최소한의 범위로 업무 담당자에 따라 차등 부여하여야 한다. ② 개인정보처리자는 전보 또는 퇴직 등 인사이동이 발생하여 개인정보취급자가 변경되었을 경우 지체없이 개인정보처리시스템의 접근 권한을 변경 또는 말소하여야 한다. ③ 개인정보처리자는 제1항 및 제2항에 의한 권한 부여, 변경 또는 말소에 대한 내역을 기록하고, 그 기록을 최소 3년간 보관하여야 한다. ④ 개인정보처리자는 개인정보처리시스템에 접속할 수 있는 사용자계정을 발급하는 경우 개인정보취급자 별로 사용자계정을 발급하여야 하며, 다른 개인정보취급자와 공유되지 않도록 하여야 한다. ⑤ 개인정보처리자는 개인정보취급자 또는 정보주체가 안전한 비밀번호를 설정하여 이행할 수 있도록 비밀번호 작성규칙을 수립하여 적용하여야 한다. 제6조(접근통제) ⑤ 개인정보처리자는 개인정보처리시스템에 대한 불법적인 접근 및 침해사고 방지를 위하여 개인정보취급자가 일정시간 이상 업무처리를 하지 않는 경우에는 자동으로 시스템 접속이 차단되도록 하여야 한다.	제4조(접근통제) ① 정보통신서비스 제공자등은 인정보처리시스템에 대한 접근권한을 서비스 제공을 위하여 필요한 개인정보 보호책임자 또는 개인정보취급자에게만 부여한다. ② 정보통신서비스 제공자등은 전보 또는 퇴직 등 인사이동이 발생하여 개인정보취급자가 변경되었을 경우 지체 없이 개인정보처리시스템의 접근권한을 변경 또는 말소한다. ③ 정보통신서비스 제공자등은 제1항 및 제2항에 의한 권한 부여, 변경 또는 말소에 대한 내역을 기록하고, 그 기록을 최소 5년간 보관한다. ⑦ 정보통신서비스 제공자등은 이용자가 안전한 비밀번호를 이용할 수 있도록 비밀번호 작성규칙을 수립하고, 이행한다. ⑧ 정보통신서비스 제공자등은 개인정보취급자를 대상으로 다음 각 호의 사항을 포함하는 비밀번호 작성규칙을 수립하고, 이를 적용·운용하여야 한다. 1. 영문, 숫자, 특수문자 중 2종류 이상을 조합하여 최소 10자리 이상 또는 3종류 이상을 조합하여 최소 8자리 이상의 길이로 구성 2. 연속적인 숫자나 생일, 전화번호 등 추측하기 쉬운 개인정보 및 아이디와 비슷한 비밀번호는 사용하지 않는 것을 권고 3. 비밀번호에 유효기간을 설정하여 반기별 1회 이상 변경 ⑩ 정보통신서비스 제공자등은 개인정보처리시스템에 대한 개인정보취급자의 접속이 필요한 시간 동안만 최대 접속시간 제한 등의 조치를 취하여야 한다.

4.4.1 접근권한 관리

개인정보처리시스템의 접근권한 관리는 개인정보를 저장하고 있는 서버의 운영체제, DBMS, 애플리케인션이 포함된다. 클라우드 환경에서는 접근관리 영역이 On-premise 환경을 모두 포함하고 IaaS 관리콘솔, PaaS, SaaS 형태 서비스, 외부 스토리지 등 접근관리 영역이 추가되기 때문에 사용하는 서비스 유형을 파악해서 접근권한을 관리해야 한다.

[그림 7] **접근권한 관리 범위**

개인정보처리시스템에 대한 접근 권한은 개인정보보호책임자, 개인정보취급자 등 업무 수행에 필요한 담당자에게만 최소한으로 부여해야 한다. 개인정보처리시스템에 계정을 생성하여 발급하는 경우에는 개인정보취급자 별로 개별 계정을 발급하고 다른 사용자와 공유되지 않도록 해야 한다. 발급된 계정의 접근 권한은 업무 수행에 필요한 최소한의 범위로 차등부여해야 하며, 개인정보처리시스템 데이터베이스에 직접 접근하는 운영관리자는 DBA로 한정하는 등의 접근통제 정책이 마련되어야 한다.

[그림 8] **개인정보취급자 계정발급**

접근권한 설정 시에는 아래와 같은 사항에 대해 고려해야 한다.

1. 개인정보처리시템 기능(메뉴)별 개인정보 처리 내용 식별

2. 업무에 따라 최소한의 권한만 부여될 수 있도록 접근 권한 그룹 정의

3. 개인정보 다운로드 권한은 업무상 필요한 경우로 한정하여 권한 정의

[표 21] **접근권한 규칙설정 예시**

메뉴	권한 설정														
	최고 관리자					회원 관리자					사용자				
	쓰기	수정	삭제	조회	다운로드	쓰기	수정	삭제	조회	다운로드	쓰기	수정	삭제	조회	다운로드
회원정보관리	○	○	○	○	○	○	○	○	○	○				○	
공지사항관리	○	○	○	○	○				○	○				○	
게시판관리	○	○	○	○	○				○	○				○	
상담관리	○	○	○	○	○				○	○				○	
회원통계	○	○	○	○	○	○	○	○	○	○				○	
………															

개인정보처리자는 전보 또는 퇴직 등 인사이동이 발생하여 개인정보취급자가 변경되었을 경우 지체없이(정당한 사유가 없는 한 5일 이내) 개인정보처리시스템의 접근 권한을 변경 또는 말소하여야 한다. 생성된 계정의 경우 개인정보처리자가 장기 미접속(일반적으로 30일 ~ 90일) 하는 경우 계정 잠금 등 접속을 차단하고, 로그인 시도 횟수(일반적으로 5회)를 제한하여 이를 초과하는 경우 계정잠금을 수행하거나 추가인증수단(본인인증, OTP 등)을 적용하여 정당한 접근 권한자임을 확인해야 한다.

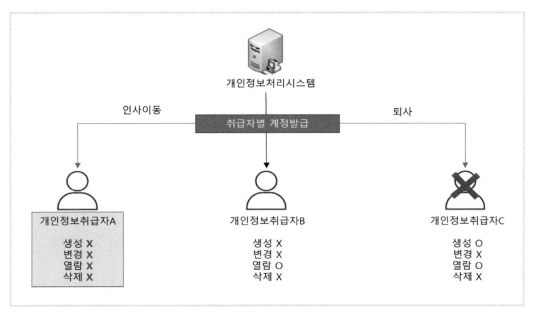

[그림 9] 개인정보취급자 권한 변경

4.4.2 접근권한 부여 기록 관리

개인정보취급자 접근권한의 부여/변경/말소 내역은 3년간 기록 및 보관하여야 한다. 단, 정보통신서비스 제공자 등의 경우 최소 5년간 보관하여야 한다. 해당 내역은 전자적으로 기록하거나 수기로 작성한 관리대장 등에 기록해야 하며, 관리대장 등에는 신청자 정보, 신청 및 적용 일시, 승인자 및 발급자 정보, 신청 및 발급 사유 등의 내용이 포함되어야 하며 공식적인 절차를 통하여 관리하도록 한다.

개인정보 처리를 위해 클라우드 서비스를 이용하는 경우에는 클라우드 서비스의 관리콘솔에서 접근권한 차등 부여 기능, 접근권한 부여변경말소 등 처리 이력을 저장 기능, 사용자 접근권한 이력 저장 로그의 적절성, 보관 주기 등을 충분히 검토하고 요구사항을 충족하고 있는지 확인해야 한다.

[표 22] **관리대장 기록**

구분	설명
ID	접근권한 부여/변경/말소된 대상 ID
대상자 식별정보	해당 사용자를 확인할 수 있는 정보(이름, 부서명 등)
접근 권한	조직별, 그룹별, 역할별, 사용자별 등 권한부여 방식에 따라 대상 메뉴/화면 및 입력/조회/조회/변경/삭제/출력/다운로드 등 세부 권을 확인 가능한 정보
유형	접근권한 부여/변경/말소
신청사유	접근권한 부여/변경/말소 사유
신청자	신청자명
신청일	접근권한의 부서/변경/말소 신청일
승인자	승인자명
승인 일시	접근권한의 부서/변경/말소 승인일

ID	이름	조직	계정상태	생성일시	생성자	비활성일시	작업자
Hong	홍길동	IT개발	Y	20230111 14:30:20	YUN		
Kim	김유신	IT개발	Y	20230111 14:30:40	YUN		
Yang	양만춘	영업	N	20230111 14:40:20	YUN	20230119 1130:20	

번호	ID	이름	권한	권한ID	유형	부여 일시	작업자	사유
1234	Hong	홍길동	회원정보 관리	20230111 14:30:20	YUN	20230111 14:30:20	Hong	담당자 신규 입사
1235	Kim	김유신	Y	20230111 14:30:40	YUN	20230111 14:30:40	Hong	퇴사
1236	Yang	양만춘	N	20230111 14:40:20	YUN	20230111 14:40:20	Hong	담당자 변경

4.4.3 장기 미접속 및 비정상 접근 계정 잠금

개인정보처리시스템에 생성된 계정의 경우 개인정보처리자가 장기 미접속(일반적으로 30일 ~ 90일) 하는 경우 계정 잠금 등 접속을 차단하고, 로그인 시도 횟수(일반적으로 5회)를 제한하여 이를 초과하는 경우 계정잠금을 수행하거나 추가인증수단(본인인증, OTP 등)을 적용하여 정당한 접근 권한자임을 확인해야 한다.

[표 23] **장기 미접속 계정 잠금 및 비정상 접근 계정 잠금 절차**

기능	기능 구현 절차
장기 미접속 계정 잠금	• 계정 잠금 기준일과 사용자 테이블의 "최종 로그인 시간"을 비교하여 기준일을 초화하는 경우 사용자 테이블의 "계정 상태" 컬럼을 계정 잠금 또는 비활성화 상태로 변경(배치 프로그램 등으로 매일 실행) • 로그인 처리 로직에서 사용자 테이블의 "계정 상태" 컬럼을 확인하여 계정 잠금 또는 비활성화인 경우 계정잠금 안내창 표출 • 계정 잠금을 해제하기 위해 추가인증을 수행하거나 별도 승인절차를 통해 계정 잠금 해제(계정 잠금 해제 기능은 관리자 기능으로 구현 필요)
비정상 접근 계정 잠금	• 로그인 시도시 마다 1썩 증가시켜, 시도 횟수가 일정 회수보다 큰 경우 일정시간 로그인 되지 않도록 계정 감금 • 사용자 테이블의 "계정 상태" 컬럼을 확인하여 계정잠금 또는 비활성화 상태로 변경하고 계정 잠김 관련 안내창 표출 • 계정 잠금 시간과 현재 시간을 확인하여 현재 시간이 회사 정책으로 수립된 계정 잠금 시간을 초과한 경우 "계정 상태" 컬럼을 확인하여 계정잠금 해제 또는 활성화로 상태로 변경

4.4.4 비밀번호 작성 규칙

개인정보처리자는 개인정보취급자 또는 정보주체가 안전한 비밀번호를 설정하여 이행할 수 있도록 비밀번호 작성규칙을 수립하여 적용해야 한다. 특히, 정보통신서비스 제공자 등은 개인정보처리자가 안전한 비밀번호를 이용할 수 있도록 비밀번호 작성규칙을 수립하고 이행해야 한다.

[표 24] 비밀번호 작성 규칙 및 기능 구현시 고려사항

구분	비밀번호 작성 규칙
비밀번호 작성 규칙	1. 영문, 숫자, 특수문자 중 2종류 이상을 조합하여 최소 10자리 이상 또는 3종류 이상을 조합하여 최소 8자리 이상의 길이로 구성 2. 연속적인 숫자나 생일, 전화번호 등 추측하기 쉬운 개인정보 및 아이디와 비슷한 비밀번호는 사용하지 않는 것을 권고 3. 비밀번호에 유효기간을 설정하여 반기별 1회 이상 변경 4. 비밀번호는 추측하거나 유추하기 어렵도록 설정 5. 동일한 문자 반복(aaabbb, 123123 등), 키보드 상에서 나란히 있는 문자열(qwer 등), 일련번호(12345678 등), 가족이름, 생일, 전화번호 등은 사용 불가
비밀번호 설정 기능 구현 시 고려사항	1. 비밀번호 작성 규칙을 안내하고 설정한 비밀번호가 올바르게 설정되었는지 확인 2. 비밀번호 입력시, 화면에 마스킹(*) 처리 3. 비밀번호 안전한 알고리즘으로 저장 4. 비밀번호 변경 기간 경과 여부 확인을 위해 비밀번호 설정 일시 저장 5. 관리자가 계정을 생성해 주는 경우에는 랜덤하게 생성된 임시 비밀번호를 부여하고 최초 로그인시 변경할 수 있도록 처리 6. 비밀번호 설정일시와 현재시간을 비교하여 비밀번호 경경기간이 도래한 경우 비밀번호를 변경할 수 있도록 안내 7. 비밀번호 변경시에는 이전과 동일한 비밀번호 사용제한 8. 비밀번호 초기화 시에는 본인인증 등 인증수단을 통해 본인임을 인증하는 절차 수행

4.5 개인정보 암호화

개인정보를 처리할 경우에는 법률에서 요구하는 사항에 따라 전송시, 저장시 암호화를 적용하여야 한다.

[표 25] 개인정보 암호화

구분	개인정보의 안전성 확보조치 기준	개인정보의 기술적·관리적 보호조치 기준
구성	제7조(개인정보의 암호화) ① 개인정보처리자는 고유식별정보, 비밀번호, 바이오정보를 정보통신망을 통하여 송신하거나 보조저장매체 등을 통하여 전달하는 경우에는 이를 암호화하여야 한다. ② 개인정보처리자는 비밀번호 및 바이오정보는 암호화하여 저장하여야 한다. 다만, 비밀번호를 저장하는 경우에는 복호화되지 아니하도록 일방향 암호화하여 저장하여야 한다. ③ 개인정보처리자는 인터넷 구간 및 인터넷 구간과 내부망의 중간 지점(DMZ: Demilitarized Zone)에 고유식별정보를 저장하는 경우에는 이를 암호화하여야 한다. ④ 개인정보처리자가 내부망에 고유식별정보를 저장하는 경우에는 다음 각 호의 기준에 따라 암호화의 적용여부 및 적용범위를 정하여 시행할 수 있다. 1. 법 제33조에 따른 개인정보 영향평가의 대상이 되는 공공기관의 경우에는 해당 개인정보 영향평가의 결과 2. 암호화 미적용시 위험도 분석에 따른 결과 ⑤ 개인정보처리자는 제1항, 제2항, 제3항, 또는 제4항에 따라 개인정보를 암호화하는 경우 안전한 암호알고리즘으로 암호화하여 저장하여야 한다. ⑥ 개인정보처리자는 암호화된 개인정보를 안전하게 보관하기 위하여 안전한 암호 키 생성, 이용, 보관, 배포 및 파기 등에 관한 절차를 수립·시행하여야 한다. ⑦ 개인정보처리자는 업무용 컴퓨터 또는 모바일 기기에 고유식별정보를 저장하여 관리하는 경우 상용 암호화 소프트웨어 또는 안전한 암호화 알고리즘을 사용하여 암호화한 후 저장하여야 한다.	제6조(개인정보의 암호화) ① 정보통신서비스 제공자등은 비밀번호는 복호화 되지 아니하도록 일방향 암호화하여 저장한다. ② 정보통신서비스 제공자등은 다음 각 호의 정보에 대해서는 안전한 암호알고리듬으로 암호화하여 저장한다. 1. 주민등록번호 2. 여권번호 3. 운전면허번호 4. 외국인등록번호 5. 신용카드번호 6. 계좌번호 7. 바이오정보 ③ 정보통신서비스 제공자등은 정보통신망을 통해 이용자의 개인정보 및 인증정보를 송·수신할 때에는 안전한 보안서버 구축 등의 조치를 통해 이를 암호화해야 한다. 보안서버는 다음 각 호 중 하나의 기능을 갖추어야 한다. 1. 웹서버에 SSL(Secure Socket Layer) 인증서를 설치하여 전송하는 정보를 암호화하여 송·수신하는 기능 2. 웹서버에 암호화 응용프로그램을 설치하여 전송하는 정보를 암호화하여 송·수신하는 기능 ④ 정보통신서비스 제공자등은 이용자의 개인정보를 컴퓨터, 모바일 기기 및 보조저장매체 등에 저장할 때에는 이를 암호화해야 한다.

4.5.1 개인정보의 전송시 암호화

개인정보 전송 구간(웹서버와 클라이언트간 통신 등)에서의 암호화 방식으로는 TLS방식, 응용프로그램 방식 등을 고려할 수 있다.

- TLS 방식 : 웹페이지 전체를 암호화하는 방식이며, 브라우저에 기본적으로 내장된 TLS 프로토콜 사용
- 응용프로그램 방식 : 특정데이터만을 선택적으로 암호화하여 전송할 수 있지만, 웹 브라우저 등에 부가적인 프로그램 설치 필요

개인정보처리자의 경우 고유식별정보, 비밀번호, 바이오정보를 제외한 개인정보(성명, 연락처 등)은 전송구간 암호화 조치가 필수는 아니나 개인정보의 위변조 및 유노출을 고려하여 암호화 조치를 권장한다. 개인정보 전송시 암호화 대상 페이지는 일반적으로 아래와 같다.

- 입력창 : 회원가입창, 비밀번호 변경 창, 로그인 창 등
- 출력창 : 회원정보 조최 창(서버->정보주체).회원 정보 변경 창(정보주체->서버) 등
- 전송 기능 : 쿠키 정보 조회 후 전송, 쿠키 설정 값 전송

[표 26] **전송구간 암호화 대상**

구분	개인정보처리자	정보통신 서비스 제공자 등
비밀번호	○	○
고유식별정보	○	○
바이오 정보	○	○
개인정보(성명, 연락처 등)		○
인증정보		○

4.5.2 개인정보의 저장시 암호화

개인정보의 저장시에는 개인정보 유형에 따라 일방향 암호호 또는 양방향 암호화를 적용해야 한다. 비밀번호의 경우 복호화되지 않도록 일방향 암호화 알고리즘으로 암호화 하여 저장해야 한다.

* 일방향 암호 알고리즘은 국가 기관에서 지정한 안전한 암호 알고리즘 사용
* 일방향 암호 알고리즘에 솔트(salt) 값을 적용하여 암호화 보안 강도를 높일 수 있음 (솔트 : 동일한 비밀번호에도 다른 해시값이 나오도록 하기 위해 해시함수를 적용하기 전에 비밀번호에 덧붙이는 임의의 값)

[표 27] **권고 일방향 암호 알고리즘**

미국	일본(CRYPTREC)	유럽(ECRYPT)	국내
SHA-224/256/384/512	SHA-256/384/512	SHA-224/256/384/512 Whirlpool	SHA-224/256/384/512

주민등록번호, 여권번호, 운전면허번호, 외국인등록번호, 신용카드번호, 계좌번호, 바이오정보 등의 개인정보를 저장할 경우에는 국내 및 미국, 일본, 유럽 등의 국외 암호 연구 관련 기관에서 사용 권고하는 안전한 암호알고리즘으로 암호화하여 저장하여야 한다. 암호화 알고리즘에 사용하는 암호 키는 개인정보 복호화가 가능하기 때문에 안전하게 보관해야 한다. 특히 응용프로그램의 소스코드 내에 개인정보가 평문으로 저장 되는 경우에는 공격자에게 쉽게 노출될 수 있다. 개인정보 암호화에 사용된 암호키는 데이터와 분리된 공간에 보관해야 한다. 개인정보 암호화 관련 자세한 사항은 "개인정보의 암호화 조치 안내서", "암호 키 관리 안내서" 참고하여 적용 할 수 있다.

[표 28] **권고 양방향 암호 알고리즘**

분류	미국(NIST)	일본(CRYPTREC)	유럽(ECRYPT)	대한민국
대칭키 암호 알고리즘	AES-128/192/256 3TDEA	AES-128/192/256 Camellia-128/192/256	AES-128/192/256 Camellia-128/192/256 Serpent-128/192/256	SEED, HIGHT ARIA-128/192/256 LEA-128/192/256
공개키 암호 알고리즘 (메시지 암·복호화)	RSA (사용 권고하는 키길이 확인 필요)	RSAES-OAEP	RSAES-OAEP (키 길이 2048bits 이상)	RSAES

  암호화 대상은 개인정보처리자와 정보통신 서비스 제공자 등에 적용 법률 기준에 따라 아래와 같이 다르게 적용된다.

[표 29] **암호화 대상**

구분	개인정보처리자	정보통신 서비스 제공자 등
비밀번호	O	O
바이오 정보	O	O
주민등록번호	O	O
고유식별정보(여권번호, 운전면허번호, 외국인등록번호)	O	O
신용카드 번호		O
계좌번호		O

  개인정보처리자의 경우에는 개인정보가 저장되는 위치에 따라 암호화 적용여부와 적용 범위를 정하여 시행할 수 있다. 개인정보 암호화 방법은 응용 프로그램 자체 암호화, DB서버 암호화, DBMS 자체 암호화, DBMS 암호화 기능 호출, 운영체제 암호화로 구분 할 수 있다.

[표 30] **암호화 방식**

암호화 방식	암·복호화 모듈 위치	암·복호화 요청 위치	설명
응용 프로그램 자체 암호화	애플리케이션 서버	응용 프로그램	• 암·복호화모듈이 API 라이브러리 형태로 각 어플리케이션 서버에 설치되고, 응용 프로그램에서 해당 암·복호화모듈을 호출하는 방식 • DB 서버에 영향을 주지 않아 DB 서버의 성능 저하가 적은 편이지만 구축시응용 프로그램 전체 또는 일부 수정 필요
DB서버 암호화	DB서버	응용 프로그램	• 암·복호화모듈이 DB 서버에 설치되고 DB 서버에서 암·복호화모듈을 호출하는 방식 • 구축 시 응용프로그램의 수정을 최소화 할 수 있으나 DB 서버에 부하가 발생하며 DB 스키마의 추가 필요
DBMS 자체 암호화	DB서버	DB서버	• DB 서버의 DBMS 커널이 자체적으로 암·복호화기능을 수행하는 방식 • 구축 시 응용프로그램 수정이 거의 없으나, DBMS에서 DB 스키마의 지정 필요
DBMS 암호화 기능 호출	DB서버	응용 프로그램	• 응용프로그램에서 DB 서버의DBMS 커널이 제공하는 암·복호화API를 호출하는 방식 • 구축 시 암·복호화API를 사용하는 응용 프로그램의 수정이 필요
운영체제 암호화	파일서버	운영체제 (OS)	• OS에서 발생하는 물리적인 입출력 (I/O)을 이용한 암·복호화방식으로 DBMS의 데이터파일 암호화 • DB 서버의 성능 저하가 상대적으로 적으나 OS, DBMS, 저장장치와의 호환성 검토 필요

개인정보를 업무용 컴퓨터, 모바일 기기 및 보조저장 매체 등에 저장할 때에는 다음과 같은 방법 등을 활용하여 암호화하여야 한다.

- 안전한 암호화 알고리듬이 탑재된 암호화 소프트웨어 등을 활용
- 개인정보의 저장형태가 오피스 파일 형태일 때에는 해당 프로그램에서 제공하는 암호 설정 기능을 활용
- 모바일 기기에 저장할 때에는 디바이스 암호화 기능을 활용
- 보조저장매체에 저장할 때에는 이용자의 개인정보를 암호화 한 후 저장하거나 암호화 기능을 제공하는 보안 USB 등을 활용 등
- 개인정보처리시스템으로부터 개인정보 파일을 내려 받는 경우 암호 설정이 된 상태로 내려 받는 기능을 활용

개인정보 암호화에 사용된 암호키는 암호화된 개인정보를 복호화 할 수 있으므로 소스코드 내에 평문으로 저장하지 않아야 하고 운영 데이터와 분리 보관 및 암호화 키관리 시스템을 통해 키에 대한 접근, 이용, 보관, 폐기를 자동화하는 것을 권장한다.

[표 31] 개인정보처리자 암호화 적용 기준 요약표

구분				암호화 기준
정보통신망, 보조저장 매체를 통한 송신 시	비밀번호, 바이오정보, 고유식별정보			암호화 송신
개인정보처리시스템에 저장 시	비밀번호			일방향(해쉬 함수) 암호화 저장
	바이오 정보			암호화 저장
	고유식별정보	주민등록번호		암호화 저장
		여권번호, 외국인 등록번호, 운전면허번호	인터넷 구간, 인터넷 구간과 내부망의 중간 지점(DMZ)	암호화 저장
		여권번호, 외국인 등록번호, 운전면허번호	내부망에 저장	암호화 저장 또는 다음 항목에 따라 암호화 적용여부·적용범위를 정하여 시행 ① 개인정보 영향평가 대상이 되는 공공기관의 경우, 그 개인정보 영향평가의 결과 ② 암호화 미적용시 위험도 분석에 따른 결과
업무용 컴퓨터, 모바일 기기에 저장 시	비밀번호, 바이오정보, 고유식별정보			암호화 저장 ※ 비밀번호는 일방향 암호화 저장

4.6　접속기록 관리

　개인정보처리시스템에 접속한 기록은 법률에서 요구하는 사항에 따라 기록·보관해야 하며, 해당 기록을 주기적으로 검토하여 이상 유무를 확인해야 한다.

[표 32] **접속기록 관리 기준**

구분	개인정보의 안전성 확보조치 기준	개인정보의 기술적·관리적 보호조치 기준
구성	제8조(접속기록의 보관 및 점검) ① 개인정보처리자는 개인정보취급자가 개인정보처리시스템에 접속한 기록을 1년 이상 보관·관리하여야 한다. 다만, 5만 명 이상의 정보주체에 관하여 개인 정보를 처리하거나, 고유식별정보 또는 민감정보를 처리하는 개인정보처리시스템의 경우에는 2년 이상 보관·관리하여야 한다. ② 개인정보처리자는 개인정보의 오·남용, 분실·도난·유출·위조·변조 또는 훼손 등에 대응하기 위하여 개인정보처리시스템의 접속기록 등을 월 1회 이상 점검하여야 한다. 특히 개인정보를 다운로드한 것이 발견되었을 경우에는 내부 관리계획으로 정하는 바에 따라 그 사유를 반드시 확인하여야 한다. ③ 개인정보처리자는 개인정보취급자의 접속기록이 위·변조 및 도난, 분실되지 않도록 해당 접속기록을 안전하게 보관하여야 한다.	제5조(접속기록의 위·변조방지) ① 정보통신서비스 제공자등은 개인정보취급자가 개인정보처리시스템에 접속한 기록을 월 1회 이상 정기적으로 확인·감독하여야 하며, 시스템 이상 유무의 확인 등을 위해 최소 1년 이상 접속기록을 보존·관리하여야 한다. ② 단, 제1항의 규정에도 불구하고 「전기통신사업법」 제5조의 규정에 따른 기간통신사업자의 경우에는 보존·관리해야할 최소 기간을 2년으로 한다. ③ 정보통신서비스 제공자등은 개인정보취급자의 접속기록이 위·변조되지 않도록 별도의 물리적인 저장 장치에 보관하여야 하며 정기적인 백업을 수행하여야 한다.

4.6.1 접속기록의 보관

개인정보처리자가 개인정보처리시스템에 접속하여 처리한 업무내역을 로그파일 또는 로그관리시스템 등에 기준에 따라 보관하여야 한다. 접속기록에는 개인정보취급자가 개인정보처리시스템에 접속하여 처리한 업무내역을 알 수 있도록 아래의 항목들을 기록하여야 한다.

- 계정 : 개인정보처리시스템에서 접속자를 식별할 수 있도록 부여된 ID 등 계정 정보
- 접속일시 : 접속한 시간 또는 업무를 수행한 시간(년-월-일, 시:분:초)
- 접속지 정보 : 개인정보처리시스템에 접속한 자의 컴퓨터 또는 서버의 IP 주소 등
- 처리한 정보주체 정보 : 개인정보취급자가 누구의 개인정보를 처리하였는지를 알 수 있는 식별정보(ID, 고객번호, 학번, 사번 등)

[표 33] **접속기록 보관 기준**

구분	개인정보처리자	정보통신서비스 제공자 등
보관기관	최소 1년 이상	최소 1년 이상
	단, 5만명 이상의 개인정보를 처리하거나 고유식별정보 또는 민감정보를 처리하는 경우 최소 2년 이상	단, 전기통신사업법 제5조에 따른 기간통신사업자의 경우 최소 2년 이상
점검주기	월 1회 이상	
기록항목	계정	계정(식별자)
	접속일시	접속일시
	접속지 정보	-
	처리한 정보주체의 정보	접속지
	수행 업무	수행 업무
다운로드 사유확인	내부 관리계획 등으로 정하는 바에 따라 다운로드 사유확인	-

기록하는 정보주체 정보의 경우 민감하거나 과도한 개인정보가 저장되지 않도록 하여야한다. 가명정보를 처리하는 경우 추가 정보의 사용 없이는 정보주체를 식별 할 수 없으므로 정보주체를 구별할 수 있는 정보(가명정보ID, 일련번호 등)가 있다면 '처리한 정보주체 정보' 항목으로 해당 정보를 기록하여야 하며, 정보주체를 구별할 수 있는 정보가 없는 경우

는 '처리한 정보주체 정보' 항목을 남기지 아니할 수 있다. 검색조건문(쿼리)을 통해 대량의 개인정보를 처리했을 경우 해당 검색조건문을 정보주체 정보로 기록할 수 있으나, 이 경우 DB테이블 변경 등으로 책임추적성 확보가 어려울 수 있으므로 해당시점의 DB를 백업하는 등 책임추적성 확보를 위해 필요한 조치를 취하여야 한다.

[표 34] **접속기록 항목 예시**

- 계정 : A0001(개인정보취급자 계정)
- 접속일시 : 2019-02-25, 17:00:00
- 접속지 정보 : 192.168.100.1(접속한 자의 IP주소)
- 처리한 정보주체 정보 : CLI060719(정보주체를 특정하여 처리한 경우 정보주체의 식별정보), 대량의 개인정보처리의 경우 검색조건문(쿼리)로 대체 가능
- 수행업무 : 회원목록 조회, 수정, 삭제, 다운로드 등
  ※ 위 정보는 반드시 기록하여야 하며 개인정보처리자의 업무환경에 따라 책임추적성 확보에 필요한 항목은 추가로 기록해야 한다.

[표 35] **접속기록 항목 예시**

계정	접속 일시	접속지 정보	처리한 정보주체 정보	수행 업무
Hong	20230111 14:30:20	192.168.1.1	CLI060719	회원목록 조회
Kim	20230111 14:30:40	192.168.1.2	CLI060724	회원정보 수정
Yang	20230111 14:40:20	192.168.1.3	CLI060733	다운로드

개인정보처리자는 아래와 같은 방법 등으로서 개인정보취급자의 접속기록이 위·변조 및 도난, 분실되지 않도록 안전하게 보관·관리하여야 한다. 특히, 개인정보처리시스템의 접속기록은 임의적인 수정·삭제 등이 불가능하도록 접근권한을 제한하는 등의 안전조치를 하여야 한다.

- 상시적으로 접속기록 백업을 수행하여 개인정보처리시스템 이외의 별도의 보조저장 매체나 별도의 저장장치에 보관
- 접속기록에 대한 위·변조를 방지하기 위해서는 CD-ROM, DVD-R, WORM(Write Once Read Many) 등과 같은 덮어쓰기 방지 매체를 사용
- 접속기록을 수정 가능한 매체(하드디스크, 자기 테이프 등)에 백업하는 경우에는 무결성 보장을 위해 위·변조 여부를 확인할 수 있는 정보를 별도의 장비에 보관·관리

※ 접속기록을 HDD에 보관하고, 위·변조 여부를 확인할 수 있는 정보(MAC 값, 전자
서명 값 등)는 별도의 HDD 또는 관리대장에 보관하는 방법 등으로 관리

4.6.2 접속기록의 점검

개인정보처리자는 개인정보처리시스템의 접속기록을 월 1회 이상 정기적으로 점검하여
야 하며, 이를 통해 비인가된 개인정보 처리, 대량의 개인정보에 대한 조회, 정정, 다운로드,
삭제, 출력 등의 비정상 행위를 탐지하고 적절한 대응조치를 할 필요가 있다. 개인정보처리
자는 접속기록 점검을 개인정보처리시스템 운영 부서가 자체적으로 하도록 하거나 특정부
서가 여러 개의 개인정보 처리시스템을 통합하여 점검할 수 있다. 특히, 개인정보처리시스
템에 접근하여 개인정보를 다운로드 한 경우에는 내부 관리계획으로 정하는 바에 따라 그
사유를 확인하고, 개인정보취급자가 개인정보의 오·남용이나 유출을 목적으로 다운로드 한
것이 확인되었다면 지체없이 개인정보취급자가 다운로드 한 개인정보를 회수하여 파기하
는 등 필요한 조치를 하여야 한다.

[표 36] 접속기록내 비정상 행위 예시

- 계정 : 접근권한이 부여되지 않은 계정으로 접속한 행위 등
- 접속일시 : 출근시간 전, 퇴근시간 후, 새벽시간, 휴무일 등 업무시간 외에 접속한 행위 등
- 접속지 정보 : 인가되지 않은 단말기 또는 지역(IP)에서 접속한 행위 등
- 처리한 정보주체 정보 : 특정 정보주체에 대하여 과도하게 조회, 다운로드 등의 행위 등
- 수행업무 : 대량의 개인정보에 대한 조회, 정정, 다운로드, 삭제 등의 행위 등
- 그 밖에 짧은 시간에 하나의 계정으로 여러 지역(IP)에서 접속한 행위 등

[표 37] 다운로드 사유확인이 필요한 기준 예시

- (다운로드 정보주체의 수) 통상적으로 개인정보 처리 건수가 일평균 20건 미만인 소규모 기업
에서 개인정보취급자가 100명 이상의 정보주체에 대한 개인정보를 다운로드 한 경우 사유 확인
- (일정기간 내 다운로드 횟수) 개인정보취급자가 1시간 내 다운로드한 횟수가 20건 이상일 경우
단시간에 수차례에 걸쳐 개인정보를 다운로드 한 행위에 대한 사유 확인
- (업무시간 외 다운로드 수행) 새벽시간, 휴무일 등 업무시간 외 개인정보를 다운로드 한 경우
사유 확인

4.7 악성코드 방지

개인정보를 처리하는 경우에는 악성 프로그램 등을 방지·치료할 수 있는 백신 소프트웨어 등의 보안 프로그램을 설치·운영하여야 한다.

[표 38] **악성코드 방지 기준**

구분	개인정보의 안전성 확보조치 기준	개인정보의 기술적·관리적 보호조치 기준
구성	**제9조(악성프로그램 등 방지)** 개인정보처리자는 악성프로그램 등을 방지·치료할 수 있는 백신 소프트웨어 등의 보안 프로그램을 설치·운영하여야 하며, 다음 각 호의 사항을 준수하여야 한다. 1. 보안 프로그램의 자동 업데이트 기능을 사용하거나, 일 1회 이상 업데이트를 실시하여 최신의 상태로 유지 2. 악성프로그램 관련 경보가 발령된 경우 또는 사용 중인 응용 프로그램이나 운영체제 소프트웨어의 제작업체에서 보안 업데이트 공지가 있는 경우 즉시 이에 따른 업데이트를 실시 3. 발견된 악성프로그램 등에 대해 삭제 등 대응 조치	**제7조(악성프로그램 방지)** 정보통신서비스 제공자등은 악성 프로그램 등을 방지·치료할 수 있는 백신 소프트웨어 등의 보안 프로그램을 설치·운영하여야 하며, 다음 각 호의 사항을 준수하여야 한다. 1. 보안 프로그램의 자동 업데이트 기능을 사용하거나, 또는 일 1회 이상 업데이트를 실시하여 최신의 상태로 유지 2. 악성프로그램관련 경보가 발령된 경우 또는 사용 중인 응용 프로그램이나 운영체제 소프트웨어의 제작업체에서 보안 업데이트 공지가 있는 경우, 즉시 이에 따른 업데이트를 실시

개인정보처리자는 악성프로그램 등을 통해 개인정보가 위·변조, 유출되지 않도록 이를 방지하고 치료할 수 있는 백신 소프트웨어 등 보안 프로그램을 설치·운영하여야 한다. 백신 소프트웨어 등의 보안 프로그램은 실시간 감시 등을 위해 항상 실행된 상태를 유지해야 한다.

- 백신 상태를 최신의 업데이트 상태로 적용하여 유지
- 백신 소프트웨어 등의 보안 프로그램은 실시간 감시 기능 활성화
- 악성코드 감염 여부를 주기적으로 점검할 수 있도록 설정
- 백신 소프트웨어의 에이전트를 임의로 삭제할 수 없도록 제한 정책 적용

운영체제나 응용 프로그램 보안 업데이트 시 현재 운영중인 응용 프로그램의 업무 연속성이 이루어질 수 있도록 보안 업데이트를 적용하는 것이 필요하며, 가능한 자동으로 보안 업데이트가 설정되도록 할 필요가 있다. 백신 소프트웨어 등의 보안 프로그램을 설치·운영하여 발견된 바이러스, 웜, 트로이목마, 스파이웨어 등의 악성프로그램 등에 대해 삭제, 치료 등의 대응 조치를 하여야 하며, 발견된 악성프로그램에 대해 백신 소프트웨어에서의 삭제, 치료 등의 기능을 지원하지 않는 경우에는 개인정보처리시스템, 업무용 컴퓨터 등을 분리하는 등 악성프로그램의 확산 방지를 위한 적절한 안전조치를 취하여야 한다.

4.8 관리용 단말기의 안전조치

개인정보처리자는 관리용 단말기에 대해 개인정보처리시스템의 관리, 운영, 개발, 보안 등의 목적으로 업무 처리를 하는 특정 직원 등에 한하여 접근을 허용하는 등 업무관련자 이외의 인가 받지 않는 사람이 관리용 단말기에 접근하여 임의로 조작하지 못하도록 접근통제 등의 안전조치를 하여야 하며, 개인정보처리자는 관리용 단말기를 통한 개인정보의 공유 등 다른 목적으로 사용하지 않아야 한다. 개인정보처리자는 악성프로그램 감염 방지를 위한 보안 프로그램의 최신상태 유지, 보안 업데이트 실시, 발견된 악성프로그램의 삭제 등 대응 조치 등을 적용하여야 한다.

[표 39] **관리용 단말기의 안전조치 기준**

개인정보의 안전성 확보조치 기준
제10조(관리용 단말기의 안전조치) 개인정보처리자는 개인정보 유출 등 개인정보 침해사고 방지를 위하여 관리용 단말기에 대해 다음 각 호의 안전조치를 하여야 한다. 1. 인가 받지 않은 사람이 관리용 단말기에 접근하여 임의로 조작하지 못하도록 조치 2. 본래 목적 외로 사용되지 않도록 조치 3. 악성프로그램 감염 방지 등을 위한 보안조치 적용

[표 40] **관리용 단말기의 안전조치 예시**

- 관리용 단말기 현황 관리(IP주소, 용도, 담당자, 설치 위치 등)
- 중요 관리용 단말기를 지정하여 외부 반출, 인터넷 접속, 그룹웨어 접속의 금지
- 관리용 단말기에 주요 정보 보관 및 공유 금지
- 비인가자 접근을 방지하기 위한 부팅암호, 로그인 암호, 화면보호기 암호 설정
- 보조기억매체 및 휴대용 전산장비 등에 대한 접근 통제
- 정당한 사용자인가의 여부를 확인할 수 있는 기록을 유지
- 악성코드 감염 방지를 위한 보안 프로그램의 최신상태 유지, 보안 업데이트 적용, 악성프로그램 삭제 등 대응 조치
- 보안 상태 및 사용현황에 대한 정기 점검 등

4.9 물리적인 안전조치

개인정보를 처리하는 물리적인 공간에 대해 출입통제 절차를 수립·운영하여야 한다.

[표 41] **물리적인 안전조치 기준**

구분	개인정보의 안전성 확보조치 기준	개인정보의 기술적·관리적 보호조치 기준
구성	제11조(물리적 안전조치) ① 개인정보처리자는 전산실, 자료보관실 등 개인정보를 보관하고 있는 물리적 보관 장소를 별도로 두고 있는 경우에는 이에 대한 출입통제 절차를 수립·운영 하여야 한다. ② 개인정보처리자는 개인정보가 포함된 서류, 보조저장매체 등을 잠금장치가 있는 안전한 장소에 보관하여야 한다. ③ 개인정보처리자는 개인정보가 포함된 보조저장매체의 반출·입 통제를 위한 보안대책을 마련하여야 한다. 다만, 별도의 개인정보처리시스템을 운영하지 아니하고 업무용 컴퓨터 또는 모바일 기기를 이용하여 개인정보를 처리하는 경우에는 이를 적용하지 아니할 수 있다.	제8조(물리적 접근 방지) ① 정보통신서비스 제공자등은 전산실, 자료보관실 등 개인정보를 보관하고 있는 물리적 보관 장소에 대한 출입통제 절차를 수립·운영하여야 한다. ② 정보통신서비스 제공자등은 개인정보가 포함된 서류, 보조저장매체 등을 잠금장치가 있는 안전한 장소에 보관하여야 한다. ③ 정보통신서비스 제공자등은 개인정보가 포함된 보조저장매체의 반출·입통제를 위한 보안대책을 마련하여야 한다

개인정보처리자는 전산실, 자료보관실 등 개인정보를 보관하고 있는 물리적 보관 장소를 별도로 두고 있는 경우에는 비인가자의 출입 등으로 인한 개인정보의 유출 등의 방지를 위한 출입통제 절차를 수립·운영하여야 한다. 출입을 통제하는 방법으로는 물리적 접근 방지를 위한 장치를 설치·운영하고 이에 대한 출입 내역을 전자적인 매체 또는 수기문서 대장에 기록하는 방법 등이 있다.

- 물리적 접근 방지를 위한 장치(예시) : 비밀번호 기반 출입통제 장치, 스마트 카드 기반 출입 통제장치, 지문 등 바이오정보 기반 출입통제 장치 등
- 수기문서 대장 기록 방법(예시) : 출입자, 출입일시, 출입목적, 소속 등

개인정보처리자는 개인정보가 포함된 서류, 보조저장매체(이동형 하드디스크, USB메모리, SSD 등) 등은 금고, 잠금장치가 있는 캐비넷 등 안전한 장소에 보관하고 개인정보가 포함된 보조저장매체의 반출·입 통제를 위한 보안대책 마련해야 한다. 그러나 별도의 개인정보처리시스템을 운영하지 아니하고 업무용 컴퓨터 또는 모바일 기기를 이용하여 개인정보를 처리하는 경우에는 보조저장매체 반출·입 통제를 위한 보안대책 마련이 필수는 아니나, 관련 대책 마련을 권장한다.

[표 42] **보조저장매체의 반출·입 통제를 위한 보안대책 마련 시 고려사항**

- 보조저장매체 보유 현황 파악 및 반출·입 관리 계획
- 개인정보취급자 및 수탁자 등에 의한 개인정보 유출 가능성
- 보조저장매체의 안전한 사용 방법 및 비인가된 사용에 대한 대응
- USB를 PC에 연결시 바이러스 점검 디폴트로 설정 등 기술적 안전조치 방안 등

4.10 재해·재난 대비 안전조치

개인정보처리자는 화재, 홍수, 단전 등의 재해·재난 발생 시 개인정보처리시스템 보호를 위한 위기대응 매뉴얼 등 대응절차를 마련해야 한다.

[표 43] **재해·재난 대비 안전조치 기준**

개인정보의 안전성 확보조치 기준
제12조(재해·재난 대비 안전조치) ① 개인정보처리자는 화재, 홍수, 단전 등의 재해·재난 발생 시 개인정보처리시스템 보호를 위한 위기대응 매뉴얼 등 대응절차를 마련하고 정기적으로 점검하여야 한다. ② 개인정보처리자는 재해·재난 발생 시 개인정보처리시스템 백업 및 복구를 위한 계획을 마련하여야 한다. ③ [별표]의 유형1 및 유형2에 해당하는 개인정보처리자는 제1항부터 제2항까지 조치를 이행하지 아니할 수 있다.

개인정보처리자는 재해·재난 발생 시 개인정보의 손실 및 훼손 등을 방지하고 개인정보 유출사고 등을 예방하기 위하여 개인정보처리시스템 보호를 위한 위기대응 매뉴얼 등 대응절차를 문서화하여 마련하고 이에 따라 대처하여야 한다. 또한, 개인정보처리자는 대응절차의 적정성과 실효성을 보장하기 위하여 정기적으로 점검하여야 한다.

재해·재난 발생 시 혼란을 완화시키고 신속한 의사결정을 위한 개인정보처리시스템 백업 및 복구를 위한 계획을 마련하여야 하며, 백업 및 복구를 위한 계획에는 개인정보처리시스템 등 백업 및 복구 대상, 방법 및 절차 등을 포함하도록 한다.

[표 44] **개인정보처리시스템 위기대응 매뉴얼 및 백업 복구 계획 예시**

- 개인정보처리시스템 구성 요소(개인정보 보유량, 종류·중요도, 시스템 연계 장비·설비 등)
- 재해·재난 등에 따른 파급효과(개인정보 유출, 손실, 훼손 등) 및 초기대응 방안
- 개인정보처리시스템 백업 및 복구 우선순위, 목표시점 시간
- 개인정보처리시스템 백업 및 복구 방안(복구센터 마련, 백업계약 체결, 비상가동 등)
- 업무분장, 책임 및 역할
- 실제 발생 가능한 사고에 대한 정기적 점검, 사후처리 및 지속관리 등

4.11 개인정보의 파기

개인정보처리자는 보유 기간의 경과, 개인정보의 처리 목적 달성 등 개인정보가 불필요하게 되었을 때는 지체 없이 그 개인정보를 파기하여야 한다.

[표 45] **개인정보의 파기 기준**

개인정보의 안전성 확보조치 기준
제13조(개인정보의 파기) ① 개인정보처리자는 개인정보를 파기할 경우 다음 각 호 중 어느 하나의 조치를 하여야 한다. 1. 완전파괴(소각·파쇄 등) 2. 전용 소자장비를 이용하여 삭제 3. 데이터가 복원되지 않도록 초기화 또는 덮어쓰기 수행 ② 개인정보처리자가 개인정보의 일부만을 파기하는 경우, 제1항의 방법으로 파기하는 것이 어려울 때에는 다음 각 호의 조치를 하여야 한다. 1. 전자적 파일 형태인 경우 : 개인정보를 삭제한 후 복구 및 재생되지 않도록 관리 및 감독 2. 제1호 외의 기록물, 인쇄물, 서면, 그 밖의 기록매체인 경우 : 해당 부분을 마스킹, 천공 등으로 삭제

개인정보를 파기할 때에는 복구 또는 재생되지 않도록 조치하여야 한다.

- 완전파괴(소각·파쇄 등) : 개인정보가 저장된 회원가입신청서 등의 종이문서, 하드디스크나 자기테이프를 파쇄기로 파기하거나 용해, 또는 소각장, 소각로에서 태워서 파기 등

- 전용 소자장비를 이용하여 삭제 : 디가우저(Degausser)를 이용해 하드디스크나 자기테이프에 저장된 개인정보 삭제 등

- 데이터가 복원되지 않도록 초기화 또는 덮어쓰기 수행 : 개인정보가 저장된 하드디스크에 대해 완전포맷(3회 이상 권고), 데이터 영역에 무작위 값(0, 1 등)으로 덮어쓰기(3회 이상 권고), 해당 드라이브를 안전한 알고리즘 및 키 길이로 암호화 저장 후 삭제하고 암호화에 사용된 키 완전 폐기 및 무작위 값 덮어쓰기 등

"개인정보의 일부만 파기하는 경우"는 저장중인 개인정보 중 보유기간이 경과한 일부 개인정보를 파기하는 경우를 말하며, 개인정보처리자가 개인정보의 일부만 파기하는 경우 복구 또는 재생되지 아니하도록 개인정보가 저장된 매체 형태에 따라 다음 중 어느 하나의 조치를 하여야 한다.

- 전자적 파일 형태인 경우 : 개인정보를 삭제한 후 복구 및 재생되지 않도록 관리 및 감독

  - 개인정보를 삭제하는 방법 예시 : 운영체제, 응용프로그램, 상용 도구 등에서 제공하는 삭제 기능을 사용하여 삭제, 백업시 파기 대상 정보주체의 개인정보를 제외한 백업 등
  - 복구 및 재생되지 않도록 관리 및 감독하는 방법 예시: 복구 관련 기록·활동에 대해 모니터링하거나 주기적 점검을 통해 비인가 된 복구에 대해 조치

- 제1호 외의 기록물, 인쇄물, 서면, 그 밖의 기록 매체인 경우: 해당 부분을 마스킹, 천공 등으로 삭제

  - 예시: 회원가입 신청서에 기재된 주민등록번호 삭제 시, 해당 신청서에서 주민등록번호가 제거되도록 절삭, 천공 또는 펜 등으로 마스킹

4.12 출력·복사시 보호조치

정보통신서비스 제공자등은 개인정보처리시스템에서 개인정보를 출력(인쇄, 화면표시, 파일생성 등) 할 때에는 업무 수행 형태 및 목적, 유형, 장소 등 여건 및 환경에 따라 개인정보처리시스템에 대한 접근권한 범위내에서 최소한의 개인정보를 출력해야 한다.

[표 46] **출력·복사시 보호조치 기준**

개인정보의 기술적·관리적 보호조치 기준
제9조(출력·복사시 보호조치) ① 정보통신서비스 제공자등은 개인정보처리시스템에서 개인정보의 출력시(인쇄, 화면표시, 파일생성 등) 용도를 특정하여야 하며, 용도에 따라 출력 항목을 최소화 한다. ② 정보통신서비스 제공자등은 개인정보가 포함된 종이 인쇄물, 개인정보가 복사된 외부 저장매체 등 개인정보의 출력·복사물을 안전하게 관리하기 위해 출력·복사 기록 등 필요한 보호조치를 갖추어야 한다.

정보통신서비스 제공자등은 개인정보가 포함된 종이 인쇄물, 외부 저장매체 등 출력·복사물을 통해 개인정보의 분실·도난·유출 등을 방지하고 출력·복사물을 안전하게 관리하기 위해 출력·복사 기록 등에 필요한 보호조치를 갖추어야 한다.

[표 47] **출력물 보호조치 예시**

- 출력·복사물 보호 및 관리 정책, 규정, 지침 등 마련
- 출력·복사물 생산·관리 대장 마련 및 기록
- 출력·복사물 운영·관리 부서 지정·운영
- 출력·복사물 외부반출 및 재생산 통제·신고·제한 등

4.13 개인정보의 표시 제한 보호조치

정보통신서비스 제공자 등은 개인정보 업무처리를 목적으로 개인정보의 조회, 출력 등의 업무를 수행하는 과정에서 개인정보보호를 위하여 개인정보를 마스킹하여 표시 제한 조치를 취할 수 있으며, 이용자의 개인정보를 다수의 개인정보처리시스템 등에서 각기 다른 방식으로 마스킹 할 때에는 다수의 개인정보처리시스템을 이용하여 개인정보취급자가 이용자 개인정보 집합을 구성할 수 있으므로 동일한 방식의 표시제한 조치가 필요하다.

[표 48] 개인정보의 표시 제한 보호조치 기준

개인정보의 기술적·관리적 보호조치 기준
제10조(개인정보 표시 제한 보호조치) 정보통신서비스 제공자 등은 개인정보 업무처리를 목적으로 개인정보의 조회, 출력 등의 업무를 수행하는 과정에서 개인정보보호를 위하여 개인정보를 마스킹하여 표시제한 조치를 취할 수 있다.

개인정보 표시제한 기준을 아래와 같이 수립하여 개인정보처리시템에 적용할 수 있다.

[표 49] 개인정보의 표시 제한 보호조치 예시

개인정보	설명	시스템1	시스템2
이름	이름 중 첫 번째 글자 이상	강*찬	홍*길
주민등록번호	뒤에서부터 6자리	751819-1******	781819-1******
여권번호	뒤에서부터 4자리	12345****	43415****
연락처	전화번호 또는 휴대폰 뒤 4자리	010-5678-****	010-5178-****
카드번호	7번째에서 12번째 자리	9411-12**-****-1234	9311-12**-****-1235
계좌번호	뒤에서부터 5자리	230-20-1*****	430-20-1*****

CHAPTER 05

금융 개인정보보호 컴플라이언스

5.1 금융 개인정보보호 컴플라이언스 요건

금융 분야는 개인정보보호 일반법인 개인정보보호법과 금융 관련 법령인 신용정보법, 금융실명법 및 전자금융거래법 등을 기반으로 개인정보보호 컴플라이언스 요건이 정의된다. 특히, 금융분야 데이터 규제 혁신방안 마련 차원에서 2020년 8월 신용정보법, 개인정보보호법, 정보통신망법 등 데이터3법이 시행됨으로써 데이터의 활용과 안전한 정보보호의 균형을 도모하게 되었다. 개인정보보호법은 국가사회 전반의 개인정보보호와 관련한 일반적 원칙과 기준을 규정하고 있으며, 타 법상 특별한 규정이 있는 경우를 제외하고 개인정보보호법에서 정하는 바를 따라야 하는 일반법 속성을 가진다. 아울러, 신용정보법은 신용정보의 이용 및 보호와 관련한 원칙과 기준을 규정하고 있으며 개인정보보호에 대한 특별법임을 명시하고 있어 신용정보를 근간으로 하는 금융권 전반에 가장 핵심적인 컴플라이언스 요건으로 존재한다.

금융분야에서 개인정보보호 관련 법률 적용에 대한 기본적인 원칙은 아래와 같다.

구분	내용
개인신용정보	「신용정보법」을 우선 적용하고 「신용정보법」에 규정되지 않은 사항은 「개인정보보호법」을 적용 「전자금융거래법」, 「금융실명법」등 개별법에서 특별히 정하는 사항은 해당 법률을 적용
개인신용정보를 제외한 개인정보	「은행법」등 개별 법률에서 특별히 정하는 바가 있는 경우를 제외하고 「개인정보보호법」을 적용

신용정보 중 기업·법인에 관한 정보 및 가명처리한 신용정보 등	「신용정보법」을 우선 적용하되「신용정보법」미적용 업종에 대해서는 개별 법률을 적용
익명정보	「개인정보보호법」및「신용정보법」이 적용되지 않음

신용정보법 상에서 핵심적으로 활용되는 용어들의 정의를 추가로 살펴보면 다음과 같다.

신용정보	금융거래 등 상거래에서 거래 상대방의 신용을 판단할 때 필요한 정보 ① 특정 신용정보주체를 식별할 수 있는 정보 ② 신용정보주체의 거래내용을 판단할 수 있는 정보 ③ 신용정보주체의 신용도를 판단할 수 있는 정보 ④ 신용정보주체의 신용거래능력을 판단할 수 있는 정보 등
개인신용정보	기업 및 법인에 관한 정보를 제외한 살아 있는 개인에 관한 신용정보 ① 해당 정보의 성명, 주민등록번호 및 영상 등을 통하여 특정 개인을 알아볼 수 있는 정보 ② 해당 정보만으로는 특정 개인을 알아볼 수 없더라도 다른 정보와 쉽게 결합하여 특정 개인을 알아볼 수 있는 정보
신용정보주체	처리된 신용정보로 알아볼 수 있는 자로서 그 신용정보의 주체가 되는 자
신용정보 제공·이용자	고객과의 금융거래 등 상거래를 위하여 본인의 영업과 관련하여 얻거나 만들어 낸 신용정보를 타인에게 제공하거나 타인으로부터 신용정보를 제공받아 본인의 영업에 이용하는 자와 그 밖에 이에 준하는 자로서 대통령령으로 정하는 자
본인신용정보 관리업	개인인 신용정보주체의 신용관리를 지원하기 위하여 신용정보를 대통령령으로 정하는 방식으로 통합하여 그 신용정보주체에게 제공하는 행위를 영업으로 하는 것
본인신용정보 관리회사	본인신용정보관리업에 대하여 금융위원회로부터 허가를 받은 자
자동화 평가	신용정보회사 등의 종사자가 평가 업무에 관여하지 아니하고 컴퓨터 등 정보처리장치로만 개인신용정보 및 그 밖의 정보를 처리하여 개인인 신용정보주체를 평가하는 행위
가명처리	추가정보를 사용하지 아니하고는 특정 개인인 신용정보주체를 알아볼 수 없도록 개인신용정보를 처리하는 것
가명정보	가명처리한 개인신용정보
익명처리	더 이상 특정 개인인 신용정보주체를 알아볼 수 없도록 개인신용정보를 처리하는 것

5.1.1 개인신용정보의 정의

'개인신용정보'란 신용정보 중 개인의 신용도와 신용거래능력 등을 판단할 때 필요한 정보이며, 기업 및 법인에 관한 정보를 제외한 살아 있는 개인에 관한 정보로서 성명·주민등록번호 등을 통하여 개인을 알아볼 수 있는 정보를 말한다. 즉, 해당 정보만으로는 특정 개인을 알아볼 수 없더라도 다른 정보와 쉽게 결합하여 알아볼 수 있는 정보를 포함한다. 개인신용정보는 아래의 5가지 종류로 분류할 수 있다.

① 특정 신용정보주체를 식별할 수 있는 정보 (생체정보 추가)
- 살아 있는 개인에 관한 정보로서 성명, 주소, 전화번호, 주민등록번호, 개인의 신체 일부의 특징을 컴퓨터 등 정보처리장치에서 처리할 수 있도록 변환한 문자, 번호, 기호 등 (2호~5호까지의 어느 하나에 해당하는 정보와 결합되는 경우만 해당)
- 개인의 성명, 주소, 주민등록번호, 외국인등록번호, 여권번호, 성별, 국적 및 직업 등에 관한 사항 (2호~5호까지의 어느 하나에 해당하는 정보와 결합되는 경우만 해당)
- 기업 및 법인의 정보로서 상호 및 명칭, 업종 및 목적, 개인사업자·대표자의 성명 및 개인식별번호, 법령에 따라 특정 기업 또는 법인을 고유하게 식별하기 위하여 부여된 번호 등

② 신용정보주체의 거래내용을 판단할 수 있는 정보 (유형화)
- 신용정보제공·이용자에게 신용위험이 따른 거래로서 은행법에 따른 신용공여, 여신전문금융업법에 따른 신용카드, 시설대여 및 할부금융거래, 자본시장법에 따른 신용공여 등의 거래종류, 금액, 등에 관한 정보. 금융실명법에 따른 금융거래의 종류, 기간, 금액에 관한정보, 보험업법에 따른 상품의 종류, 기간, 보험료 등 보험 계약에 관한 정보 상법에 따른 상행위에 따른 상거래의 종류, 기간, 내용, 조건 등에 관한 정보 등
- 개인의 대출, 보증, 담보제공, 당좌거래(가계당좌거래 포함), 신용카드, 할부금융, 시설대여와 금융거래 등 상거래와 관련하여 그 거래의 종류, 기간, 금액 및 한도 등에 관한 사항

③ 신용정보주체의 신용도를 판단할 수 있는 정보 (유형화)
- 금융거래 등 상거래와 관련하여 발생한 개인의 연체, 부도, 대위변제, 대지급과 거짓,

속임수, 그 밖의 부정한 방법에 의한 신용질서 문란 행위와 관련된 금액 및 발생·해소의 시기 등에 관한 사항

- 채무의 불이행, 대위변제, 그 밖에 약정한 사항을 이행하지 아니한 사실과 관련된 정보, 신용질서를 문란하게 하는 행위와 관련된 정보로서 명의 도용 사실에 관한 정보, 보험사기, 전기통신 금융사기를 비롯하여 사기 또는 부정한 방법으로 금융거래 등 상거래를 한 사실에 관한 정보 등

④ 신용정보주체의 신용거래 능력을 판단할 수 있는 정보 (개인/기업·법인으로 구분)
- 금융거래 등 상거래에서 신용거래능력을 판단할 수 있는 개인의 직업·재산·채무·소득의 총액 및 납세실적, 기업 및 법인의 연혁·목적·영업실태·주식 또는 지분 보유 현황 등 기업 및 법인의 개황 등

⑤ 1호부터 4호까지와 유사한 정보
- 개인과 관련한 법원의 심판·결정정보, 조세 또는 공공요금 등의 체납정보, 주민등록에 관한 정보, 행정처분에 관한 정보 중 금융거래 등 상거래와 관련한 정보 및 기타 신용정보주체의 신용등급 등에 관한 사항으로서 금융위원회가 고시하는 정보
- 신용정보주체가 받은 법원의 재판, 행정처분 등과 관련된 정보, 신용정보주체의 조세, 국가채권 등과 관련된 정보, 신용정보주체의 채무조정에 관한 정보, 개인의 신용상태를 평가하기 위하여 정보를 처리함으로써 새로이 만들어지는 정보로서 기호, 숫자 등을 사용하여 점수나 등급을 나타낸 정보 등

5.1.2 개인신용정보의 수집

개인신용정보 중 법률에 특별한 규정이 있거나 법령상 의무를 준수하기 위해 불가피한 경우 또는 금융거래 등 상거래계약의 체결 및 이행을 위해 불가피하게 필요한 경우 등에는 정보주체의 동의를 받지 않아도 수집 가능하다. 단, 관계 법령 및 정관에서 정한 업무 범위에서 수집·조사의 목적을 명확하게 하고 그 목적 달성에 필요한 최소한의 범위에서 합리적이고 공정한 수단을 사용하여야 한다.

위와 같이 개인신용정보 수집시 동의를 요하지 않는 경우를 제외하고 원칙적으로 개인(신용)정보는 정보주체의 동의를 받아 수집해야 한다. 정보주체에게 ①수집·이용의 목적,

②수집 항목, ③보유 및 이용기간, ④동의 거부권이 있다는 사실 및 동의 거부 시의 불이익이 있다면 그 내용을 모두 알리고 동의를 받아야 한다. 아울러, 만14세 미만의 정보주체로부터 동의를 받고자 할 경우 개인정보보호법에 따라 법정대리인에게 고지사항을 모두 알리고 동의를 받아야 한다.

금융회사가 정보주체로부터 직접 수집한 정보 외에 업무수행 과정에서 생성한 정보(금융거래 내역 등)도 개인신용정보의 '수집' 행위에 해당한다. 따라서, 정보주체와의 계약 또는 거래에 불필요한 정보를 생성하고자 하는 경우에는 해당 정보주체의 동의를 받아야 한다.

개인신용정보를 수집할 때에는 목적을 명확히 하고, 그 목적 달성에 필요한 최소한의 정보를 합리적으로 공정한 수단을 통해 수집하여야 한다. 필요 최소한의 정보인지 여부에 대한 입증 책임은 금융회사가 부담하도록 되어 있다.

금융회사는 서비스 제공을 위하여 필수적 동의사항과 그 밖의 선택적 동의 사항을 구분하여 설명한 후 각각 동의를 받아야 한다. 금융회사는 정보주체가 선택적 동의사항에 동의하지 아니한다는 이유로 정보주체에게 서비스의 제공을 거부하여서는 안된다.

신용정보회사 등은 신용정보와 관계없는 사생활에 관한 정보, 확실하지 않은 개인신용정보, 다른 법률에 따라 수집이 금지된 정보 등 신용정보법 제16조에 따라 수집이 금지되는 정보를 수집할 수 없다.

금융회사가 정보주체가 아닌 다른 사람 또는 회사를 통해 개인신용정보를 수집하거나 제공받는 경우에는 해당 정보가 적법하고 적정한 수단에 의해 수집된 정보인지를 확인하는 것이 바람직하다. 의심되는 정황이 있는 경우 개인신용정보 제공자에게 동의 사실을 증명할 수 있는 자료 제출을 요구하거나 정보주체의 동의 여부 확인을 요청해야 한다. 개인신용정보의 부정수집에 가담하거나 부정 수집된 개인신용정보인 것을 알면서도 취득해서는 안된다.

5.1.3 개인신용정보의 이용

개인신용정보는 해당 신용정보주체가 신청한 금융거래 등 상거래관계의 설정 및 유지 여부 등을 판단하기 위한 목적으로만 이용하여야 한다. 다만, 다음의 어느 하나의 경우에는 목적외 이용이 가능하다.

1. 목적 외의 다른 목적으로 이용하는 것에 대하여 신용정보주체로부터 동의를 받은 경우
2. 개인이 직접 제공한 개인신용정보(그 개인과의 상거래에서 생긴 신용정보를 포함)를 제공받은 목적으로 이용하는 경우(상품과 서비스를 소개하거나 그 구매를 권유할 목적으로 이용하는 경우는 제외)
3. 제32조제6항 각 호의 경우 (신용정보법 제32조제6항 각 호 참조)
4. 그 밖에 제1호부터 제3호까지의 규정에 준하는 경우로서 대통령령으로 정하는 경우

신용조회회사 또는 신용정보집중기관으로부터 개인신용정보를 제공받으려는 자는 다음의 사항들을 알리고 서면 등의 방법으로 개인신용정보를 제공받을 때마다 개별적으로 동의를 받아야 한다. 다만, 기존에 동의한 목적 또는 이용 범위에서 개인신용정보의 정확성·최신성을 유지하기 위한 경우는 개별적 동의가 제외된다. 신용조회회사 및 신용정보집중기관은 해당 개인신용정보를 제공받으려는 기관이 동의를 받았는지 확인해야 한다.

① 제공하는 자, ② 제공받는 자의 이용 목적, ③ 제공받는 개인신용정보의 항목,
④ 제공받는 것에 대한 동의의 효력기간

개인정보를 이용하는 경우 개인정보는 당초 수집한 목적 범위 내에서 이용 가능하고, 당초 수집 목적 외로 이용하는 경우 정보주체로 부터 별도의 동의를 받아야 한다. 다만, 다음의 어느 하나에 해당하는 경우 정보주체의 별도 동의가 없어도 개인정보를 목적 외로 이용 가능하다. 물론, 목적 외 이용하는 경우라도 정보주체 또는 제3자의 이익을 부당하게 침해할 우려가 없어야 한다.

1. 다른 법률에 특별한 규정이 있는 경우
2. 정보주체 또는 그 법정대리인이 의사표시를 할 수 없는 상태에 있거나 주소 불명 등으로 사전 동의를 받을 수 없는 경우로서 명백히 정보주체 또는 제3자의 급박한 생명, 신체, 재산의 이익을 위하여 필요하다고 인정되는 경우
3. 개인정보를 목적 외의 용도로 이용하거나 이를 제3자에게 제공하지 아니하면 다른 법률에서 정하는 소관 업무를 수행할 수 없는 경우로서 보호위원회의 심의·의결을 거친 경우
4. 조약, 그 밖의 국제협정의 이행을 위하여 외국정부 또는 국제기구에 제공하기 위하여 필요한 경우
5. 범죄의 수사와 공소의 제기 및 유지를 위하여 필요한 경우
6. 법원의 재판업무 수행을 위하여 필요한 경우
7. 형(刑) 및 감호, 보호처분의 집행을 위하여 필요한 경우
※ 3호~7호까지는 공공기관인 금융회사에서 개인정보를 이용·제공하는 경우만 적용

5.1.4 개인신용정보의 제공

신용정보제공·이용자는 개인신용정보를 타인에게 제공하려는 경우 정보주체에게 서비스 제공을 위하여 필수적 동의사항과 그 밖의 선택적 동의사항을 구분하여 설명한 후 각각 동의를 받아야 한다. 동의를 받는 경우 다음 사항을 모두 알리고 동의를 받아야 하고, 개인신용정보를 제공한 신용정보제공·이용자는 미리 동의를 받았는지에 대한 다툼이 있는 경우 이를 증명하여야 한다.

① 제공받는 자, ② 제공받는 자의 이용 목적, ③ 제공하는 개인신용정보의 내용,
④ 제공받는 자의 개인신용정보 보유 및 이용기간

다만, 신용정보법 제32조제6항에서 정하고 있는 바에 따라 동의 없이 제공 가능하다. 이 경우 개인신용정보를 타인에게 제공하려는 자 또는 제공받은 자는 개인신용정보의 제공사실 및 이유 등을 사전에 해당 신용정보주체에게 알려야 한다. 다만 아래와 같은 불가피한 사유가 있는 경우에는 제공 사실 및 이유 등을 알리는 것을 유예할 수 있다.

1. 사람의 생명이나 신체의 안전을 위협할 우려가 있는 경우
2. 증거 인멸, 증인 위협 등 공정한 사법절차의 진행을 방해할 우려가 명백한 경우
3. 질문·조사 등의 행정절차의 진행을 방해하거나 과도하게 지연시킬 우려가 명백한 경우

또한, 금융회사가 개인신용정보를 제공할 경우에는 제공받는 자의 성명, 주민등록번호 및 주소 등의 인적사항과 정보 이용목적을 확인할 수 있는 근거 서류 등을 통해 제공받는 자의 신원을 확인해야 한다. (신용정보집중기관 및 신용조회회사 제외)

5.1.5 고유식별정보 및 민감정보의 처리

개인정보보호법에 따른 고유식별정보에는 주민등록번호, 외국인등록번호, 여권번호, 운전면허번호가 있다. 고유식별정보는 신용정보법에 따른 개인신용정보 중 개인식별정보에 포함된다.

개인정보보호법에 따른 고유식별정보	주민등록번호, 운전면허번호, 여권번호, 외국인등록번호
신용정보법에 따른 개인식별정보	주민등록번호, 운전면허번호, 여권번호, 외국인등록번호, 국내거소신고번호

주민등록번호는 법률·대통령령·국회규칙·대법원규칙·헌법재판소규칙·중앙선거관리위원회규칙 및 감사원규칙에서 구체적으로 주민등록번호의 처리를 요구·허용하거나, 정보주체 또는 제3자의 급박한 생명, 신체, 재산의 이익을 위하여 명백히 필요하다고 인정되는 경우에만 처리를 허용한다. 주민등록번호를 제외한 고유식별정보(여권번호 등)는 금융실명법 등 관계 법령에서 구체적으로 요구·허용하는 경우 외에는 정보주체로부터 다른 개인정보 처리에 대한 동의와 별도로 동의를 받아야 한다.

고유식별정보가 포함된 개인신용정보(또는 개인식별정보)를 이용·제공하는 경우에는 원칙적으로 해당 개인의 동의를 받아야 하며, 해당 조항이 정하고 있는 예외 사유에 포함되는 경우에는 동의없이 제공 가능하다.

주민등록번호를 제외한 고유식별정보(여권번호 등)는 당초 수집 목적과 다른 용도로 이용하는 경우(상품소개 및 홍보 등)에는 개인정보보호법 제24조에 따라 다른 법령에서 구체적으로 허용하거나 정보주체의 별도 동의를 받은 경우에만 처리 가능하다. 다만, 주민등록번호는 개인정보보호법 제24조의2에 따라 법률 및 시행령에서 구체적으로 주민등록번호의 처리를 요구하거나 허용한 경우, 정보주체 또는 제3자의 급박한 생명, 신체, 재산의 이익을 위하여 명백히 필요하다고 인정되는 경우 등에만 이용 가능하므로 위의 경우에 해당하지 않는 경우 정보주체의 별도 동의를 받더라도 처리 불가능하다.

민감정보는 개인정보 보호법 제23조에 따라 정보주체의 별도 동의를 얻거나 법령에서 민감정보의 처리를 요구하거나 허용하는 경우에 한해 처리 가능하다. 개인정보보호법에 따른 민감정보는 사상·신념, 노동조합·정당의 가입탈퇴, 정치적 견해, 건강, 성생활 등에 관한 정보, 유전정보, 범죄경력자료에 해당하는 정보가 포함된다. 개인정보처리자가 민감정보를 처리하는 경우에는 그 민감정보가 분실·도난·유출·위조·변조 또는 훼손되지 아니하도록 제29조(안전조치의무)에 따른 안전성 확보에 필요한 조치를 하여야 한다.

다만, 신용정보회사 등은 신용정보법 제16조에 따라 개인의 정치적 사상, 종교적 신념, 그 밖에 신용정보와 관계없는 사생활에 관한 정보의 수집·조사가 금지되는 바, 이에 해당하는 정보는 정보주체의 동의를 받더라도 수집해서는 안된다. 신용정보법에 명시되어 있지 않으나 노동조합·정당의 가입탈퇴, 성생활정보 등도 신용정보와 관계없는 사생활 정보로 볼 수 있으므로 수집 금지 정보에 해당된다.

민감정보가 포함된 개인신용정보(또는 개인식별정보)를 이용·제공하는 경우에는 신용정보법의 해당 규정을 따라야 한다. 원칙적으로 해당 개인의 동의를 받아야 하며, 해당 규정이 정하고 있는 예외 사유에 포함되는 경우에는 동의 없이 제공 가능하다.

5.1.6 개인신용정보 처리 업무 위탁

신용정보회사 등은 수집된 신용정보의 처리를 자본금 또는 자본총액이 '1억원 이상'인 기업으로서 신용정보관리·보호인 등을 지정한 자에게 위탁할 수 있다. 신용정보회사, 신용정보집중기관, 은행, 금융지주회사, 금융투자업자, 보험회사 등의 신용정보 처리 위탁시 금융위원회 보고와 관련된 구체적 사항은 「금융회사의 정보처리 업무 위탁에 관한 규정」에 따른다. 신용정보의 처리 위탁에 따라 신용정보를 제공하는 경우, 특정 신용정보주체를 식별할 수 있는 정보는 암호화하거나 봉함 등의 보호조치를 하여야 하며, 신용정보가 분실·도난·유출·변조 또는 훼손당하지 아니하도록 수탁자를 연 1회 이상 교육하여야 한다. (위탁계약기간이 1년 미만인 경우에는 그 기간 동안 1회 이상) 위탁계약의 이행에 필요한 경우로서 수집된 신용정보의 처리를 위탁하기 위하여 제공하는 경우 정보주체의 동의를 받지 않아도 된다.

신용정보의 처리 위탁에 따라 신용정보를 제공하는 경우에는 신용정보법 제19조제2항, 신용정보업감독규정 제21조 및 별표4에 따라 신용정보제공계약에 신용정보 보안관리 대책을 포함하여야 한다.

신용정보 처리를 위탁하는 경우에는 그 업무의 내용 및 수탁자 등을 점포·사무소 안의 보기 쉬운 장소에 갖춰 두고 열람하게 하는 방법이나 해당 기관의 인터넷 홈페이지를 통하여 해당 신용정보주체가 열람할 수 있게 하는 방법을 통해 공시하여야 한다.

신용정보의 처리를 위탁받은 자가 신용정보법을 위반하여 신용정보주체에게 피해를 입힌 경우, 위탁자는 수탁자와 연대하여 손해배상책임을 진다. 그 밖의 개인정보 처리에 대한 업무 위탁 시에도 위탁자는 개인정보가 분실·도난·유출·위조·변조 또는 훼손되지 아니하도록 수탁자를 교육하고, 처리 현황 점검 등 수탁자가 개인정보를 안전하게 처리하는지 감독하여야 한다. 수탁자가 위탁받은 업무와 관련하여 개인정보를 처리하는 과정에 개인정보보호법을 위반하여 발생한 손해배상 책임에 대하여는 수탁자를 위탁자의 소속직원으로 간

주하므로 수탁업체에서 개인정보 유출 등 사고가 발생한 경우 위탁 금융회사가 책임을 지며, 손해배상 부담은 내부적으로 구상 가능하다.

5.1.7 영업양도·양수 등에 따른 개인신용정보 이전

금융회사간 영업양도·분할·합병 등의 이유로 권리·의무의 전부 또는 일부를 이전하면서 그와 관련된 개인신용정보를 이전하는 경우에는 신용정보법에 따라 정보주체의 동의 없이 이전 가능하다. 영업양도·분할·합병 등의 이유로 개인신용정보를 제공하는 경우에는 신용정보법 시행령 별표2의2에 따라 개인신용정보를 제공하는 자가 개인신용정보를 제공하기 전까지 서면, 전화, 문자메시지 등의 방법으로 해당 신용정보주체에게 그 사실을 개별적으로 알려야 한다. 고의 또는 과실 없이 신용정보주체의 연락처 등을 알 수 없는 경우에는 인터넷 홈페이지 게시, 사무실이나 점포 등에서 열람가능토록 조치 등의 방법으로 공시하여야 한다.

아래에 해당하는 기관은 영업양도·분할·합병 등의 이유로 개인신용정보를 제공하는 경우, 제공하는 개인신용정보의 범위, 제공받는 자의 신용정보 관리·보호체계에 관하여 금융위원회의 승인을 받아야 한다. 금융위원회의 승인을 받아 개인신용정보를 제공받은 자는 해당 개인신용정보를 금융위원회가 정하는 바에 따라 현재 거래 중인 신용정보주체의 개인신용정보와 분리하여 관리하여야 한다.

1. 「은행법」에 따라 인가를 받아 설립된 은행 (같은 법 제59조에 따라 은행으로 보는 자 포함)
2. 금융지주회사
3. 한국산업은행
4. 한국수출입은행
5. 농협은행
6. 중소기업은행
7. 한국주택금융공사
8. 「자본시장과 금융투자업에 관한 법률」에 따른 금융투자업자·증권금융회사·종합금융회사·자금중개회사 및 명의개서대행회사
9. 상호저축은행과 그 중앙회
10. 농업협동조합과 그 중앙회
11. 수산업협동조합과 그 중앙회
12. 산림조합과 그 중앙회
13. 신용협동조합과 그 중앙회
14. 새마을금고와 그 연합회
15. 「보험업법」에 따른 보험회사
16. 「여신전문금융업법」에 따른 여신전문 금융회사(「여신전문금융업법」 제3조 제3항 제1호에 따라 허가를 받거나 등록을 한 자 포함)
17. 기술신용보증기금
18. 신용보증기금
19. 신용보증재단과 그 중앙회
20. 한국무역보험공사
21. 예금보험공사 및 정리금융기관

　　영업 양도 등에 따라 '그 밖의 개인정보'를 이전하는 경우에는 개인정보를 이전하려는 자가 정보주체에게 서면, 전자우편, 팩스, 전화 등을 통해 이전 사실을 미리 알리고 이전 가능하다. 과실 없이 서면 등의 방법으로 이전 사실을 알릴 수 없는 경우에는 해당 사항을 인터넷 홈페이지에 30일 이상 게재해야 한다. (홈페이지 미운영시 사업장 등 보기 쉬운 장소에 게시) 양도자가 이전 사실을 미리 알리지 않은 경우 양수자가 이전 받은 사실을 지체 없이 알려야 하고, 이전 당시의 본래 목적으로만 개인정보를 이용하거나 제3자에게 제공 가능하다.

5.1.8 개인신용정보의 안전한 관리

　　원칙적으로 개인신용정보의 안전성 확보 조치에 대하여는 신용정보법 및 관련 고시에 따라, 그 밖의 개인정보의 안전성 확보 조치에 대하여는 개인정보보호법 및 관련 고시에 따라 필요한 조치를 하여야 한다. 다만, 주민등록번호는 개인정보보호법에 따라 분실·도난·유출·위조·변조 또는 훼손되지 아니하도록 암호화해야 한다. 단, 암호화 적용 대상은 주민등록번호를 전자적인 방법으로 보관하는 개인정보처리자에 한한다. 주민등록번호를 제외한 고유식별정보의 암호화는 개인정보보호법에서 정하는 의무사항으로, 「개인정보의 안전성 확보조치 기준」에서 정한 바에 따라 필요한 조치를 해야 한다.

　　아울러, 금융회사가 보유한 개인신용정보의 안전성 확보에 대하여는 전자금융거래법 및 관련 고시에 따른 사항 또한 준수하는데 최대한 신경을 기울여야 한다.

　　금융 실무상 개인신용정보와 그 밖의 개인정보를 하나의 전산시스템을 통해 통합 관리하면서 신용도 판단, 마케팅, 전자금융거래 등 다양한 용도로 이용하는 경우에는 각 정보를 구분하여 법률을 적용할 수 없으므로 신용정보법, 개인정보보호법, 전자금융거래법에서 규정하는 안전성 확보 조치를 모두 준수하는 것이 바람직하다. 다만, 각 법률에서 규정하는 안전성 확보 조치 중 제정 취지나 내용이 사실상 일치하는 규정의 경우에는 하나의 법률에서 정하는 사항을 준수하여도 각 법률의 규정을 모두 준수한 것으로 간주될 수 있다.

　　개인정보보호법 제29조에 따라 제정된 '개인정보의 안전성 확보조치 기준' 제7조는 고유식별정보(주민등록번호, 여권번호, 운전면허번호, 외국인등록번호), 비밀번호, 생체인식정보(생체정보 중 특정 개인을 인증 또는 식별할 목적으로 일정한 기술적 수단을 통해 처리되는 정보)를 암호화 대상 정보로 규정하고 신용정보법 제19조에 따라 제정된 '신용정보업감독규정' [별표3]은 비밀번호, 생체인식정보 등을 암호화 대상으로 규정하고 있다.

고유식별정보의 암호화는 개인정보보호법에서 별도로 규정하고 있으므로, 개인신용정보에 포함된 고유식별정보는 개인정보보호법에서 정하는 바에 따라 암호화를 적용하여야 한다. 고유식별정보 중 주민등록번호는 개인정보보호법 제24조의2제2항 및 같은 법 시행령 제21조의2에 따라 암호화 조치를 하여야 한다.

금융회사는 비밀번호, 생체인식정보 등 본인인증정보에 대해서는 신용정보법에 따라 암호화 처리하여 조회할 수 없도록 조치하여야 하고, 조회가 불가피한 경우에는 조회사유·내용 등을 기록·관리할 필요가 있다.

또한 개인신용정보의 안전한 관리를 위한 기술적·물리적 보안대책과 관리적 보안대책이 '신용정보업감독규정' [별표3]에 구체적으로 명시되어 있어 금융회사에서는 이러한 요건들을 준수하는데 최선의 노력을 다해야 한다.

[기술적·물리적 보안대책]

1. 접근통제
- 개인신용정보처리시스템에 대한 접근권한을 필요 최소한의 인원에게 부여
- 전보 또는 퇴직 등 인사이동 발생시 개인신용정보처리시스템의 접근권한을 변경 또는 말소
- 접근권한 부여, 변경, 말소에 대한 내역을 기록하고 최소 3년간 보관
- 개인신용정보처리시스템에 침입차단시스템과 침입탐지시스템을 설치하여 보호
- 비밀번호 작성규칙을 수립하고 이행하며, 인터넷, P2P, 공유설정 금지
- 제휴, 위탁 또는 외부주문에 의한 개발(개인신용정보처리시스템, 신용평가모형 등) 업무시 업무장소 및 전산설비는 내부 업무용과 분리하여 설치·운영
- 업무목적을 위해 불가피한 경우에만 외부사용자에게 개인신용정보처리시스템에 대한 최소한의 접근권한을 부여하고 그 기록을 3년 이상 보관

2. 접속기록의 위·변조방지
- 개인신용정보 처리일시, 처리내역 등 접속기록을 저장하고 이를 월 1회 이상 정기적으로 확인·감독
- 개인신용정보처리시스템 접속기록 1년 이상 저장, 위·변조되지 않도록 별도 저장장치 백업 보관

3. 개인신용정보의 암호화
- 비밀번호, 생체인식정보 등 본인임을 인증하는 정보는 암호화하여 저장하고, 이를 조회할 수 없도록 조치
- 정보통신망을 통해 개인신용정보 및 인증정보를 송·수신할 경우 보안서버 구축 등의 조치를 통해 암호화

- 개인신용정보를 PC에 저장할 때에는 암호화하여 저장
- 신용정보집중기관과 개인신용평가회사, 개인사업자신용평가회사, 기업신용조회회사가 서로 개인식별번호를 제공하는 경우 상용 암호화 소프트웨어 또는 안전한 알고리즘을 사용하여 암호화 처리
- 개인신용정보의 처리를 위탁하는 경우 개인식별번호를 암호화하여 수탁자에게 제공

4. 컴퓨터바이러스 방지
- 정보처리기기에 컴퓨터바이러스, 스파이웨어 등 악성프로그램의 침투 여부를 항시 점검·치료할 수 있도록 백신소프트웨어 설치
- 백신 소프트웨어는 월 1회 이상 주기적으로 갱신·점검, 바이러스 경보가 발령된 경우 및 백신 소프트웨어 제작 업체에서 업데이트 공지를 한 경우 즉시 최신 소프트웨어 갱신·점검

5. 출력·복사시 보호조치
- 개인신용정보처리시스템에서 개인신용정보의 출력시(인쇄, 화면표시, 파일생성 등) 용도를 특정하여야 하며 용도에 따라 출력 항목을 최소화
- 개인신용정보 조회(활용)시 조회자의 신원, 조회일시, 대상정보, 목적, 용도 등의 기록을 관리하고 개인신용정보취급자가 개인신용정보를 보조저장매체에 저장하거나 이메일 등의 방법으로 외부에 전송하는 경우 관리책임자의 사전 승인을 받아야 함
- 출력 항목 최소화 및 보조저장매체 저장, 이메일 외부전송시 관리책임자의 사전 승인을 받도록 하는 내부시스템을 구축하고 승인신청자에게 관련 법령을 준수하여야 한다는 것을 주지시켜야 함

[관리적 보안대책]
1. 개인신용정보 조회권한 구분
- 신용정보관리·보호인은 개인신용정보 조회 권한을 직급별·업무별로 차등 부여
  개인신용정보의 조회기록에 대해서는 주기적으로 그 적정성 여부를 점검하고 점검결과를 업무에 반영
  - 개인신용정보취급자의 개인신용정보 취급상황을 확인할 수 있는 수단 및 이의 점검·감사 체제 정비
  - 개인신용정보 이상 과다 조회 부서 및 직원 등에 대해 수시점검 실시
  - 조회 권한을 초과하여 고객정보 조회를 일정횟수 이상 시도한 직원에 대한 통제장치 마련
  - 영업점 및 신용정보 관리부서의 개인신용정보 조회건수를 정기점검하고 평소보다 급증한 부서 및 직원들에 대한 샘플링 점검 실시
- 신용정보관리·보호인은 개인신용정보취급자가 입력하는 조회사유의 정확성 등 신용조회기록의 정확성을 점검

2. 개인신용정보의 이용제한 등

신용평가모형 또는 위험관리모형 개발 위탁시 개인신용정보를 제공할 수 없음. 다만, 모형 개발을 위하여 불가피한 경우에는 실제 개인신용정보를 변환하여 제공한 후 모형 개발 완료 즉시 삭제처리 개인신용평가회사, 개인사업자신용평가회사, 기업신용조회회사가 신용평가모형 및 위험관리모형을 개발하는 경우, 개인신용정보를 사용하지 않으면 모형 개발 또는 검증 등이 불가능하여 불가피하게 필요한 경우 외에는 실제 개인신용정보 사용 금지

3. 제재기준 마련: 개인신용정보 오·남용에 대한 자체 제재기준 마련

5.1.9 신용정보활용체제 공시·개인정보 처리방침 수립 및 공개

신용정보법 제31조에 따라 신용정보회사 등은 신용정보의 종류, 이용 목적 제공 대상 및 신용정보주체의 권리 등에 관한 사항과 관련하여, '신용정보활용 체제'를 작성하고 이를 점포·사무소 안의 보기 쉬운 장소에 갖춰두고 열람하게 하거나 해당 인터넷 홈페이지를 통해 신용정보주체가 열람할 수 있게 하여야 한다.

신용정보활용체제는 아래의 사항이 포함되어야 한다.

① 관리하는 신용정보의 종류 및 이용 목적
② 신용정보를 제3자에게 제공하는 경우 제공하는 신용정보의 종류, 제공 대상, 제공받는 자의 이용 목적 (제1항에 해당하는 자로 한정)
③ 신용정보의 보유 기간 및 이용 기간이 있는 경우 해당 기간, 신용정보 파기의 절차 및 방법 (제1항에 해당하는 자로 한정)
④ 신용정보의 처리를 위탁하는 경우 그 업무의 내용 및 수탁자
⑤ 신용정보주체의 권리와 그 행사방법
⑥ 신용정보관리·보호인이나 신용정보 관리·보호 관련 고충을 처리하는 사람의 성명, 부서 및 연락처
⑦ 신용등급 산정에 반영되는 신용정보의 종류, 반영비중 및 반영기간 (신용조회회사만 해당)

금융회사는 정보주체가 해당 금융회사의 개인정보 처리에 관한 사항을 쉽게 알 수 있도록 개인정보보호법에 근거하여 개인정보 처리방침을 작성하여 공개해야 한다. '신용정보활용체제' 또는 내부 규정 등에 개인정보 처리방침에 기재되어야 하는 사항을 포함하여 인터넷 홈페이지 등에 게재하는 것도 가능하다.

신용정보활용체제의 공시 및 개인정보 처리방침의 공개 의무와 관련하여, 개인정보 처리방침은 개인정보법 제30조에 따라 개인정보처리자에게, 신용정보 활용체제는 신용정보법 제31조에 따라 신용정보회사 등에게 수립·공개의무가 주어진다. 신용정보회사 등은 개인정보처리자에 해당하는 경우 개인정보 처리방침과 신용정보 활용체제의 공개의무가 모두 있으므로 각각 공개하거나, 함께 공개하는 경우에도 각각의 기재사항을 모두 포함하여 공개해야 한다.

5.1.10 신용정보관리·보호인 및 개인정보 보호책임자 지정

신용정보회사 등은 신용정보법 제20조에 따른 신용정보관리·보호인을 지정하여야 하고 신용정보관리·보호인은 아래와 같은 업무를 수행하여야 한다.

- 신용정보의 수집·보유·제공·삭제 등 관리 및 보호 계획의 수립 및 시행
- 신용정보의 수집·보유·제공·삭제 등 관리 및 보호 실태와 관행에 대한 정기적인 조사 및 개선
- 신용정보 열람 및 정정청구 등 신용정보주체의 권리행사 및 피해구제
- 신용정보 유출 등을 방지하기 위한 내부통제시스템의 구축 및 운영
- 임직원 및 전속 모집인 등에 대한 신용정보보호교육계획의 수립 및 시행
- 임직원 및 전속 모집인 등의 신용정보보호 관련 법령 및 규정 준수 여부 점검
- 그 밖에 신용정보의 관리 및 보호를 위하여 대통령령으로 정하는 업무

신용정보관리·보호인은 상기 업무에 대해 주기적으로 보고서를 작성하여 대표이사 및 이사회에 보고하고, 직전 사업연도 중 위 업무 수행 실적 및 대표이사·이사회에 보고한 실적을 금융감독원에 매 사업연도 종료 후 3개월 이내에 제출하여야 한다.

종합신용정보집중기관, 신용조회회사, 신용조사회사, 채권추심회사 및 신용정보제공·이용자 중 직전 사업연도 말 기준으로 총자산이 2조원 이상이고 상시 종업원 수가 300명 이상인 자는 신용정보관리·보호인을 임원으로 하여야 한다.

다른 법령에 따라 준법감시인을 두는 경우에는 준법감시인이 신용정보관리·보호인으로 지정될 수 있으나, 종합신용정보집중기관 및 신용조회회사 등 신용정보관리·보호인을 임원으로 선임하여야 하는 경우에는 준법감시인이 임원인 경우에만 겸임 가능하다. 또한 준법감시인을 신용정보관리·보호인으로 지정한 경우에는 신용정보법 제20조제4항에 정의된 신용정보관리·보호인이 수행해야 할 업무에 관한 사항을 준법감시인 내부통제기준에 반영하

여야 한다.

그 밖에 개인정보에 대해서는 개인정보의 처리에 관한 업무를 총괄하여 책임질 개인정보 보호책임자를 지정하여야 한다. 다만, 금융회사의 인력 상황에 따라 신용정보관리·보호인 이 겸임 가능하다.

5.1.11 개인(신용)정보의 파기(삭제)

신용정보제공·이용자는 금융거래 등 상거래 관계가 종료된 날부터 3개월 내에 해당 신 용정보주체의 개인신용정보가 안전하게 보호될 수 있도록 다음과 같이 관리하여야 한다.

> 금융거래 등 상거래관계의 설정 및 유지 등에 필수적인 개인신용정보의 경우 다음 항목의 방법을 따름
>
> 가. 상거래관계가 종료되지 아니한 다른 신용정보주체의 정보와 별도로 분리
> 나. 접근권한 관리책임자를 두어 해당 개인신용정보에 접근할 수 있는 사람을 지정
> 다. 접근권한을 부여받은 자가 해당 개인신용정보를 이용하려는 경우에는 접근 권한 관리책임자 의 사전 승인을 얻어 그 개인신용정보를 이용하게 하고, 그 이용내역을 3년간 보관
>
> 금융거래 등 상거래관계의 설정 및 유지 등에 필수적이지 않은 개인신용정보의 경우는 해당 정보 를 모두 삭제해야 함

금융거래 등 상거래관계가 종료된 날은 신용정보제공·이용자와 신용정보주체 간의 상거 래관계가 관계 법령, 약관 또는 합의 등에 따라 계약기간의 만료, 해지권·해제권·취소권의 행사, 소멸시효의 완성, 변제 등으로 인한 채권의 소멸, 그 밖의 사유로 종료된 날로 설정하 여야 한다. 신용정보제공·이용자는 개인신용정보의 수집·제공시 신용정보주체로부터 동의 를 받을 때 금융거래 등 상거래관계가 종료된 날에 대한 판단 기준 등을 신용정보주체에게 알려야 한다.

신용정보제공·이용자는 원칙적으로 금융거래 등 상거래 관계가 종료된 날부터 최장 5년 이내에 해당 신용정보주체의 개인신용정보를 관리대상에서 삭제하여야 한다. (금융거래 등 상거래 관계가 종료된 날부터 5년이 되기 이전에 정보 수집·제공 등의 목적이 달성된 경우 에는 그 목적이 달성된 날부터 3개월 이내) 신용정보주체의 개인신용정보를 삭제하는 경우 에는 그 삭제된 개인신용정보가 복구 또는 재생되지 아니하도록 조치하여야 한다. 다만, 다 른 법률에 따른 의무를 이행하기 위해 불가피한 경우 등 개인신용정보를 관리대상에서 삭

제하지 않는 경우에 해당한다면 현재 거래중인 신용정보주체의 개인신용정보와 분리하는 등의 방법으로 관리할 수 있다. 반면에 법령에서 파기 또는 삭제 시점을 명확하게 명시한 경우에는 해당 시점에 즉시 파기 또는 삭제하여야 한다.

개인신용정보를 제외한 그 밖의 개인정보는 보유기간의 경과, 개인정보 처리 목적 달성 등으로 불필요하게 되었을 때는 지체없이(5일 이내) 파기하여야 한다.

개인(신용)정보를 파기(삭제)하는 경우에는 보존매체의 특성을 고려하여 복구 또는 재생되지 아니하도록 파기하여야 한다.

- 전자적 파일: 현재 기술 수준에서 적절한 비용이 소요되는 방법으로서 복원이 불가능하도록 영구 삭제
- 인쇄물, 서면, 그 밖의 기록매체: 파쇄 또는 소각

5.1.12 정보주체의 권리보장

정보주체는 금융회사에 대하여 자신의 개인신용정보를 열람하거나 제공해줄 것을 청구할 수 있으며, 자신의 개인신용정보가 사실과 다를 경우 정정을 청구할 수 있다. 이 경우 정보주체는 본인임을 확인받아야 한다.

정정청구를 받은 금융회사는 정정청구에 정당한 사유가 있는 경우, 해당 신용정보의 제공·이용을 중단한 후 사실인지를 조사하여 사실과 다르거나 확인할 수 없는 개인신용정보는 삭제 또는 정정 조치해야 한다. 금융회사는 삭제·정정한 개인신용정보를 최근 6개월 내 제공받은 자 및 해당 정보주체가 요구하는 자에게 그 내용을 통보해야 한다. 아울러, 정보주체의 정정청구에 대한 처리결과는 7일 이내 조치·통보한다.

정보주체는 금융회사에게 '신용조회회사 또는 신용정보 집중기관에 제공하여 개인의 신용도 등을 평가하기 위한 목적 외의 목적으로 행한 개인신용정보 제공 동의'의 철회가 가능하다. 정보주체는 금융회사에 대하여 상품이나 용역을 소개하거나 구매를 권유할 목적으로 본인에게 연락하는 것을 중지하도록 청구할 수 있다.

신용정보주체는 신용조회회사에 본인의 개인신용정보가 조회되는 사실을 통지하여 줄 것을 요청할 수 있다. 이 경우 정보주체는 본인임을 확인받아야 하며, 신용조회회사는 금융거래 등 상거래관계의 유형·특성·위험도 등을 고려하여 본인 확인의 안전성과 신뢰성이 확보될 수 있는 수단을 채택하여 활용 가능하다.

금융거래 등 상거래관계의 설정 및 유지 등에 필수적인 개인신용정보의 경우, 신용정보 주체는 금융거래 등 상거래관계가 종료되고 5년이 경과한 이후에 신용정보제공·이용자에게 본인의 개인신용정보의 삭제를 요구할 수 있다.

5.1.13 개인(신용)정보의 유출(누설)시 조치 방법

신용정보회사등은 신용정보가 업무 목적 외로 누설되었음을 알게 된 때에는 서면, 전화, 전자우편, 휴대전화 문자메시지(SMS) 등을 통해 지체없이 해당 신용정보주체에게 다음의 사실을 통지해야 한다.

---

1. 누설된 신용정보의 항목
2. 누설된 시점과 그 경위
3. 누설로 인하여 발생할 수 있는 피해를 최소화하기 위하여 신용정보주체가 할 수 있는 방법 등에 관한 정보
4. 신용정보회사등의 대응조치 및 피해 구제절차
5. 신용정보주체에게 피해가 발생한 경우 신고 등을 접수할 수 있는 담당부서 및 연락처

다만, 신용정보 누설에 따른 피해가 없는 것이 명백하고 누설된 신용정보의 확산·추가유출을 방지하기 위한 조치가 긴급히 필요한 경우에는 해당 조치를 취한 후 지체없이 신용정보주체에게 알릴 수 있다. 개인신용정보가 누설된 경우 그 피해를 최소화하기 위한 대책을 마련하고 필요한 조치를 해야 한다.

1만명 이상의 신용정보주체에 관한 개인신용정보가 누설된 경우, 정보주체 통지와 더불어 다음 중 하나의 방법으로 신용정보가 누설되었다는 사실을 알려야 한다.

---

1. 15일간 인터넷 홈페이지에 그 사실을 게시
2. 15일간 사무실이나 점포 등에서 해당 신용정보주체로 하여금 그 사실을 열람토록 조치
3. 7일간 주된 사무소가 있는 특별시·광역시·특별자치시·도 또는 특별자치도 이상의 지역을 보급지역으로 하는 일반일간신문, 일반주간신문 또는 인터넷 신문에 그 사실을 게재

또한 1만명 이상의 신용정보주체에 관한 개인신용정보가 누설된 경우, 지체 없이 금융위원회 또는 금융감독원에 "신용정보회사 등의 신용정보 누설 신고서"(신용정보업감독규정 별지 제18호 서식)를 제출하여 신고하여야 한다. 다만, 신용정보의 추가유출을 방지하기 위

한 조치가 긴급히 필요한 경우에는 해당 조치를 취한 후 지체없이 신고서를 제출할 수 있다. (이 경우 그 조치의 내용을 함께 제출)

신용정보회사등과 그 밖의 신용정보 이용자가 신용정보법을 위반하여 신용정보 주체에게 피해를 입힌 경우에는 해당 신용정보주체에 대하여 손해배상의 책임을 진다. 다만, 신용정보회사등과 그 밖의 신용정보 이용자가 고의 또는 과실이 없음을 증명한 경우에는 예외이다. 손해배상과 관련하여 신용정보법에는 징벌적 손해배상, 법정 손해배상 및 징벌적 과징금 제도가 도입되어 있다.

또한, 금융회사는 신용정보법에서 정한 손해배상책임 이행을 위하여 보험 또는 공제에 가입하거나 준비금을 적립하도록 되어 있다. 단, 500명 미만의 신용정보주체에 관한 개인신용정보를 처리하는 경우에는 보험·공제 가입 또는 준비금 적립이 면제된다.

5.2 금융 개인정보보호 주요 현안

5.2.1 정보보호 상시평가

'20.8.4 시행된 『신용정보의 이용 및 보호에 관한 법률(이하 신용정보법)』개정에 따라, 신용정보 관리·보호인은 신용정보법 제20조 제4항 제1호의 업무를 수행하고, 제6항에 따라 개인신용정보 관리 및 보호 실태를 정기적으로 점검(이하 자체평가)하여 그 결과를 금융위원회에서 위탁한 금융보안원에 제출하도록 규정하고 있다.

금융보안원은 이렇게 제출 받은 결과를 신용정보법 제45조의5에 따라 대상기관이 제출한 자체평가 결과를 서면점검하여 그 결과를 점수·등급으로 표시하고 있는데, 금융위원회는 신용정보법 시행령 제37조 제6항을 근거로 금융보안원에 해당 업무를 위탁하도록 규정하고 있다.

이렇게 금융회사 등의 개인신용정보 활용·관리실태 점검 결과(자체평가)를 접수·확인하고, 그 점검 결과에 대한 서면점검 및 점수를 등급화하는 일련의 제도가 금융권에서 '21년 이후 실시되고 있는 『정보보호 상시평가』제도이다.

[그림 10] **정보보호 상시평가 체계**
(출처: 금융분야 정보보호 상시평가 자체평가 안내서)

정보보호 상시평가 제도의 대상 기관은 신용정보법 시행령 제17조 제7항에서 규정한 다수의 금융기관들을 포함하고 있다. 금융지주회사, 은행, 보험사, 대부업 등의 금융권역은 물론 신용협동조합 800여개, 지역농협 1,000여개 등을 포함하여 총 3,800여개의 방대한 평가 대상을 포함한다.

구분	평가 대상
신용정보업 등	신용정보회사, 마이데이터사업자, 채권추심회사, 신용정보집중기관
금융지주	「금융지주회사법」에 따른 금융지주회사
은행	「은행법」에 따라 인가를 받아 설립된 은행
보험	「보험업법」에 따른 보험회사
금융투자	금융투자업자, 증권금융회사, 종합금융회사, 자금중개회사, 명의개서대행회사
여신금융	여신전문금융회사
기타은행	산업은행, 수출입은행, 중소기업은행, 농협은행, 수협은행, 상호저축은행
협동조합	농협, 수협, 산림조합, 신협
중앙회	농협중앙회, 수협중앙회, 산림조합중앙회, 신협중앙회, 상호저축은행중앙회
대부업자	「대부업법」 제3조제2항에 따라 등록한 대부업자 등
공공기관 등	케이알앤씨, 주택금융공사, 무역보험공사, 신용보증기금, 정보통신진흥협회, 신용정보원, 근로복지공단, 자산관리공사, 신용회복위원회, 서민금융진흥원

정보보호 상시평가 기준은 개인신용정보의 처리와 관련된 전반적인 보호실태를 신용정보 관리·보호인이 점검할 수 있도록 평가항목, 관련법령, 평가방법, 증빙자료, 유의사항, 평가기준 미적용 업권, 연관 ISMS-P 항목으로 구성되어 있다. 평가항목은 아래와 같이 총 9개 대항목, 145개 평가항목을 포함하고 있다.

분야	대항목	평가 항목수
개인신용정보 생명주기 (49개)	1. 개인신용정보 동의 원칙 및 방법	10개
	2. 개인신용정보 수집	3개
	3. 개인신용정보 제공	5개
	4. 개인신용정보 보유 및 삭제	12개
	5. 신용정보주체의 권리보장	15개
	6. 개인신용정보 처리 위탁	4개
관리적·기술적 보호조치 (94개)	7. 개인신용정보의 관리적 보호조치	44개
	8. 개인신용정보의 기술적 보호조치	35개
	9. 가명정보에 관한 보호조치	15개

위의 평가항목들은 신용정보 관리·보호인이 중점적으로 점검해야 하는 하기 8개 사항을 기반으로 보다 상세한 기준들이 구체화된 것으로 볼 수 있다.

신용정보관리·보호인이 점검해야할 8개 중점사항

① 개인신용정보 처리 단계별(수집·이용·제공·삭제) 보호조치
② 개인신용정보 동의 원칙 및 방법
③ 신용정보주체의 권리보장 (전송요구권, 열람청구, 삭제요구, 프로파일링 대응권 등)
④ 개인신용정보 기술적·관리적 보호조치
⑤ 가명정보에 관한 보호조치
⑥ 개인신용정보 보호계획의 수립·시행(내부관리규정에 반영)
⑦ 개인신용정보 처리 수탁자의 관리·감독 및 교육
⑧ 개인식별번호 처리 시 인터넷 홈페이지 취약점 점검 및 보완조치

총 143개의 평가항목들은 금융권 정보보호 실태를 면밀히 점검할 수 있도록 정밀하게 제시되어 있다. 동의·수집·제공·삭제 등 정보의 생애주기(Data Life-Cycle)에 따른 전반적인 사항을 점검할 수 있도록 평가항목을 구체화했다.

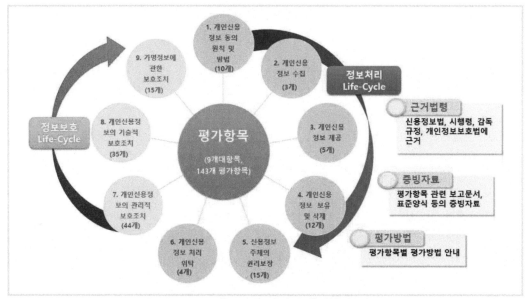

[그림 11] **정보보호 상시평가 평가기준**
(출처: 금융분야 정보보호 상시평가 자체평가 안내서)

　　정보보호 상시평가 점수 산정은 항목별 준수 구분을 이행/부분이행/미이행/해당없음 4
단계로 구분하여 개별 평가항목별 평가점수를 산정하고, 총 143개 각 평가항목별 평가점수
합계를 평가대상 항목수로 나눈 값에 100을 곱하여 100점 만점으로 환산한 종합점수를 산
정하고 있다. 이에 따른 환산 종합점수에 따라 대상기관별로 S등급과 1등급~9등급까지 총
10등급 체계의 절대평가로 등급을 부여하고 있다. 이는 행태주의적 접근(Behavioral
approach)을 통해 금융회사의 업무 부담을 줄이면서도 촘촘한 정보보호 체계를 마련하기
위한 것으로 볼 수 있다.

　　정보보호 상시평가의 항목들은 신용정보법, 시행령, 감독규정 등 제반 법령을 근거로 하
고 있어 대상 기관들은 준수 여부를 자체평가하는데 민감한 편이다. 평가 절차상 대상 기관
들을 개인신용정보 활용 및 관리 실태점검 결과 서식 및 자체평가 결과를 금융보안원에 매
년 3월말까지 제출해야 하는데, 상시평가지원시스템을 통해 평가기준 143개 항목별로 제반
서식 및 관련 증빙자료를 업로드하여 제출하도록 되어 있다. (상시평가지원시스템: https://
assess.fsec.or.kr)

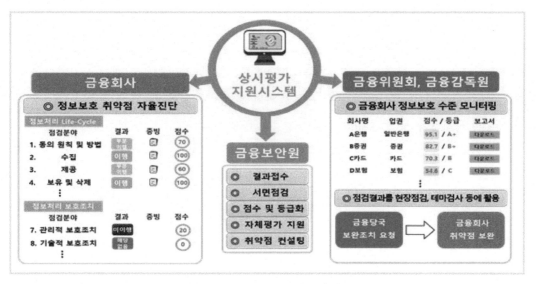

[그림 12] 정보보호 상시평가 지원시스템 개요
(출처: 금융분야 정보보호 상시평가 자체평가 안내서)

정보보호 상시평가 제도는 매년 시행되는 과정 상에서 평가방법, 항목처리 등에 대해 일부 변화된 기준을 적용하고 있는 상황이다. '23년도의 경우 상시평가 143개 점검항목 중 아래와 같은 5개 항목에 대해서는 개인신용정보 보호와 관련성이 낮거나 법적 근거가 명확하지 않은 평가항목으로 판단하여 일괄 '해당없음' 처리 예정이다.

개인신용정보보호와 관련성이 낮은 평가항목 (4개)	5.3.1 금융거래 시 개인신용평점 하락 가능성 등에 대한 설명 의무 7.3.21 내부관리규정에 신용정보업무 정보의 수집 관련 사항을 반영 7.3.22 내부관리규정에 신용등급의 산출 및 제공 관련 사항을 반영 7.3.23 내부관리규정에 본인신용정보관리회사는 이해상충 방지 관련 사항을 반영
법적근거가 명확하지 않은 평가항목 (1개)	7.1.3 자체평가 결과를 업무처리 절차에 반영

또한, 농협/신협/수협 등 상호금융사들은 각 중앙회가 제출한 자체평가 결과를 각 상호금융사의 자체평가 결과로 자동 반영하는 공통항목 이외 평가항목에 대해서만 자체평가를 진행하도록 되어 있다. 공통항목으로 지정된 항목들은 각 중앙회 회원사 현황과 구조에 따라 항목수가 상이하게 되며 이는 금융보안원이 별도로 인정하고 있는 항목을 준용하게 되어 있다.

아울러, 금융권에도 ISMS-P 인증 취득이 점점 확대됨으로써 ISMS-P 인증을 취득한 대상 기관의 경우 일부 항목을 면제하는 방안도 23년도부터 시행하고 있는 상황이다. 상시평가 대상기관 중 ISMS-P 인증을 취득한 기관('22.12.22 기준 총 26개사)에 대해 상시평가와 중복되는 ISMS-P 점검항목 중 ISMS-P 인증 범위와 무관하게 전사적으로 공통 적용되는 75개의 항목은 상시평가 시 ISMS-P 인증으로 갈음하고 있다. 이는, 상시평가는 전체사업을 대상으로 평가하나 ISMS-P 인증은 대상업무를 제한하여 인증함을 감안할 필요가 있어 적용된 것으로 볼 수 있다.

대항목	항목수	면제 항목수	평가 항목수	주요 면제 내용
1. 동의원칙 및 방법	10	-	10	
2. 수집	3	-	3	
3. 제공	5	-	5	
4. 보유 및 삭제	12	4	8	개인신용정보가 포함된 문서의 문서고 관리
5. 권리 보장	15	12	3	신용정보활용체제 수립 및 공시·권리보장
6. 처리 위탁	4	4	-	개인신용정보 수탁자 관리 감독
7. 관리적 보호조치	44	37	7	신용정보관리보호인 지정·내부 관리규정 수립
8. 기술적 보호조치	35	3	32	홈페이지 취약점 점검 실시
9. 가명정보 보호조치	15	15	0	가명정보 처리 절차
합계	143	75	68	

정보보호 상시평가 제도의 경우 여러 환경 변화에 따라 매년 조금씩 평가기준이 개정되고 있는 상황이다. 특히, 핀테크 활성화 등을 통해 금융권역이 세분화됨에 따라 이에 따른 개인신용정보의 Risk를 선제적으로 파악하고 유연하게 대응할 수 있도록 일반 금융회사, 중소형 금융회사, 상호금융회사 등 금융회사 규모에 따른 분류 기준을 도입하여 별도의 평가 기준을 수립하는 방향으로 변화가 예고되고 있다.

5.2.2 개인정보 위/수탁 관리

금융권의 업무 특성상 개인정보나 개인신용정보에 대한 업무를 위탁하는 경우가 빈번하다. 보험사가 보험대리점과 위탁계약을 맺고 특정 보험상품을 영업하거나 카드사가 카드 배송 처리를 위해 배송업무를 위탁하는 등 매우 다양한 위·수탁 관계가 발생하고 있는 것이 현실이다. 이렇게 개인정보 처리 위·수탁이란 개인정보처리자(위탁자)가 개인정보 수집·이용 등의 처리 자체를 제3자(수탁자)에게 위·수탁하거나, 개인정보의 이용·제공 등 처리가 수반되는 업무를 수탁자에게 위·수탁하는 것을 의미한다.

개인정보 처리 위·수탁은 개인정보보호법과 신용정보법에 따라 '수탁자'가 법을 위반해 '정보주체(고객)'에게 손해를 가할 시 책임은 '위탁자'가 지게 되는 것이 핵심이다. 실제 개인정보보호법과 신용정보법 상에 아래와 같이 구체적인 조항이 명시되어 있다.

[개인정보보호법]
제26조(업무 위탁에 따른 개인정보의 처리 제한) 4항 : 위탁자(개인정보 처리 업무를 위탁하는 개인정보처리자)는 업무 위탁으로 인해 정보주체(고객)의 개인정보가 분실·도난·유출·위조·변조 또는 훼손되지 아니하도록 수탁자(업무를 위탁받아 처리하는 자)를 교육하고, 처리 현황 점검 등 대통령령으로 정하는 바에 따라 수탁자가 개인정보를 안전하게 처리하는지를 감독해야 한다. 6항 : 수탁자가 위탁받은 업무와 관련해 개인정보를 처리하는 과정에서 이 법을 위반해 발생한 손해배상책임에 대해 수탁자를 개인정보처리자의 소속 직원으로 본다.

[신용정보법]
제17조(처리의 위탁) 5항 : 신용정보회사 등은 수탁자에게 신용정보를 제공한 경우 신용정보를 분실·도난·유출·위조·변조 또는 훼손당하지 아니하도록 대통령령으로 정하는 바에 따라 수탁자를 교육해야 하고 수탁자의 안전한 신용정보 처리에 관한 사항을 위탁계약에 반영해야 한다. **제43조(손해배상의 책임)** 6항 : 제17조 제1항에 따라 신용정보의 처리를 위탁받은 자가 이 법을 위반해 신용정보주체에게 손해를 가한 경우 위탁자는 수탁자와 연대해 그 손해를 배상할 책임이 있다.

일반적으로 개인정보 처리 위·수탁은 본래의 개인정보 수집·이용 목적과 관련된 위탁자 본인의 업무 처리와 이익을 위한 경우를 의미하므로 엄연히 제3자 제공과는 구분된다. 어떠한 행위가 개인정보의 처리위탁인지 아니면 제공인지 여부는 개인정보 취득 목적과 방법,

대가 수수 여부, 수탁자에 대한 실질적인 관리감독 여부, 정보주체 또는 이용자의 개인정보 보호 필요성에 미치는 영향, 이러한 개인정보를 이용할 필요가 있는 자가 실질적으로 누구인지 등을 종합적으로 판단하여야 한다.

구분	업무 위탁	제3자 제공
관련 조항	개인정보보호법 제26조	개인정보보호법 제17조
예신	배송업무 위탁, TM 위탁 등	사업제휴, 개인정보 판매 등
이전 목적	위탁자의 이익을 위해 처리	제3자의 이익을 위해 처리
예측 가능성	정보주체가 사전 예측 가능 (정보주체의 신뢰 범위 내)	정보주체가 사전 예측 곤란 (정보주체의 신뢰 범위 밖)
이전 방법	원칙: 위탁사실 공개 예외: 위탁사실 고지 (마케팅 위탁)	원칙: 제공목적 등 고지 후 정보 주체의 동의 획득
관리·감독 의무	위탁자	제공받는 자
손해배상책임	위탁자 및 수탁자 부담	제공받는 자 부담

개인신용정보에 대해서도 제3자 제공과 처리위탁 간의 차이는 명확히 존재한다. 개인신용정보 수집 및 이용목적의 범위를 넘어 정보를 제공받는 자의 업무를 처리할 목적 및 이익을 위해서 개인신용정보가 이전된다면 제3자 제공에 해당하고, 본래의 개인신용정보 수집 및 이용목적과 관련된 위탁자 본인의 업무처리와 이익을 위해 정보가 이전된다면 개인신용정보의 처리위탁이 되게 된다. 개인신용정보의 처리위탁을 방은 자를 수탁자라고 하며, 개인정보 처리위탁에 있어 수탁자는 위탁자로부터 위탁사무 처리에 따른 대가를 지급받는 것 외에는 개인정보 처리에 관하여 독자적인 이익을 가지지 않는다.

위탁자의 가장 핵심적인 의무사항은 개인정보 처리 업무 위탁 시 수탁자에 제공한 개인정보가 안전하게 처리되도록 수탁자에 대한 정기적인 관리·감독을 수행하고 교육하는 것이다.
위탁자가 수탁자에 대해 개인정보 관리사항 등을 정기적으로 점검해야 하는 핵심 사항들은 아래와 같다.

- 내부관리계획 등 개인정보보호 정책 수립 및 준수 여부 등 관리적 사항 점검
- 개인정보처리시스템 및 개인정보취급자 PC의 보안 정책 적용 등 기술적 사항 점검
- 보호구역 지정 및 접근통제 등 물리적 보안 준수 여부 점검
- 위탁사로부터 제공받는 개인(신용)정보 항목 확인
  (인터뷰 및 계약서, 보안관리약정서 확인)

- 위·수탁 계약 시 협의한 파기 주기 확인 및 시스템 내 적용 여부 확인
- 파기 이력관리 및 주기적인 파기확인서 송부 내역 확인
- 재수탁사에 대한 관리감독 실시 여부 확인

또한 위탁자는 수탁자를 대상으로 직접 교육을 실시하거나 수탁자 자체적인 교육실시 여부를 확인할 의무를 가진다.

- 개인정보보호 교육 계획 수립 및 시행 여부 확인 (교육자료, 참석자 명단 등)
- 재수탁사에 대한 교육 여부 확인

개인정보 위·수탁 단계별 조치해야 할 주요 사항들은 아래와 같다. 개인정보 위·수탁 업무를 수행하는 과정뿐만 아니라 계약 이전과 업무 종료 이후 단계를 반드시 챙겨야 위험요소를 현저히 줄일 수 있다.

계약 전	○ 위험도 분석 등 예방조치를 통한 개인정보 유출 위험 최소화 　• 개인정보 위험 평가를 통한 위수탁 대상 업무 구분 　• 수탁자 개인정보 보호 역량 종합 평가 　• 개인정보 처리 범위 및 책임소재 명확화 　• 위수탁자 주요 협의사항 문서 작성
업무 수행 중	○ 개인정보 위·수탁에 따른 위탁자 및 수탁자 역할 명확화 ○ 수탁자의 개인정보 관리체계, 기술적, 물리적 보호조치의 적설성 여부 감독 　• 자료 제출 요구, 현장 방문, 시스템을 통한 원격점검 등 다양한 수단 활용 가능 ○ 수탁자 대상 개인정보 보호 교육 　• (원칙) 위탁자가 직접 교육 　• (예외) 외부전문가, 수탁자 자체 교육 증빙 확인
업무 종료 후	○ 위·수탁 종료 시 지체 없는 개인정보 파기(반환)를 통한 개인정보 불법 처리·유통 방지 　• 개인정보 처리 기간 종료, 개인정보 처리 목적 달성 시 지체 없는 파기가 원칙 　• 수탁자는 위탁자 요청 시 개인정보를 즉시 반환 　• 위탁자는 수탁자의 개인정보 파기 여부 확인 후 증빙자료 확보

모범적인 금융회사들은 개인정보 위·수탁 단계별 조치사항을 면밀히 관리하기 위해 연간 수탁사 검검 계획을 수립하여 점검 대상인 수탁사를 구분하고 예비점검/현장점검/테마

점검/이행점검 등의 다양한 방식을 혼용하여 점검을 시행하고 있다. 실제 이러한 점검을 통해 위·수탁 업무 상에 관리 소홀로 개인정보가 유출되거나 오남용 될 수 있는 가능성을 줄이게끔 신경쓰고 있으며, 요건을 위반한 수탁자에 대해서는 삼진 아웃제 등을 통한 계약 해지 등을 감안하는 강한 처벌조항을 적용하는 경우도 빈번하다.

실제 수탁자에 대한 점검을 수행하는 과정 상에 여러 이슈사항이 지적될 수 있으나 업무가 복잡화됨으로써 재위탁 이슈도 자주 발행하는 편이다. 개인정보보호법과 신용정보법에 근거하여 수탁자가 재위탁을 하기 전에 위탁자의 동의를 반드시 얻어야 하고, 위탁자는 관련 법률에 의거하여 재수탁자를 교육하고 개인정보 처리현황을 감독할 의무를 가진다. 이를 위반할 시, 개인정보보호법 제71조에 의하여 5년 이하의 징역 또는 5천만원 이하의 벌금이나 신용정보법 제52조에 의하여 2천만원 이하의 과태료를 부과받을 수 있다.

[개인정보보호법 제25조 제5항]
수탁자는 개인정보처리자로부터 위탁받은 해당 업무를 초과하여 개인정보를 이용하거나 데3자에게 제공하여서는 아니 된다.

[신용정보법 제17조 제7항]
수탁자는 위탁받은 업무를 제3자에게 재위탁하여서는 아니 된다. 다만, 신용정보의 보호 및 안전한 처리를 저해하지 아니하는 범위에서 금융위원회가 인정하는 경우에는 그러하지 아니하다.

아울러, 앞서 기술한 정보보호 상시평가 제도의 평가기준의 9개 대항목 중 1개가 '개인신용정보 처리위탁'을 포함하고 있고 아래와 같은 4개 하위 항목들로 구성되어 있다. 금융회사들은 수탁자들에 대한 점검을 실시하여 미준수 사항에 대해 이행조치 현황을 확인하여야 하고, 수탁자 교육계획 수립 및 교육 실시 현황 점검을 강화하여 미이수자에 대한 추가교육 실시 여부를 확인하여야 한다. 또한, 재위탁자에 대해 수탁자가 점검 및 관리/감독을 제대로 실시하고 있는지 면밀히 살펴볼 필요가 있다.

번호	개인신용정보 처리위탁 세부 항목
6.1.1	개인신용정보 처리 위탁시 신용정보 보안관리 대책을 계약에 반영
6.2.1	수탁자를 대상으로 개인신용정보의 보호조치 현황 관리·감독
6.2.2	수탁자를 대상으로 연 1회 이상 개인신용정보 처리에 대한 교육 수행
6.2.3	수탁자가 재위탁한 위탁업무의 현황 파악 및 관리·감독

5.2.3 마이데이터 제도

마이데이터(MyData)란 정보주체(개인)가 본인 데이터에 대한 권리를 갖고 본인이 원하는 방식으로 관리하고 처리하는 것을 의미한다. 마이데이터는 금융위원회가 2018년 7월 금융 분야에 본인신용정보관리업을 도입하겠다는 계획을 발표한 후 2020년 8월 개정·시행된 데이터 3법 중 하나로 신용정보법에 신용정보본인신용정보관리업 관련 규정이 반영되면서 처음 법제화되었다. 정보 보유기관에 대한 본인·제3자 대상 전송요구(지시)를 통해 다양한 데이터 기반 서비스에 활용이 가능함으로써 헌법상 권리로서의 '개인정보 자기결정권'을 궁극적으로 보장하고, EU의 개인정보보호 관련 기본법인 GDPR의 개인정보전송요구권과 유사한 권리를 금융 분야에 법제화한 것으로 이해할 수 있다.

> **[헌법상 권리로서의 '개인정보 자기결정권']**
> 자신에 관한 정보가 언제 누구에게 어느 범위까지 알려지고 또 이용되도록 할 것인지를 정보주체가 스스로 결정할 수 있는 권리, 즉 정보주체가 개인정보의 공개와 이용에 관하여 스스로 결정할 권리 (헌법재판소 2005.5.26. 선고, 99헌마513)
>
> 헌법상 근거: 인간의 존엄과 가치, 행복추구권을 규정한 헌법 제10조 제1문에서 도출되는 일반적 인격권 및 헌법 제17조의 사생활의 비밀과 자유에 의하여 보장

개인정보 전송요구권 도입의 해외 사례로 EU GDPR, EU PSD2, 미국 CCPA 3가지를 대표적으로 꼽을 수 있다.

EU GDPR	○ 제20조(Right to data portability)는 정보주체가 본인의 개인정보를 제공받을 권리를 부여 기술적으로 실현 가능한 경우 개인정보가 제3자에게로 직접 전송되도록 할 권리 포함 ○ 이동권의 범위 　1) 정보주체의 동의 또는 계약에 근거 　2) 자동화된 수단으로 처리 　3) 정보주체가 제공한 정보 　　(정보주체가 입력한 정보 및 온라인상 활동으로 생성한 행태정보 포함)
EU PSD2	○ 개정된 PSD (Payment Service Directive: 지급결제서비스 지침) ○ 금융 사업 내 지급결제 시장의 활성화와 통합을 통해 데이터 활용 산업을 육성하기 위한 지급결제서비스 지침

	EU 내 국가별로 파편화되어 있는 지급결제서비스 체계를 통합하고 카드 기반 거래에 대한 교환 수수료 부과에 관한 규칙을 도입, 통합 시장 달성을 목표로 함 ○ 마이데이터의 직접적 근거 규정은 아니나, 결제시스템 내 계좌정보에 대한 유사 권리를 지원하는 근거로 작용
미국 CCPA	○ California Consumer Privacy Act(캘리포니아주 소비자 프라이버시 법)에서 개인정보 공개 요구권과 접근 요구권 규정 소비자가 개인정보 수집 사업자에게 수집대상 정보의 범주, 출처, 수집 목적, 공유 범위, 구체적 항목 등의 공개를 요구하고 본인 정보에 대해 접근할 수 있는 권리를 부여

신용정보법에 마이데이터가 법제화됨으로써 마이데이터업은 '허가제'라는 진입규제를 통해 일정 수준 이상의 자격을 갖춘 사업자만 영위할 수 있도록 하고, 마이데이터 사업자가 처리할 수 있는 개인신용정보의 범위, 사업자의 업무범위, 정보보호의무 등을 명확히 하여 소비자가 마이데이터 서비스를 안심하고 이용할 수 있게 하고 있다.

마이데이터 도입에 대해 핵심적으로 보아야 할 것은 '개인정보 전송요구권'의 도입이다. 개인이 여러 금융회사에 흩어져 있는 자신의 개인신용정보를 한 곳에 모아서 통합함에 있어 개별 금융회사가 개인신용정보를 내주는데에 협조하지 않는다면 마이데이터 사업자가 개인신용정보를 임의로 수집해서 통합할 수 없을 것이다. 이러한 문제를 해소하기 위해 신용정보법 개정안을 통해 '전송요구권'이라는 정보주체 권리를 도입해서 개인이 금융회사에 대해 자신의 신용정보를 마이데이터 사업자에 전송해줄 것을 요구하고, 이러한 요구를 받은 금융회사는 개인신용정보 이동권을 의무적으로 보장하게 함으로써 마이데이터 서비스가 전면 시행될 수 있었다.

이제 시행 2년째를 맞는 마이데이터 제도는 금융/공공 등 특정 분야에서만 서비스 중인 것에서 벗어나야 하고 특정 기업 등 데이터 보유기관의 활용 가능성 위주가 아닌 정보주체의 개인정보 자기결정권에 대한 보장 차원에 접근할 필요가 있다. 따라서, 신용정보법과 같은 개별법상 개인정보 이동권 구현으로 인한 혼란과 일반법 부재로 인한 한계를 뛰어 넘어 이종산업 간 자유로운 마이데이터 서비스를 활성화시키는 방향으로 변화가 예상된다.

2021년 12월 시범서비스를 거쳐 2022년 1월 본격서비스가 시작된 마이데이터 제도는 은행/보험/금융투자/여신전문금융/저축은행/상호금융/CB사/IT/핀테크/통신/전자금융 등의 업종을 포함하여 현재 본허가 64개사('23년 2월 기준)가 사업을 영위하고 있다.

업종	마이데이터 사업자
은행(10)	우리은행, 신한은행, KB국민은행, NH농협은행, SC제일은행, 하나은행, 광주은행, 전북은행, IBK기업은행, DGB대구은행
보험(3)	교보생명, KB손해보험, 신한라이프
금융투자(9)	미래에셋증권, 하나증권, 키움증권, 한국투자증권, NH투자증권, KB증권, 현대차증권, 교보증권, 신한투자증권
여신전문금융(9)	KB국민카드, 비씨카드, 우리카드, 신한카드, 현대카드, 하나카드, 현대캐피탈, KB캐피탈, 롯데카드
저축은행(2)	웰컴저축은행, 동양저축은행
상호금융(1)	농협중앙회
CB사(2)	NICE평가정보, KCB
IT(1)	LG CNS
핀테크(23)	토스, 네이버 파이낸셜, 뱅크샐러드, 페이코, 카카오페이, Hecto Innovation, Habit Factory, 한국신용데이터, 쿠콘, 핀셋N, 팀윙크, 보맵, 핀다, ㈜핀테크, SK플래닛, 아이지넷, 핀크, 뱅크Q, 유비벨록스, 핀트, 에프앤가이드, 코드에프, HN핀코어
통신(3)	SK텔레콤, KT, LG U+
전자금융(1)	11번가

이러한 마이데이터 사업자들은 충분한 전문성을 바탕으로 자본금, 인적요건, 물적요건 등을 갖춰야 하고, 마이데이터 사업계획에 대해 금융위원회의 허가를 받아야 한다.

항목	세부 내용
자본금 요건	• 최소 자본금 5억원 이상
물적 시설	• 해킹방지, 망분리 수행 등을 위한 충분한 보안설비
사업계획의 타당성	• 서비스 경쟁력 및 혁신성 • 소비자 보호체계 마련
대주주 적격성	• 충분한 출자능력 • 건전한 재무상태
신청인의 임원 적격성	• 신청인의 임원에 대한 벌금 • 제재사실 여부
전문성 요건	• 데이터 처리 경험 등 데이터 산업 이해도

특히, 물적요건 중에는 신용정보법 제6조1항1호에 근거하여 시스템 구성 적정성과 보안체계의 적정성 요건을 충족시켜야 한다. 이 중 보안체계 요건은 아래와 같이 13개 항목에 대해 세부적으로 제시되어 있다.

1. 침입차단시스템, 침입탐지시스템, 이동식 저장장치 통제 프로그램, 바이러스 및 스파이웨어 탐지 및 백신프로그램을 갖출 것	• 정보보호시스템 자산목록(FW, WAF, IPS, IDS, Anti-DDoS, 매체제어, 백신 등), 네트워크보안지침, PC보안지침, 정보보호시스템 운영현황 • 정보통신망/정보시스템 구성도(정보보호시스템 등 관련 시스템을 표기)
2. 업무 위탁 및 외부 시설·서비스의 이용시 보호대책을 마련할 것	• 업무 위·수탁 계약서, 외부 시설·서비스 이용 계약서(SLA 협약서 등) - 업무 위탁 또는 신용정보 처리 업무를 제3자에게 위탁하는 경우, 위수탁계약서 등에 하단 별표의 항목이 포함되어야 함 • 보안관리약정서, 보안서약서, 수탁자 보안관리계획 및 보안관리방안
3. 직무분리 기준을 수립할 것	• 조직구성도, 직무분리기준, 업무분장표(본인신용정보관리 업무 관련 임직원)
4. 안전한 비밀번호 작성 규칙을 마련할 것	• 비밀번호 관리 규정 및 지침, 비밀번호생성 규칙, 비밀번호 규칙 적용 화면(PC 등 단말기, 서버 등 시스템, 어플리케이션 등으로 구분하여 각각 작성)
5. 비상계획, 재해복구 훈련 실시 체계를 갖출 것	• BCP/DRP지침, 업무연속성 계획(BCP), 재해복구 계획(DRP), 비상대응조직 구성·운영 현황 • 비상계획, 재해복구훈련 실시 계획 및훈련 실시 결과
6. 서버, 단말 등에 대한 접근통제 방안을 마련할 것	• 시스템보안지침, PC보안지침, 사용자(고객 등 이용자) 보안지침 • 서버보안시스템/PC보안솔루션 자산목록, 시스템 구성도(서버접근제어, DB접근제어, NAC, DRM, DLP 등 서버, 단말 관련 정보보호시스템을 표기) • 서버, 단말 등에 대한 접근통제현황(사용자, 이용자 접속시 본인 인증수단 포함)
7. 전산실, 자료보관실 등에 대한 출입통제 절차를 마련할 것	• 물리적 보안지침, 전산실 및 DR센터 등보호구역(통제구역/제한구역 등) 운영현황 • 전산실, 자료보관실 등 보호구역출입통제 절차, 출입관리대장
8. 주요 데이터에 대한 접속기록 유지할 것	• 정보처리시스템 자산목록(시스템별 접속기록 유무 및 접속기록 항목 표기), 정보자산 위험평가서 • 로그관리지침, 정보처리시스템별 접속기록 관리 현황, 시스템별 접속기록 로그 샘플

9. 정보처리시스템 및 정보통신망을 해킹 등 전자적 침해행위로부터 방지하기 위한 대책을 마련할 것	• 정보통신망/정보시스템 구성도(업무망, 인터넷망 등 네트워크 구간 별로 망연계솔루션 등 망분리 관련 장비를 표기) • 단말기 목록(업무용 단말기, 시스템 접속용단말기 포함), 단말기 보안지침, 무선망보안대책(WIPS 설치현황 등) • 망분리 구축·운영현황(망분리 대상 및 범위, 망분리 방식 등 상세설명 포함)
10. 안전한 물리적 보안설비(통신회선 이중화, CCTV 등)를 갖출 것	• 물리적 보안지침, 전산설비 배치도(항온항습기/UPS, 하론소화기 등 전산설비보호장치 설치 현황, CCTV 설치 현황, 통신회선 이중화 현황, 화재감지기 등) • 전산설비 보안대책(제한구역, 통제구역 등보호구역 위주로 작성)
11. 안전한 백업대책을 갖출 것	• 백업관리지침, 백업 및 복구 계획서, 백업관리대장, 자산 반출·입대장 • 백업 및 소산 현황, 백업 및 복구 테스트 결과, 주요 데이터 백업 현황
12. 안전한 데이터 암호화 처리방침 및 암호처리 시스템 구축 할 것	• 암호처리시스템 목록(DRM, DB암호화, VPN, E2E 등), 암호화 관리지침, 암호키관리지침, 암호키 관리대장 • 데이터 암호화 처리 현황(암호화 대상및 방식, 적용 암호화 알고리즘, 암호처리시스템 운영현황 등)
13. 외부에서 정보처리시스템 접속 시 안전한 접속 및 인증수단(VPN 등)을 적용할 것	• 외부 사용자 보안지침, 외부 사용자 시스템 접속 절차 및 인증 절차(인증방법, 인증수단, 통신구간 암호화 등 포함) • 외부사용자 원격접속계정 및 접근권한부여현황, 외부사용자 업무분장표(원격접속 대상자를 모두 포함)

　　마이데이터 서비스를 정보주체가 안심하고 이용할 수 있도록 마이데이터 사업자는 해당 서비스에 대한 취약점 점검을 주기적으로 실시해야 한다. 안전한 이용을 위해 연 1회 취약점 점검을 의무로 수행하되, 보안강화를 위해 출시전에 취약점 점검을 완료해야 한다.

[신용정보업감독규정]

제23조의3(본인신용정보관리회사의 행위규칙 등) ① 영 제18조의6제1항제11호에서 "금융위원회가 정하여 고시하는 행위"란 다음 각 호의 행위를 말한다.

8. 본인신용정보관리서비스의 개발 및 주요기능 변경시 서비스 기능 등에 대해 금융보안원으로부터 적합성 심사를 받지 않거나 금융보안원, 「전자금융감독규정」제37조의3제1항에 따른 "평가전문기관" 또는 같은 규정 제37조의2제2항에 따른 "자체전담반"으로부터 서비스 보안성에 대해 연 1회 이상 보안 취약점 점검을 수행하지 않는 행위 〈신설 2021. 9. 30.〉

금융분야 마이데이터 취약점 점검체계는 보안성, 효율성, 사업자 특성을 종합적으로 고려하여 전자금융기반시설 취약점 분석·평가 체계를 준용하여 마련되었다. 마이데이터 사고가 발생하는 경우 사회적 파급효과와 국민의 재산상 손실이 클 수 있다는 점에서 전자금융서비스 수준의 보안성 확보가 요구되므로 대부분의 금융회사가 준용하고 있는 전자금융기반시설 취약점 분석·평가 수준의 취약점 점검이 반영된 것이다. 이는 마이데이터 사업자 허가 요건 상에 금융보안원 보안관제 가입(이용자 100만명 이상), 망분리 기준 및 클라우드컴퓨팅서비스 이용 등이 기반영되어 이미 전자금융감독규정에 준하는 수준을 요구하고 있는 것과 비슷한 취지로 볼 수 있다.

마이데이터 서비스 취약점 점검에 대한 개요 및 점검 기준/방법은 아래와 같다.

점검 대상	• 마이데이터 사업자가 개발한 마이데이터 서비스 시스템 일체 • 서비스 프로그램: 고객에게 웹/앱 형태로 제공되는 응용 프로그램 • 전산설비: DB, 웹서버, 정보보호시스템, 네트워크 구간 등
점검 기관	• 지정 점검 전문기관 또는 마이데이터 사업자 자체전담반 (자율적 선정) • 전문기관: ① 신용정보법 시행령 제28조의 4의 금융보안원, ② 정보보호산업의 진흥에 관한 법률 제23조에 따라 지정된 정보보호 전문서비스 기업 • 자체전담반: 자체 전담반 구성 시 신용정보관리보호인을 포함하고 규모·자격은 전자금융기반시설 취약점 분석·평가 자체 전담반 기준 준용
점검 기준	• 전자금융기반시설 보안 취약점 점검기준 활용 (5개 분야 350여개 항목) • 서버: root 계정 원격 접속 제한 미비, 계정 목록 및 네트워크 공유 이름 노출 등 • 데이터베이스: DBA 계정 권한 관리, DB서버 중요정보 암호화 적용 여부 등 • 네트워크: 외부통신망에서 접근이 불필요한 구간에 대한 접근통제 미흡, 안전한 암호화 알고리즘 설정 여부 등 • 정보보호시스템: 보안장비 보안접속, 보안장비 원격 관리 접근 통제 등 • 웹/앱: 거래 인증수단 검증 오류, 거래정보 무결성 검증 등
점검 방법	• 정해진 점검기준을 참고하여 점검기관 자체환경으로 점검(자체 인력, 자체 보유 공간, 자체 점검도구, 자체 방법론 등을 활용하여 점검)
점검 완료	• 발견된 모든 취약점에 대한 조치 필요(조치 불가한 내용에 대해서는 자체 판단하여 위험수용 ⇒ 최고경영자 승인 필요)

점검 주기	• 마이데이터 사업자는 마이데이터 취약점 점검을 연 1회 의무 실시하고, 마이데이터 보안에 중대한 영향을 미치는 경우 수시 점검 실시 ※ 수시 점검 대상 예시 - 마이데이터 사고가 발생하여 긴급 조치가 필요한 경우 - 마이데이터의 주요 서비스 추가, 서비스 프로그램의 중요 기능 개선/변경, 주요 시스템의 구조 변경, 교체/이전 설치 등 마이데이터 서비스에 중대한 영향을 미치는 경우 - 마이데이터의 주요 표준 API 규격 변경 등 마이데이터 전반에 중대한 영향을 미치는 경우
점검 시기	• 안전하게 마이데이터 서비스를 이용할 수 있도록 보안 강화를 위해 마이데이터 서비스 출시 전 취약점 점검 완료

마이데이터 서비스 상의 정보들은 개인 금융자산 내역, 거래정보나 의료 데이터 등 민감한 개인정보가 집중되어 있는 관계로 DB 서버 등 마이데이터 사업자의 IT 인프라가 각종 고도화된 사이버 범죄의 표적이 될 수 있다. 실제 마이데이터 제도 시행 이후 일부 사업자의 개인정보 유출 사고가 발생하기도 했고 앞으로도 API 취약점을 통한 마이데이터 개인정보 유출은 발생 가능할 수 있으므로 보안관리에 만전을 기해야 한다. 마이데이터 서비스에 대하여 객관적인 보안 취약점 진단을 실시하는 것은 물로 강력한 접근통제 시스템을 갖추고 본인 인증 절차 강화 및 데이터 전송 저장시 암호화 적용 등 기본에 충실한 보안강화에 지속 신경써야 개인정보 유출 위험성을 최소화할 수 있을 것이다.

| 참고문헌

1. 금융분야 개인정보보호 가이드라인 개정본 ('17. 2. 24)

2. 금융감독원 신용정보법 주요 개정내용 및 법률 위반사례 교육자료 ('20. 8. 20)

3. 금융분야 정보보호 상시평가 자체평가 안내서 ('21. 1. 29)

4. 금융보안원 2023년 금융권 정보보호 상시평가 설명회 자료 ('23. 1. 19)

5. 개인정보 처리 위·수탁 안내서 ('20. 12. 30)

6. 알기 쉬운 데이터와 금융의 이해 ('22. 12)

7. 금융분야 마이데이터서비스 보안취약점 점검 안내서 ('21. 4)

CHAPTER 06

개정 데이터3법
주요내용 및 최신 현황

6.1 개정 데이터 3법

6.1.1 데이터 3법

1) 개요

우리나라 데이터 경제의 도약과 활성화의 근간을 이루는 개정 데이터 3법은 「개인정보보호법」, 「정보통신망 이용촉진 및 정보보호 등에 관한 법률(정보통신망법)」, 「신용정보의 이용 및 보호에 관한 법률(신용정보법)」에 대한 3개 법률을 통칭한다.

2020년 8월 5일 시행된 개정 데이터 3법은 대통령 직속 「4차 산업혁명위원회」 주관의 관계부처·시민단체·산업계·법조계 등 각계 전문가가 참여한 '해커톤' 회의에서 합의결과 (2018.2, 2018.4)[1]와 국회 「4차산업혁명특별위원회」의 특별권고 사항(2018.5)[2]을 반영한 입법 조치로 마련된 것이다. 이를 통해 가명정보의 정의와 활용에 관한 법적 근거의 마련과 각 법령의 유사 및 중복조항을 정비 및 개인정보보호위원회로 일원화된 개인정보보호 체계를 수립함으로써, 데이터 이용에 관한 규제 혁신과 개인정보보호의 거버넌스 체계를 구축하고자 하였다.

---

1) 4차 산업혁명위원회, "해커톤 합의사항 이행현황", 제6차 4차 산업혁명위원회 보고안건 제2호, 2018. 05.
2) 국회 4차 산업혁명 특별위원회, 국회 4차 산업혁명 특별위원회 활동결과보고서 -개인정보 보호와 활용을 위한 특별 권고안-, 2018.05.

이에 따라 4차 산업의 핵심이라 할 수 있는 인공지능(AI), 인터넷 기반 정보통신 자원통합(Cloud), 사물인터넷(IoT) 등 신기술을 활용한 데이터 기반 신산업의 육성과 양질의 일자리 창출을 촉진하기 위함이 개정 데이터 3법의 목적이라 할 수 있다.

2) 주요 개정내용

개정 데이터 3법 가운데 가장 핵심인 개인정보보호법은 가명정보의 도입을 통한 산업 내 데이터의 활성화를 도모하고, 동의 없이 처리할 수 있는 개인정보의 범위를 확대하였다. 또한, 가명정보와 익명정보 등 개인정보의 범위를 명확히 하였고, 개인정보보호위원회로 보호체계를 일원화함을 골자로 하였다.

가장 큰 폭으로 변화된 정보통신망법은 종래에 온라인 사업자가 정보통신망을 통한 서비스에 한해 개인정보보호에 관한 특별법으로서 적용되었으나, 개인정보보호와 관련된 유사 및 중복조항은 개정 취지에 맞도록 조정을 통해 「개인정보보호법」으로 이관하였다. 또한, 온라인상에서 개인정보보호 관련 관리·감독 주체를 기존 방송통신위원회에서 개인정보보호위원회로 변경하여 거버넌스의 일원화 및 개선할 수 있도록 하였다.

그리고, 신용정보법은 금융 분야에서 빅데이터 분석 및 이용을 법적으로 명확화하고, 본인신용정보관리업(마이데이터, MyData) 산업의 도입을 촉진할 수 있도록 제도화하였다. 또한, 개인정보보호위원회로 감독규제 기능을 일원화하여 개인정보보호 기능을 정비하고 강화하였다. 이에 따라 금융회사의 경우 개정 후 개인(신용)정보는 신용정보법을 우선 적용토록 하고, 신용정보법에 규정되지 않은 조항은 개인정보보호법을 적용하도록 큰 폭의 개정이 이루어졌다.

6.1.2 개정 개인정보보호법

1) 개요3)

2020년 8월에 시행된 개정 개인정보보호법의 내용은 빅데이터 활성화에 초점이 맞춰져 있다고 해도 과언이 아니다. 기존 개인정보의 개념을 보다 합리적이고 명확하게 재정의함으로써 가명정보 및 익명정보에 대한 명확한 기준을 제시하였고, 이를 통해 개인정보처리

---

3) 입법정보, "개인정보보호법 일부개정법률안 제2016621호", 국민참여입법센터, 2018.11.15.

자가 가명정보를 이용, 제공, 결합하여 활용할 수 있는 환경을 제도화하였다. 또한, 개인정보보호의 관리와 감독 기능을 개인정보보호위원회로 일원화하여 체계적인 정책 추진이 가능하도록 거버넌스를 구축하였다는데 큰 의의를 가진다.

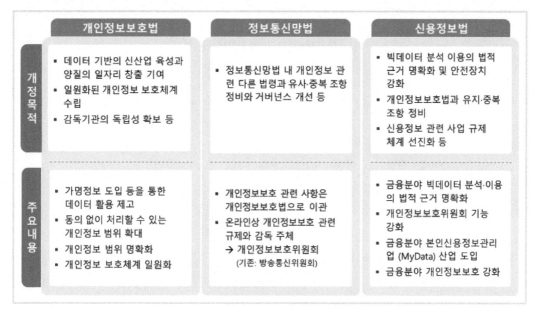

개인정보보호법	정보통신망법	신용정보법
개정목적 • 데이터 기반의 신산업 육성과 양질의 일자리 창출 기여 • 일원화된 개인정보 보호체계 수립 • 감독기관의 독립성 확보 등	• 정보통신망법 내 개인정보 관련 다른 법령과 유사·중복 조항 정비와 거버넌스 개선 등	• 빅데이터 분석 이용의 법적 근거 명확화 및 안전장치 강화 • 개인정보보호법과 유지·중복 조항 정비 • 신용정보 관련 사업 규제 체계 선진화 등
주요내용 • 가명정보 도입 등을 통한 데이터 활용 제고 • 동의 없이 처리할 수 있는 개인정보 범위 확대 • 개인정보 범위 명확화 • 개인정보 보호체계 일원화	• 개인정보보호 관련 사항은 개인정보보호법으로 이관 • 온라인상 개인정보보호 관련 규제와 감독 주체 → 개인정보보호위원회 (기존: 방송통신위원회)	• 금융분야 빅데이터 분석·이용의 법적 근거 명확화 • 개인정보보호위원회 기능 강화 • 금융분야 본인신용정보관리업 (MyData) 산업 도입 • 금융분야 개인정보보호 강화

[그림 13] 개정 데이터 3법의 주요 내용

2) 주요 개정내용

개정 개인정보보호법의 주요 내용을 살펴보면 다음과 같다.

① 가명정보 개념 도입을 통한 데이터 활용을 제도화

개인정보보호법에서는 개인정보를 "살아있는 개인에 대한 정보로, 개인을 알아볼 수 있게 하는 정보와 다른 정보와 쉽게 결합하여 알아볼 수 있는 정보"로 정의하고 있다. 다음의 [표 50]에서 알 수 있듯이 개정 개인정보보호법에서는 개인정보, 가명정보, 익명정보의 3가지 개념을 명확하게 정의하여, 가명정보는 개인정보의 일부 또는 전부를 삭제 또는 대체하는 등 가명처리되어 추가정보 없이는 특정 개인을 알아볼 수 없도록 생성된 정보로 개념화하였다.

즉, 개인을 식별할 수 있는 일부 정보로 정보주체를 알아볼 수 없도록 가명화하여 안전하게 처리된 개인정보를 가명정보로 법적으로 정의하여, 종래에 개인정보를 비식별화하여 소극적으로 처리하던 차원과는 다르게 개인정보 관련 산업을 활성화하는 계기를 마련하였다.

가명정보는 통계작성, 과학적 연구, 공익적 기록보존 목적으로 정보주체의 동의 없이도 처리할 수 있도록 허용하고, 서로 다른 기업이 보유하고 있는 가명정보를 보안시설을 갖춘 전문기관에서 결합할 수 있도록 함으로써 제도적 차원에서 활용할 수 있도록 하였다.

[표 50] **가명정보 개념의 법적 근거**

구분	개념	예시		활용 가능 범위
개인정보	• 특정 개인에 관한 정보, 개인을 알아볼 수 있게 하는 정보 (특정 개인과 관련성, 식별가능성, 결합의 용이성)	성명 / 나이 / 연락처 / 주소	홍길동 / 32세 / 010-1234-568 / 서울 종로구 한글길	• 사전적이고 구체적인 동의를 받은 범위 내에서 활용 가능
가명정보	• 추가정보의 사용 없이는 특정 개인을 알아볼 수 없도록 조치한 정보 (특정 개인과 관련성, 식별가능성, 결합의 용이성의 합리적 고려, 가명정보 포함)	성명 / 나이 / 연락처 / 주소	홍○○ / 30대 초반 / 010-****-**** / 서울특별시	• 통계작성, 연구, 공익적 기록보존 목적 등은 '동의 없이' 활용 가능
익명정보	• 더 이상 개인을 알아볼 수 없도록 조치한 정보 (복원 불가능할 정도)	성명 / 나이 / 연락처 / 주소	(삭제) / 30대 / (삭제) / 대한민국	• 개인정보가 아니므로 제한 없이 자유롭게 활용

개인정보의 가명처리[4]는 ① 가명처리 목적 설정 등 사전준비, ② 위험성 검토 ③ 가명처리 수행, ④ 적정성 검토 및 추가 가명처리, ⑤ 가명정보의 안전한 관리 단계로 이루어진다. 이외에 개인정보처리자가 안전한 가명처리를 위해 가명처리 관련 업무의 총괄·관리 및 의사결정을 위한 총괄부서(또는 담당자)를 지정할 수 있으며, 가명정보 처리 목적의 적합성 검토, 가명처리, 가명처리 적정성 검토, 가명정보를 처리하는 자에 대한 관리·감독, 가명정보에 대한 안전성 확보조치 수행, 그 밖에 안전하고 효율적인 가명정보 처리를 위해 필요한 사항을 업무에 반영할 수 있도록 하였다.

---

4) 개인정보보호위원회, "가명정보 처리 가이드라인", 2022.04.

또한, 가명정보 결합·반출은 ① 결합신청, ② 결합 및 추가처리, ③ 반출 및 활용, ④ 안전한 관리의 총 4단계로 진행된다. 이때 결합 및 추가처리 단계에서는 다음의 [그림 14]와 같이 결합신청자가 결합키관리기관과 결합키 생성에 관한 사항을 협의하고, 결합키 관리기관으로부터 결합키 생성에 필요한 정보(Salt값)를 수신한다. 결합신청자는 생성된 결합키(임시대체키)로 개인정보를 비식별 가명처리하고, 가명처리 내역과 함께 결합전문기관에 전송하게 된다. 결합전문기관에서는 결합신청자의 정보집합물을 결합한 후 결합정보를 신청기관에 제공하게 된다.

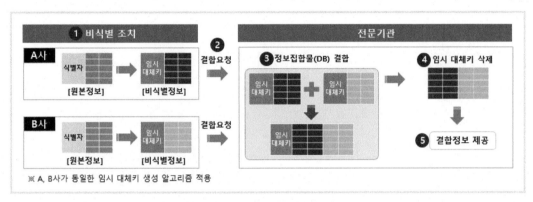

[그림 14] 데이터 결합절차

또한, 가명정보를 처리하거나 정보집합물을 결합하는 경우 관련 기록을 작성·보관하는 등 대통령령으로 정하는 안전성 확보조치를 하도록 하고, 특정 개인을 알아보는 행위를 금지하는 한편 이를 위반하는 경우 형사벌, 과징금 등의 벌칙을 부과하도록 하였다.

② 동의 없이 처리할 수 있는 개인정보의 범위 확대

다음의 [표 51]에서 알 수 있듯이 개인정보보호법에서는 애초에 정보주체의 개인정보를 수집목적과 합리적으로 관련된 범위(양립 가능성)[5] 내에서 불이익 발생 및 안전성 확보조치 여부 등을 고려하여 대통령령이 정하는 바에 따른 추가적인 이용, 제공 허용하고 있다. 시행령에서는 목적과의 상당한 관련성, 예측 가능성, 이익의 부당한 침해 금지, 가명처리 우선 원칙을 갖춘 경우 정보주체의 동의 없이 처리할 수 있도록 하고 있다. 이를 위해 개인정

---

5) 전승재, "개인정보, 가명정보 및 마이데이터의 활용 범위 - 데이터 3법을 중심으로 -", 선진상사법률연구, 2020, No.91, pp. 249-279.

보의 침해 및 유출 등에 대응할 수 있도록 암호화 등의 보안기술이나 대응방안이 마련되도록 규정하였다.

[표 51] **동의없이 처리할 수 있는 합리적 범위**

개인정보보호법	개인정보보호법시행령
제15조 (개인정보의 수집·이용) ③ 개인정보처리자는 당초 수집 목적과 합리적으로 관련된 범위에서 정보주체에게 불이익이 발생하는지 여부, 암호화 등 안전성 확보에 필요한 조치를 하였는지 여부 등을 고려하여 대통령령으로 정하는 바에 따라 정보주체의 동의 없이 개인정보를 이용할 수 있다.	**제14조의2 (개인정보의 추가적인 이용·제공 기준 등)** 법 제15조제3항 및 법 제17조제4항에 따라 다음 각호의 사항을 고려해야 한다. 1. 당초 수집 목적과 관련성이 있는지 여부 2. 개인정보를 수집한 정황 또는 처리 관행에 비추어 볼 때 개인정보의 추가적인 이용 또는 제공에 대한 예측 가능성이 있는지 여부 3. 정보주체의 이익을 부당하게 침해하는지 여부 4. 가명처리 또는 암호화 등 안전성 확보에 필요한 조치를 하였는지 여부

예를 들어, 온라인 판매업자가 물품의 판매 목적으로 정보주체의 동의를 받아 개인정보(주소)를 수집한 경우, 이를 배송목적으로 택배업체에 제공이 가능하다. 이는 추가 처리하고자 하는 목적이 배송에 있고, 애초 수집목적인 온라인 판매의 상당한 관련성이 있기 때문이다. 또한, 수집한 정황과 처리 관행에 비추어 볼 때 온라인 구매에 따른 배송처리라는 예측 가능성이 포함되어 있다. 추가적으로 배송목적으로 인해 최소한의 정보제공이라는 추가 처리가 정보주체나 제3자의 이익을 부당하게 침해하지 않기 때문이다.

하지만, 개인정보처리자가 수집한 고객정보를 '자사의 마케팅' 용도로 활용할 경우 수집 목적과 합리적으로 관련된 범위의 문제는 달라진다. 가령 위치기반 레스토랑 추천 앱(오프라인 매장 방문을 전제한 서비스)에서 고객의 명시적 동의 없이 배달 피자 광고 쿠폰을 발송하는 것(오프라인 매장 방문과 다른 유형의 소비 유도)은 애초 수집목적과 양립하지 않아 별도 동의가 필요하다.

③ 개인정보보호의 범위를 명확화

개인정보 중 다른 정보와 쉽게 결합해 특정 개인을 알아볼 수 있는 정보의 판단 기준을 신설함으로써 시간, 비용, 기술 등을 모든 수단을 합리적으로 고려할 때 다른 정보를 사용해도 더 이상 개인을 알아볼 수 없는 정보(익명정보)를 개인정보보호법의 적용 대상에서 제외하도록 명확히 하였다.

④ 개인정보보호체계의 일원화

개정 개인정보보호법 제6장에 "정보통신서비스 제공자 등의 개인정보 처리 등 특례"를 신설하고, 개정된 정보통신망법과 함께 기존에 개인정보보호법과 정보통신망법으로 분산되어 있던 개인정보보호 관련 법률을 개인정보보호법으로 일원화하였다. 즉 개정 개인정보보호법은 기존 정보통신망법에 있던 개인정보에 관한 규정 중 개인정보보호법과 상이한 규정들을 정보통신서비스제공자등에 대한 특례 규정으로 이관하였다. 예를 들어 개인정보의 수집 및 이용, 개인정보 유출 통지 및 신고, 서비스 미이용 이용자 개인정보의 파기, 개인정보 이용내역의 통지, 손해배상의 보장, 국내대리인의 지정, 국외 이전 개인정보의 보호, 과징금 등 규정이 이에 해당한다.[6)]

또한, 개인정보보호위원회를 국무총리 소속 중앙행정기관으로 격상하여 거버넌스를 일원화함으로써 개인정보보호에 관한 사무를 독립적으로 수행할 수 있도록 하였다. 상임위원 2명(위원장 1명, 부위원장 1명) 및 비상임위원회 7명(위원장 제청 2명, 여당 추천 2명, 야당 추천 3명)으로 구성되어 있으며, 행정안전부와 방송통신위원회의 개인정보보호 관련 기능 전부와 금융위원회의 일반상거래 기업 조사와 처분권을 개인정보보호위원회로 이관해 감독기구 일원화하여 개인정보보호 컨트롤타워 기능을 강화하였다.

⑤ 가명정보의 특례와 안전조치 의무

앞서 언급되어 있지만, 데이터 활용을 활성화하기 위해 가명정보의 개념이 도입되었고, 그 처리에 관한 특례규정을 신설하였다. 이에 따라 개인정보처리자는 가명정보를 통계작성, 과학적 연구, 공익적 기록보존 등의 목적으로 정보주체의 동의 없이 처리할 수 있게 되었고, 개인정보처리자 간에 지정된 전문기관을 통해서 가명정보를 이용할 수 있게 되었다. 가명정보 처리 시 수집출처의 고지, 개인정보의 파기, 양도에 따른 개인정보 이전 제한, 유출통지, 열람·정정·삭제 요구, 유출통지, 파기, 이용자 권리, 개인정보 이용내역 통지 등과 같은 조항은 규정사항에서 제외되었다.

특히, 가명정보의 재식별금지, 가명처리 과정에서 식별정보 생성시 처리 중지 등을 금지 행위로 규정하고, 재식별 금지의무 위반 시 과징금을 부과하도록 하였다. 더욱이 가명정보

---

6) 이양복, "데이터 3법의 분석과 향후과제", 비교사법, 제27권 제2호(통권 제89호), 2020.05., pp.423-463.

를 처리하는 경우 원래의 상태로 복원하기 위한 추가정보를 별도로 분리하여 보관 및 관리하는 등 해당 정보가 분실·도난·유출·위조·변조 또는 훼손되지 않도록 안전성 확보에 필요한 기술적 관리적 및 물리적 조치를 하여야 한다. 개인정보처리자가 안전성 확보에 필요한 조치를 하지 아니하여 개인정보(가명정보 포함)를 분실·도난·유출·위조·변조 또는 훼손한 자는 2년 이하의 징역 또는 2천만원 이하의 벌금을 부과하고, 안전성 확보에 필요한 조치를 하지 아니한 자에게는 3천만원 이하의 과태료를 부과한다.

⑥ 기타 사항

개정 개인정보보호법에서 일부 변경된 내용은 다음 [표 52]와 같이 정리할 수 있다. 먼저, 민감정보의 개념에 생체인식, 인종·민족 정보 등을 포함하여 적용범위를 확대하여 재정립하였다. 또한, 개인정보의 처리위탁 시 종래에는 정보주체의 별도 동의가 있어야 했지만, 해당 내용을 공개하는 것 만으로도 가능하도록 규정하였다. 그리고 정보주체의 권리를 향상시키기 위해 정보주체가 개인정보처리자에게 개인정보의 삭제 및 처리정지 요구가 가능하도록 개정되었다.

[표 52] **개정 개인정보보호법의 주요 변경내용**

구분	개정 전	개정 후
민감정보	• 민감정보의 개념 　-정보통신망법 제23조 • 사상, 신념, 가족·친인척 관계, 학력, 병력, 기타 사회활동 경력 등	• 민감정보의 개념 　-개인정보보호법 제23조 • 사상, 신념, 노동조합·정당가입 및 탈퇴, 정치적 견해, 건강, 성생활, 유전정보, 범죄경력자료, 개인의 신체적, 생리적, 행동적 특징에 관한 정보로서 특정 개인을 알아볼 목적으로 일정한 기술적 수단을 통하여 생성한 정보, 인종이나 민족에 관한 정보로서 처리 목적이나 정황에 비추어 부당하게 차별할 우려가 있는 정보
	• 민감정보 처리 가능한 경우 　-별도 동의, 법률 허용	• 민감정보 처리 가능한 경우 　-별도 동의, 법령 허용
위탁	• 개인정보의 처리위탁 방법 　-정보통신망법 제25조 　-고지 및 동의 (필요)	• 개인정보의 처리위탁 방법 　-개인정보보호법 제26조 　-공개의무 (필요), 동의 (불필요)

가명처리 및 데이터 결합	• 해당 사항 없음	• 가명정보의 활용 및 결합 가능 • 가명정보의 안전조치 의무 부담 • 가명정보 처리 시 금지의무 부담
이용자 권리	• 동의철회권 • 열람 요구권 • 정정 요구권	• 동의철회권 • 열람 요구권 • 정정·삭제 요구권 (삭제 요구 가능) • 처리정지 요구권 (처리정지 요구 가능)

6.1.3 개정 신용정보법

1) 개요[7]

데이터 3법에서 개정 신용정보법은 신용정보 관련 사업들을 제도적으로 정비하여 선진화하는데 많은 중점을 두고 있다. 이를 위해 신용정보의 수집, 이용, 제공 등의 개념을 명확히 하였고, 금융산업에서 개인신용정보에 대한 빅데이터 분석 및 이용의 법적 근거를 마련하였다. 이를 통해 새로운 금융 분야 비즈니스 모델을 다양하게 수립할 수 있도록 하였다.

특히, 금융 분야의 데이터산업을 활성화하기 위해 신용정보 관련 산업에 관한 규제체계를 구축하고, 정보활용 동의제도의 개선, 개인신용정보의 전송요구권(Right to data portability), 자동화 평가(Profiling)에 대한 신용정보주체의 설명요구권 등 새로운 개인정보 자기결정권 등을 도입하였다.

2) 주요 개정내용

데이터 3법에서 개정 신용정보법의 주요 내용을 살펴보면 다음과 같다.

① 금융 분야 빅데이터 분석·이용의 법적 근거 명확화

신용정보법도 개인정보보호법과 동일하게 주요 개인정보의 개념인 개인정보, 가명정보, 익명정보에 관한 체계를 명확히 하여 데이터 분석 및 이용을 할 수 있도록 하였다. 특히, 데이터 활용에 있어 중추인 가명정보는 추가정보의 사용 없이는 특정 개인을 알아볼 수 없

---

7) 입법정보, "신용정보의 이용 및 보호에 관한 법률 일부개정법률안 제2016636호", 국민참여입법센터, 2018.11.15.

도록 조치한 정보로 정의하고, 통계작성(상업적 목적 포함), 연구(산업적 목적 포함), 공익적 기록보존 목적으로 정보주체의 동의 없이 활용할 수 있도록 규정하였다.

이와 같이 데이터 결합의 법적 근거를 마련하되, 신용정보회사 등이 자기가 보유한 정보 집합물을 제3자가 보유한 정보 집합물과 결합하고자 하는 경우 금융위원회가 지정한 "데이터 전문기관"을 통해 결합하도록 하고, 결합한 정보집합물을 해당 신용정보회사 등 또는 제3자에게 전달하는 경우에는 가명처리 또는 익명처리가 된 상태로 전달하도록 하였다.

특히, 데이터 결합절차를 세부적으로 규정하여, 결합의뢰기관이 전문기관에 정보집합물을 제공할 때 식별값은 결합키로 대체하고, 개인신용정보는 가명처리하여 전달하도록 하였다. 이때 결합전문기관은 결합된 정보집합물을 결합의뢰기관에 전달할 때 가명처리 또는 익명처리 한 후 전달할 수 있도록 하였다. 이 경우 가명정보의 활용과 결합에 대한 가명처리는 안전장치와 사후통제 수단이 마련된 상태에서만 가능하도록 하였다.

[표 53] **신용정보법의 데이터 결합절차**

절차	주체	의무
결합의뢰	결합의뢰 기관	① 금융위원회가 정한 양식에 따라 공동 결합신청 ② 데이터에 포함된 식별값은 결합키로 대체 ③ 개인신용정보는 가명처리 ④ 암호화 등 보호조치를 하여 전달
결합 및 결합데이터 제공	전문기관	① 데이터 결합 후 결합키는 삭제 또는 대체키 전환 ② 결합데이터는 가명처리 또는 익명처리의 적정성 평가를 거쳐 적정한 경우에만 전달 (암호화 등 보호조치 후 전달) ③ 결합데이터를 결합의뢰기관에 전달 후 결합데이터 및 원본데이터를 지체없이 삭제
결합 이후	전문기관	결합 관련 사항 기록 및 관리, 연1회 금융위원회 보고

② 신용정보 관련 산업의 규제체계 선진화

금융위원회는 2019년 11월, 「신용정보산업 규제체계 정비」를 통해 기존 신용조회업(CB: Credit Bureau)을 신용조회업, 신용조사업 및 채권추심업을 포괄하여 규정하고 있었으나, 개정 신용정보법에서 개인신용평가업, 개인사업자신용평가업, 기업신용조회업으로 세분화하였다.

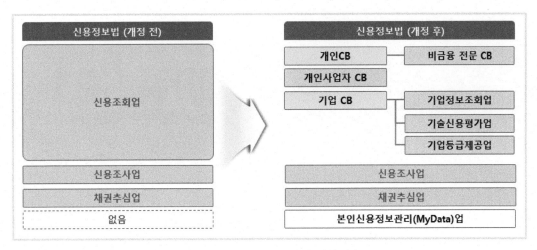

[그림 15] **신용조회업의 세분화**

　다음의 [표 54][8]에서와 같이 신용정보조회업의 고유업무를 분리함으로써 각각의 신용
조회업에서 고유업무의 범위를 축소하고, 일부 업무를 부수업무로 변경함으로써 신용정보
관련 산업의 구조를 개편하였다. 개별 산업에 대한 규제요건을 합리적 재규정하여 진입장
벽을 낮춤으로써 기업신용조회업, 개인사업자신용평가업, 마이데이터업 등과 같은 신용정
보 관련 3종의 신산업을 활성화할 수 있도록 기반을 마련하였다.

[표 54] **신용조회업의 고유업무의 범위 축소**

기존			개정	
신용정보 조회업의 고유 업무	• 신용정보를 수집·처리하는 행위, 신용정보주체의 신용도·신용거래능력 등을 나타내는 신용정보를 만들어 내는 행위 및 의뢰인의 조회에 따라 신용정보를 제공하는 행위	개인 신용 평가업	고유 업무	• 개인의 신용을 판단하는 데 필요한 정보를 수집하고, 개인의 신용상태를 평가하여 그 결과를 제3자에게 제공하는 행위
			부수 업무	• 새롭게 만들어 낸 개인신용평점, 그 밖의 개인신용평가 결과를 신용정보주체 본인에게 제공하는 업무 및 개인신용정보나 이를 가공한 정보를 본인이나 제3자에게 제공하는 업무

---

8)　장준용, "개정 신용정보법에 따른 신용정보 산업구조 변화 검토 및 신용정보 산업체계 개편 방안", 은
　행법연구, 2020, Vol.13, No.2, pp.3-46.

	개인 사업자 신용 평가업	고유 업무	• 개인사업자의 신용을 판단하는 데 필요한 정보를 수집하고, 개인사업자의 신용상태를 평가하여 그 결과를 제3자에게 제공하는 행위
		부수 업무	• 새롭게 만들어 낸 개인사업자의 신용상태에 대한 평가의 결과를 해당 개인사업자에게 제공하는 업무 및 개인사업자에 관한 신용정보나 이를 가공한 정보를 해당 개인사업자나 제3자에게 제공하는 업무
	기업정보 조회업	고유 업무	• 기업 및 법인인 신용정보주체의 거래내용, 신용 거래능력 등을 나타내기 위하여 기업신용등급 및 기술신용정보를 제외한 신용정보를 수집하고, 대통령령으로 정하는 방법으로 통합·분석 또는 가공하여 제공하는 행위
	기업 신용 등급 제공업	고유 업무	• 기업 및 법인인 신용정보주체의 신용상태를 평가하여 기업신용등급을 생성하고, 해당 신용정보주체 및 그 신용정보주체의 거래상대방 등 이해관계를 가지는 자에게 제공하는 행위
		부수 업무	• 기업 및 법인에 관한 신용정보나 이를 가공한 정보를 본인이나 제3자에게 제공하는 업무
	기술 신용 평가업	고유 업무	• 기업 및 법인인 신용정보주체의 신용상태 및 기술에 관한 가치를 평가하여 기술신용정보를 생성한 다음 해당 신용정보주체 및 그 신용정보주체의 거래상대방 등 이해관계를 가지는 자에게 제공하는 행위
		부수 업무	• 기업 및 법인에 관한 신용정보나 이를 가공한 정보를 본인이나 제3자에게 제공하는 업무

또한, 신용조회업자의 영리목적 겸업 금지 규제 폐지에 따라 데이터 분석·가공, 컨설팅 등 다양한 겸영·부수 업무가 가능하도록 하였고, 산업의 건전성 제고를 위해 영업행위 규제 신설, 개인 신용평가업 및 개인사업자신용평가업에는 최대주주 적격성 심사제도를 도입하였다.

이를 위해 신용조회업을 하기 위한 허가요건으로 안전한 데이터 처리를 위한 시스템 및 설비 요건 규정, 허가단위별 자본금요건(5~50억원)에 따라 정해진 전문인력요건 (2~10인)을 갖추도록 하였고, 신용조회업자가 보유한 데이터와 풍부한 노하우 등을 활용하여, 수행 가능한 다양한 데이터 관련 업무를 관련 법령에 따른 인허가·등록을 거쳐 겸업이 가능하도록 허용하였다. 다만, 불공정한 신용평가 행위 금지, 등급 쇼핑 발생 방지 등 건전한 신용 질서를 훼손할 수 있는 행위의 금지를 규정하고 있다.

[표 55] **신용조회업의 허가요건**

구분		신용조회업 허가단위별 영업 내용	최소 자본금	금융회사 출자요건
기존	신용조회업 (CB업 구분 X)	• 개인과 기업의 신용상태를 평가	50억 원	적용 (50% 이상)
개정	개인 신용평가업	• 개인신용상태의 평가	50억 원	적용 (50% 이상)
	비금융전문 개인 신용평가업	• 개인신용상태의 평가를 비금융정보 (통신료, 전기, 가스료, 수도요금 등)만 으로 수행	활용대상 정보에 따라 20억 원 또는 5억 원	비적용
	개인사업자 신용평가업	• 개인사업자의 신용상태를 평가	50억 원	적용 (50% 이상)
	기업신용조회업 · 기업정보 조회업	• 기업신용정보를 통합·분석·가공하여 제 공하는 회사	5억 원	적용 (50% 이상)
	기업신용조회업 · 기술신용 평가	• 기업의 신용상태 및 기술에 관한 가치를 평가	20억 원	적용 (50% 이상)
	기업신용조회업 · 기업등급 제공	• 기업의 신용상태를 평가	20억 원	비적용

③ 금융 분야 마이데이터 산업 도입

금융위원회는 2018년 3월, 「금융분야 데이터활용 및 정보보호 종합방안」[9])을 통해 금융 분야의 데이터산업 경쟁력 강화방안의 하나로 본인신용정보관리업 도입 방안을 발표하였다. 이를 통해 정보주체가 여러 기관에 분산되어 있는 자신의 정보를 수집하고 관리할 수 있도록 하여, 권리행사에 따라 본인정보 통합조회, 신용·자산관리 등 서비스를 제공하는 본인신용정보관리업 즉, 마이데이터(MyData) 산업을 도입할 수 있도록 제도화하였다.

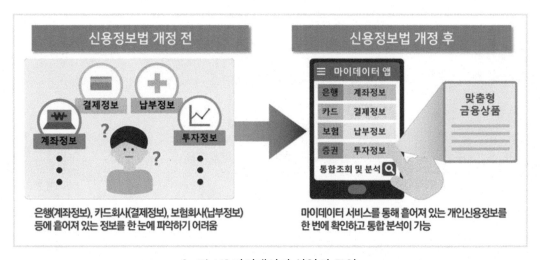

[그림 16] **마이데이터 산업의 도입**

마이데이터업은 법령에 규정된 신용정보 중에서 본인이 지정한 신용정보를 본인이 지정한 기관 또는 본인 자신에게 전송해 줄 것을 요구할 수 있는 전송요구권을 근간으로 하고 있으며, 이에 따라 마이데이터 사업자는 수집된 정보를 바탕으로 개인의 정보관리를 돕고, 맞춤형 상품 추천, 금융상품 자문 등이 가능하며, 서비스의 안전한 정보보호·보안체계를 마련하도록 하였다.

④ 정보활용 동의제 개선

금융분야에서 신용정보주체의 권리 강화를 위해 개정 신용정보법에서는 동의제도의 합리화를 위해 다양한 규정을 마련하였다. 이를 위해 정보활용 동의제도를 개선함으로써 신

---

9) 금융위원회, "금융분야 데이터활용 및 정보보호 종합방안", 2018.03.

용정보주체로부터 개인신용정보를 수집할 때, 정보주체가 원할 경우 상세한 내용을 고지하는 것을 전제로 고지사항 중 일부를 생략하거나 중요사항만을 발췌한 간략한 동의서를 사용할 수 있도록 하였다. 이를 통해 정보주체가 알고 하는 동의 관행을 정착할 수 있도록 제도화하였다.

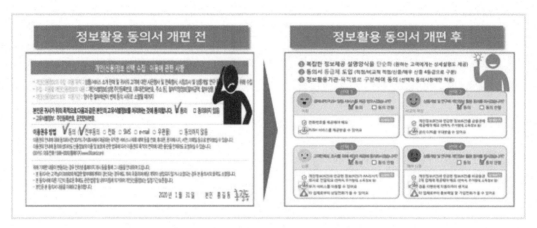

[그림 17] **정보활용 동의서 개편**

⑤ 정보활용동의 등급제

2021년 2월 시행된 "정보활용동의 등급제"는 신용정보주체가 동의항목에 대한 내용을 정확히 이해하지 못했거나 동의서 내용 미확인 등의 이슈로 동의에 따른 결과를 올바르게 판단하지 못하는 문제를 방지하기 위한 제도이다. 이를 통해 정보제공에 따른 사생활 침해 위험, 개인정보를 제공했을 때 받게 되는 이익 또는 혜택, 정보제공 동의서의 가독성·충실성 등을 평가할 수 있도록 5등급의 '정보활용 동의등급'을 부여하여, 정보주체가 위험도들 알고 동의할 수 있도록 만들어진 규정이다.

정보활용 동의등급[10]이란, 금융위원회가 정보활용 동의사항에 대해 사생활의 비밀과 자유를 침해할 위험 등을 고려하여 부여한 등급이다. 정보활용 동의등급은 다음과 같이 우수, 안심, 보통, 신중, 주의의 5단계로 구성되며, 평가등급은 정보활용 동의서 내에 삽입하여 공개하도록 하였다.

---

10) 한국신용정보원, "정보활용 동의등급 평가기준(가이드라인)", 2020.12.

[그림 18] **정보활용 동의등급 표기 예시**

평가기준은 사생활의 비밀과 자유를 침해할 위험, 이익이나 혜택, 동의 내용의 명확성 등을 고려하여 평가하도록 하였으며, 등급평가기관(종합신용정보집중기관)은 동의등급 제도 운영, 동의등급 평가위원회 운영 등 업무를 수행하며, 위탁받은 업무의 처리 내용을 6개월마다 금융위원회에 보고하도록 하였다.

[표 56] **정보활용 동의등급 평가 기준**

구분	주체
소비자 위험	• 수집 또는 제3자 제공정보의 범위 및 민감정도 • 제공정보의 사생활 관련성 및 유출 시 피해 정도
소비자 혜택	• 정보주체에게 제공되는 이익이나 혜택의 범위와 지속성
소비자 친화	• 동의서 구성의 금융소비자 인지 및 이행 용이성

⑥ 프로파일링 대응권 도입

개정 신용정보법에서는 정보주체의 권리를 보장하기 위해 자동화 평가(Profiling)에 대한 프로파일링 대응권을 도입하였다. 신용정보법에서는 자동화평가를 신용정보회사 등의 종사자가 평가 업무에 관여하지 아니하고 컴퓨터 등 정보처리장치로만 개인신용정보 및 그 밖의 정보를 처리하여 개인인 신용정보주체를 평가하는 행위로 정의한다. 다시 말해, 프로파일링은 금융회사에서 개인의 업무성과, 경제상황, 건강, 개인적 선호도, 관심, 신뢰도, 행동양식, 위치 및 이동 등에 관한 분석예측을 자동적인 수단을 통해 신용정보주체를 평가하는 것으로, 인공지능(AI)을 활용한 온라인 보험료 산정, 통계모형·머신러닝에 기초한 개인신용평가, 사전 프로그램된 알고리즘에 의한 대출 여부를 결정하는데 도움을 준다.

즉, 프로파일링 대응권은 개인신용정보의 주체가 기계화·자동화된 데이터 처리에 대해 금융회사 등에게 설명요구 및 이의를 제기할 수 있는 권리를 의미한다. 이때 다음의 [표 57]과 같이 신용정보주체는 설명요구권, 정보제출권, 이의제기권의 권리를 가진다.

[표 57] **프로파일링 대응 권리**

권리	내용
설명요구권	• 개인신용평가 등에 대한 자동화평가 실시 여부 (제36조의2제1항제1호)
	• 자동화평가의 결과, 주요 기준, 기초 정보 등 (제36조의2제1항제2호)
정보제출권	• 자동화평가 결과의 산출에 유리하다고 판단되는 정보 제출 (제36조의2 제2항 제1호)
이의제기권	• 기초정보의 정정·삭제 (제36조의2 제2항제2호 가)
	• 자동화평가 결과의 재산출 요구 (제36조의2 제2항제2호 나)

⑦ 개인신용정보 이동권 도입

다음으로 데이터 활용을 통한 편의성 증대를 위해 본인 정보를 다른 금융회사 등으로 제 공토록 요구 가능한 '개인신용정보 이동권'이 도입되었다. 이는 신용정보주체가 신용정보제 공·이용자(금융회사)나 공공기관에 대하여 본인에 관한 개인신용정보를 본인신용정보관리 업자나 다른 신용정보제공이용자에 전송할 것을 요구할 수 있도록한 것이다. 이때 정보 제 공자는 지체없이 거래 관계 종료 시점을 기준으로 과거 최대 5년까지의 정보를 컴퓨터로 처리 가능한 형태로 전송해야 한다. 다만, 신용정보주체의 본인 여부가 확인(본인인증)되지 않는 등 타당한 사유 발생 시 개인신용정보 전송요구를 거절하거나, 정지·중단이 가능하도 록 하였다.

[표 58] **전송요구권에 제공되는 신용정보**

신용정보 제공자	제공되는 신용정보	신용정보를 제공받는 자
금융회사 전기통신사업자 한국전력공사 한국수자원공사 공공기관 등	1. 금융거래정보 2. 국세·지방세 납부정보 3. 보험료 납부정보 4. 기타 주요 거래내역 정보	정보주체 본인 금융회사 개인 CB 마이데이터 사업자

⑧ 금융기관 상시평가 제도 도입[11)

금융기관 대상 상시평가 제도를 도입하여 신용정보관리·보호인은 개인신용정보의 활용, 관리 및 보호실태를 정기적으로 점검하여, 그 결과를 금융위원회에 제출하도록 규제화하였다.

이를 통해 금융기관 자체적으로 신용정보법 전 범위에 대한 정보보호 규제를 체계적 및 상시적으로 준수와 검증할 수 있는 체계를 만들게 되어, 금융권 정보보호 수준을 종합적으로 진단할 수 있게 되었다. 점검기준은 동의·수집·제공·삭제 등 정보의 생애주기(Data Life-Cycle)에 따른 전반적인 사항을 점검할 수 있도록 평가항목을 구체화하고, 9개 대항목(①동의원칙, ②수집, ③제공, ④보유·삭제, ⑤권리보장, ⑥처리위탁, ⑦관리적 보호조치, ⑧기술적 보호조치, ⑨가명정보 보호조치)과 143개 소항목으로 구성하였다.

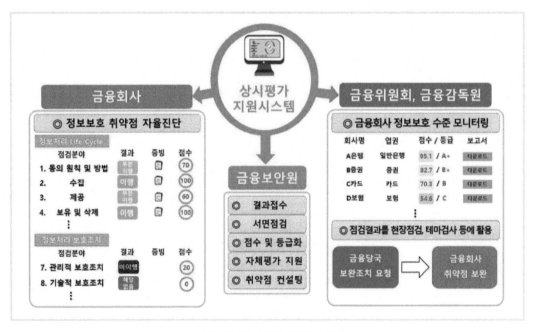

[그림 19] 상시평가 지원시스템

금융위원회는 이를 확인하여 그 결과를 점수 또는 등급으로 표시하며, 이는 금융권 정보보호 수준을 수치화, 통계화 등을 통한 전산자료형태로 축적하여 금융당국의 감독·검사에 활용할 수 있게 하였다. 또한, 일정기간 점수가 우수하고 사고가 없는 기업은 사고발생시

---

11) 금융위원회, "금융권 정보보호 상시평가제 도입 방안", 2020.12.

제재감면 등의 혜택을 부여하는 '안전성 인증마크'를 부여할 예정이다.

⑨ 과징금 부과 등 벌칙 강화

금융회사 등이 신용정보법 위반의 징벌적 손해배상책임에 관한 한도를 3배에서 5배로 증액하고, 300만원의 법정손해배상 책임이 적용되는 위반행위를 모든 신용정보법 위반행위로 확대하였다. 과징금의 한도를 위반행위와 관련된 매출액의 3%에서, 전체 매출액의 3%로 대폭 상향하였다.

6.1.4 개정 정보통신망법

1) 개요[12]

데이터 3법 개정에 따른 변화가 가장 많았던 정보통신망법은 개인정보보호법이나 신용정보법에서 유사하고 중복되는 조항을 다수 포함하고 있어서 해석과 관리감독에서 충돌되는 문제가 많았다. 이에 따라 규제 일원화에 따른 개인정보 관련 다른 법령과의 유사·중복 조항을 정비하여 개인정보보호 관련 규정을 삭제하고, 개인정보보호법으로 이관·편입하였다. 이를 통해 온라인상 개인정보보호 관련 규제와 감독 주체를 방송통신위원회에서 '개인정보보호위원회'로 변경하였다.

2) 주요 개정내용

개정 정보통신망법에서는 제22조의2(앱 접근권한 등)에 따른 단말기 접근 권한에 대한 동의, 제23조의3(본인확인기관 지정)을 근간으로 한 주민등록번호 처리 관련 본인확인기관의 지정, 제50조(영리목적 광고성 정보 전송 제한) 등 규정은 삭제되지 않고 여전히 존치하고 있다. 이들 조항이 존치하는 이유는 개인정보보호와는 직접적인 관련은 없으며, 그 적용대상이 통신사업자 등 방송통신위원회 사업자라는 특성을 반영하였기 때문[13]이다.

다음의 정보통신망법 조항들은 삭제 및 개인정보보호법의 특례 규정으로 통합하여 정비

---

12) 입법정보, "정보통신망 이용촉진 및 정보보호 등에 관한 법률 일부개정법률안 제2016622호", 국민참여입법센터, 2018.11.15.
13) 이양복, "데이터 3법의 분석과 향후과제", 비교사법, 제27권 제2호(통권 제89호), 2020.05., pp.423-463.

된 내용으로 다음과 같다. 정보통신망법에서 제22조 (개인정보의 수집 이용 동의 등), 제23조 (개인정보의 수집 제한 등), 제24조 (개인정보의 이용 제한), 제24조의2 (개인정보의 제공 동의 등), 제25조 (개인정보의 처리위탁), 제26조 (영업의 양수 등에 따른 개인정보의 이전), 제26조의2 (동의를 받는 방법), 제27조 (개인정보보호책임자의 지정), 제27조의2 (개인정보 처리방침의 공개), 제27조의3 (개인정보 유출등의 통지 신고), 제28조 (개인정보의 보호조치), 제28조의2 (개인정보의 누설금지), 제29조 (개인정보의 파기), 제29조의2 (개인정보보호의 촉진 및 지원), 제30조 (이용자의 권리), 제30조의2 (개인정보 이용내역의 통지), 제31조 (법정대리인의 권리), 제32조 (손해배상), 제32조의2 (법정손해배상의 청구), 제32조의3 (손해배상의 보장), 제32조의4 (노출된 개인정보의 삭제·차단), 제32조의5 (국내대리인의 지정) 중 제1항제1호 및 제2호, 제47조의3 (개인정보보호 관리체계의 인증), 제63조 (국외 이전 개인정보의 보호), 제63조의2 (상호주의), 제64조의3 (과징금의 부과 등)를 삭제 및 개인정보보호법에 통합하였다.

6.2 개인정보보호법 전면개정

6.2.1 개요[14]

 2020년 8월 데이터 3법 시행 이후, 개인정보보호법일부 개정안(의안번호 : 2112723)[15]을 통해 정보주체가 개인정보처리자에게 자신의 개인정보를 정보주체 본인, 개인정보관리 전문기관 또는 안전조치의무를 이행하고 대통령령으로 정하는 시설 및 기술 기준을 충족하는 자에게 전송할 것을 요구할 수 있도록 하여, 정보주체의 개인정보에 대한 통제권을 강화하기 위한 개인정보 전송요구권 등을 포함한 내용의 개정안을 마련하였다.

 이후 개인정보보호법 전면개정안으로 '23년 2월 27일 국회 본회의를 통과하였으며, '23년 9월 15일부터 시행하게 되었다. 개정된 개인정보보호법을 통해 개인정보 수집 및 이용의

---

14) https://www.boannews.com/media/view.asp?idx=110819
15) 법제처, "개인정보 보호법 일부개정법률(안) 입법예고", 2021.01.

법적 근거를 완화하고, 개인정보의 전송요구권 등을 통해 정보주체의 개인정보 통제권을 강화하였다. 또한, 정보통신서비스 제공자 등에 대한 특례규정을 일반규정으로 전환하여 규제의 일원화를 꾀하였다. 개인정보의 국외 이전 요건의 다양화를 통한 확대, 이동형 영상처리기기의 운영 기준, 개인정보 분쟁제도의 강화 등을 포함하고 있다.

6.2.2 주요 내용16)

1) 개인정보 전송요구권 (데이터 이동권) 도입

개정 개인정보보호법에서는 빅데이터 산업의 활성화를 위해 데이터 이동권이라 불리는 개인정보 전송요구권을 포함하였다. 해당 권리는 EU의 GDPR, 미국의 CCPA 등에서 입법화하여 보장하고 있다. 이는 정보주체가 전산 처리되는 개인정보를 자신이 직접 다운로드하거나, 제3자의 개인정보처리자 또는 전문기관에게 전송할 것을 요구할 수 있도록 하는 권리이다. 이때 전송형식은 전산처리할 수 있고 통상적으로 이용되는 구조화된 형식(표준포맷)을 갖춰야 한다.

더욱이 기존 신용정보법의 전송요구권과 전자정부법의 공공분야 행정정보 제공요구권과 같이 금융 및 공공 등 일부 분야에서 제한적으로 개인정보 전송요구권에 대해 보장해왔으나, 개정을 통해 정보주체의 개인정보 통제권을 강화하고, 전 산업 분야로 이동권을 확대한 것이 주요하다.

대통령령으로 정하는 시설 및 기술을 충족하는 자가 개인정보의 암호화, 취약점 분석 등을 통해 안전하게 전송 및 관리할 수 있도록 조치의무 등의 기준요건을 정하고, 향후 개인정보 전송요구권의 대상인 전송의무 대상자 기준, 매출액, 개인정보의 규모, 개인정보 처리능력, 전송요구, 산업별 특성, 방법 및 절차 등은 시행령에 위임하고 있다.

---

16) 개인정보보호위원회, "개인정보보호법 개정 추진 주요내용 −전 분야 "개인정보전송요구권" 도입을 중심으로, 2022.06.

[표 59] 개인정보 전송요구권 관련 법률 비교

구분[17]	GDPR(제20조)	신용정보법(제33조의2)	개인정보보호법 (개정)
주체	개인 정보주체	개인 신용정보주체	정보주체
상대방	컨트롤러	신용정보제공·이용자 등	개인정보처리자
주요 내용	• 자신의 개인정보를 체계적 형식으로 받거나, 다른 처리자에게 이전할 것을 요구할 수 있는 권리	• 자신의 신용정보를 본인 또는 신용정보 관리 회사 등에 전송하여 줄 것을 요구할 수 있는 권리	• 자신의 개인정보를 본인 또는 제3자 (다른 개인정보처리자, 개인정보관리 전문기관)에게 전송하여 줄 것을 요구할 수 있는 권리
정보 범위	• 정보주체가 동의하였거나, 계약의 이행을 위한 경우 • 자동화된 수단에 의한 경우 ※ 처리자가 생성·파생한 정보 제외	• 신용정보주체로부터 수집한 정보 • 신용정보주체가 제공한 정보 • 권리·의무 관계에서 생성한 정보 ※ 신용정보제공·이용자 등이 별도 생성하거나 가공한 신용정보는 제외	• 동의 또는 계약에 따라 처리되는 경우 • 컴퓨터가 인식할 수 있고 자동화된 방법으로 처리 ※ 처리자가 개인정보를 기초로 분석 및 가공을 통해 별도로 생성한 정보는 제외
권리 제한	• 타인의 권리와 자유 침해불가	• 신용정보주체의 본인여부가 확인되지 않는 경우 등 배제	• 타인의 권리와 정당한 이익 침해 불가

2) 자동화된 결정에 대한 정보주체의 권리 도입

개정법에서는 인공지능(AI) 등을 이용한 자동화된 결정이 정보주체의 권리 또는 의무에 중대한 영향을 미치는 경우 정보주체가 개인정보처리자에게 이를 거부하거나 해당 결정에 대한 설명을 요구할 수 있도록 규정하고 있다.

인공지능 기술을 적용하여 정보주체의 신용평가 등을 자동화 처리하는 과정에서 정보주

---

17) 개인정보보호위원회, "개인정보보호법 개정 추진 주요 내용 – 전 분야 "개인정보전송요구권" 도입을 중심으로, 2022.06.

체의 권리 또는 의무에 중대한 영향을 미치는 경우 해당 자동화된 결정(인공지능을 이용한 신용등급 자동 결정, 인사 채용 결정 등)에 대한 이의제기, 거부권 및 설명요구권을 도입하여 정보주체의 최소한의 대응권을 보장할 수 있도록 관련 조항이 신설되었다. 다만, 정보주체의 동의가 있는 경우(제1호), 법률에 특별한 규정이 있거나(제2호), 계약 체결 및 이행에 필요한 경우(제4호)에는 거부권 행사가 배제되도록 하였다.

[표 60] **자동화 결정에 대한 배제 등의 관련 법률 비교**

구분[18]	GDPR(제22조)	신용정보법(제36조의2)	개인정보보호법 (개정)
주체	개인 정보주체	개인 신용정보주체	정보주체
상대방	컨트롤러	신용정보제공·이용자 등	개인정보처리자
권리 내용	• 본인에게 중대한 영향을 미치는 자동화된 처리에만 의존하는 결정의 적용을 받지 않을 권리	• 자동화 평가 여부와 결과에 대한 설명 요구 • 유리한 정보의 제출 • 기초정보 정정삭제 요구 및 자동화 평가 결과 재산출 요구	• 자동화된 결정이 정보주체의 권리 또는 의무에 중대한 영향을 미치는 경우 거부, 설명 등 요구권
적용 배제	① 계약 체결 또는 이행에 필요한 경우 ② EU 또는 회원국 법률이 허용하는 경우 ③ 개인 정보주체의 명백한 동의에 근거하는 경우 적용 배제	• 법률에 특별한 규정이 있거나, 신용정보주체 요구에 따를 시 상거래 관계 설정 및 유지가 곤란한 경우 적용 배제	① 동의 ② 법률상 특별한 규정 ③ 계약 체결 이행에 필요한 경우에는 거부권 불인정
개인 정보 처리	• 자동화된 처리에만 의존하는 결정의 적용 제한 • ①, ③의 경우 인적 개입 요구, 본인의 관점 피력, 이의제기 권리 보호를 위한 적절한 조치 시행 의무 부여	• 기초 정보 정정·삭제 요구, 자동화 평가 결과를 다시 산출할 것을 요구	• 거부, 설명 등 요구 시 정당한 사유가 없는 한 그에 따라야 할 의무 부여

---

18) 개인정보보호위원회, "개인정보보호법 개정 추진 주요내용 −전 분야 "개인정보전송요구권" 도입을 중심으로, 2022.06.

3) 이원화된 규제의 일원화 (정보통신서비스 제공자 등에 대한 특례 정비)

기존 데이터 3법 개정을 통해 정보통신망법의 정보통신서비스 제공자 대상 개인정보 보호 관련 규정을 특례 규정(제6장)으로 단순 이전·병합함으로써 개인정보보호 관련 일원화된 거버넌스를 지향하는 듯 보였다. 하지만, 개인정보보호법으로 하나의 체계 내에서 오프라인(일반규정)과 온라인(특례규정) 사업자의 개인정보보호 규정 적용의 경계가 모호함에 따라 이원화 체계를 벗어나지 못했고, 온·오프라인, 민간·공공기관 간 법 적용의 혼선 및 이중부담을 여전히 발생시키는 결과를 낳게 되었다.

개정 개인정보보호법에서는 모든 개인정보처리자가 '동일 행위-동일 규제' 원칙을 적용받을 수 있도록 정보통신서비스 특례에 관한 규정을 폐지하고, 개인정보 수집·이용 동의, 14세 미만 아동의 개인정보 수집, 개인정보 유출 시 통지 신고, 보호조치 특례 등을 통합하여 일반규정으로 일원화하였다. 이를 통해 특례규정에만 있던 손해배상 보장 제도, 국내 대리인 지정 제도, 개인정보 이용·제공 내역 통지 제도 등을 모든 개인정보처리자에게 확대 적용하도록 하였다. 다만, 개인정보 유효기간 제도는 휴면 이용자의 처리 및 관리 등 이용자와 개인정보처리자의 불편을 초래함에 따라 삭제되었다.

[표 61] **온·오프라인의 이원화된 규정 일원화**

특례 규정	개정 방향
• 개인정보 수집·이용 동의 (제39조의3 ①②)	• 제15조에 통합
• 재화 또는 서비스 제공 거부 금지 (제39조의3 ③)	• 제16조에 통합
• 만 14 세 미만 아동 대상 개인정보 수집 (제39조의3 ④∼⑥)	• 제22조의2로 신설
• 유출 통지·신고제도 (제39조의4)	• 제34조에 통합
• 보호조치에 대한 특례 (제39조의5)	• 제28조에 통합
• 유효기간제 (제39조의6)	• 삭제
• 동의철회권 규정 (제39조의7)	• 제37조에 통합
• 이용내역 통지제 (제39조의8)	• 제20조의2 신설
• 손해배상책임의 보장 (제39조의9)	• 제39조의3 신설
• 노출된 개인정보 삭제 (제39조의10)	• 제34조의2 신설
• 국내대리인 지정 (제39조의11)	• 제31조의2 신설

• 개인정보 국외이전 (제39조의12), 상호주의 (제39조의13)	• 제28조의8 내지 제28조의11 신설
• 방송사업자 등 특례 (제39조의14)	• 삭제 (방송사업자 등도 개인정보 처리자에 포섭)
• 과징금 특례 (제39조의15)	• 제64조의2 신설

4) 이동형 영상정보처리기기 운영 기준 마련

기존 개인정보보호법은 공개된 장소에서 지속해서 촬영하는 고정형 영상정보처리기기(CCTV)뿐만 아니라, 드론, 자율주행 자동차 등을 이용한 이동형 영상정보처리기기가 공개된 장소에서 업무 목적으로 개인영상정보를 촬영하는 행위를 원칙적으로 제한하고 있었다.

개정 개인정보보호법에서는 불빛, 소리, 안내판 등으로 촬영 사실을 표시하도록 하는 등 이동형 영상정보처리기기의 운영 기준을 정하고 있으며, 정보주체의 동의를 받은 경우, 정보주체와 체결한 계약을 이행하거나 계약을 체결하는 과정에서 정보주체의 요청에 따른 조치를 이행하는 데 필요한 경우 등 법률에 특별한 규정이 있거나 촬영사실을 알 수 있음에도 거부 의사를 밝히지 않은 경우에는 예외적으로 허용된다.

5) 개인정보의 국외 이전 및 국외 이전 중지 명령

개인정보의 국외 이전이 증가함에 따라 개인정보를 국외로 이전할 수 있는 경우를 확대하여 국제기준에 부합할 수 있도록 개정하는 등 기존 제도의 운영상 나타난 일부 미비점을 개선 및 보완할 수 있도록 하였다.

기존 개인정보보호법은 정보주체의 별도 동의가 있을 경우로 한정하여 개인정보를 국외로 이전할 수 있도록 하였다. 하지만 개정법에서는 정보주체의 동의 이외에도 개인정보가 이전되는 국가 또는 국제기구의 개인정보보호 수준과 실질적으로 동등한 수준의 보호 수준을 갖추었다고 개인정보보호위원회가 인정하는 경우 동의 없이 국외 이전을 허용하도록 하여 국외 이전에 대한 적법 요건을 다양화하였다. 반면, 개인정보처리자가 법을 위반하거나 적정하게 보호조치를 이행하지 않고 국외 이전할 경우 해당 행위를 중지할 것을 명령할 수 있도록 하였다.

6) 형벌 중심을 경제제재 중심으로 전환

기존 개인정보보호법에서는 개인정보처리자가 개인정보 처리에 있어 위반행위에 대한 과징금의 상한액을 "위반행위와 관련한 매출액의 100분의 3 이하"에 해당하는 금액으로 산정하였던 것을, 개정법에서는 과징금의 상한금액을 개인정보처리자의 "전체 매출액의 100분의 3"으로 위반행위에 대한 경제적 제재를 확대 상향하였다.

7) 개인정보에 관한 분쟁조정제도 개선

개정법에서는 분쟁조정 요청 발생 시 분쟁조정에 참여하는 의무대상을 공공기관에서 모든 개인정보처리자로 확대하였다. 기존에는 분쟁조정의 당사자가 개인정보 분쟁조정위원회로부터 조정안을 제시받은 날부터 15일 이내에 수락 여부를 알리지 않으면 조정을 거부한 것으로 간주하던 것을 개정법에서는 조정안을 수락한 것으로 간주하여 분쟁조정제도를 실질적으로 개선하였다.

또한, 사실확인이 필요한 경우 개인정보 분쟁위원회 사무기구의 소속 공무원 등이 사건과 관련된 장소에 출입하여 자료를 조사 및 열람하게 할 수 있도록 사실확인권을 신설하여 부여하고, 관계 기관은 등에 자료 또는 의견의 제출 등 필요한 협조를 요구할 수 있도록 하였다.

8) 개인정보의 수집·이용 방법 개선

기존에는 개인정보처리자가 정보주체와 계약 체결 및 이행을 위하여 불가피하게 필요한 경우에만 개인정보를 수집할 수 있도록 하였던 것을, 개정법에서는 불가피성의 요건 없이도 정보주체와 체결한 계약을 이행하거나 계약을 체결하는 과정에서 정보주체의 요청에 따른 조치를 이행하는 데 필요한 경우로 변경하여 개인정보를 수집 및 처리할 수 있도록 그 요건을 합리적으로 개선하였다.

또한, COVID-19 등 감염병 및 공중위생 등에 따른 공공의 안전과 안녕을 위해 긴급히 필요한 경우의 개인정보 처리에 관해 개인정보보호법의 적용을 제외하였으나, 개정법에서는 긴급히 필요한 경우에도 개인정보를 수집 및 이용할 수 있는 경우(제15조)로 규정하여 개인정보의 파기 등 기본원칙이 적용될 수 있도록 하였다.

9) 개인정보처리방침 평가제도 도입

개인정보보호법에서는 모든 개인정보처리자는 개인정보 처리방침을 수립하고 공개하도록 하고 있다. 하지만, 해당 내용이 적절하거나 실제 이행으로 이어지는지 의구심을 가질 수밖에 없으므로, 개정법에서는 개인정보보호위원회 및 비영리민간단체 등이 국민의 권익을 보호할 수 있도록 개인정보처리방침의 적정성 심사를 수행하도록 신설하였다. 이를 위해 개인정보보호위원회가 개인정보처리자의 유형 및 매출 규모 등을 고려하여 평가대상을 선정하고, 평가에 필요한 범위 내에서 사실확인 등에 필요한 자료의 제출을 요구, 시정조치를 부과할 수 있도록 개인정보처리방침에 대한 평가제도를 도입하였다.

10) 공공시스템 운영기관 안전성 확보 조치 강화 특례 신설

개정법에서는 공공부문에서 발생하는 공공시스템의 개인정보 유출에 따른 개인정보 침해사고를 근절하기 위해, 대규모 공공시스템을 운영하는 공공기관에 대한 개별적 안전조치 의무를 내부관리계획에 포함하여 수립할 수 있도록 하고, 개인정보 파일 등록, 개인정보 영향평가 등의 제도를 강화하였다. 이는 개인정보 유출로 인한 국민의 2차 피해를 막기 위하여 마련한 「공공부문 개인정보 유출 방지대책」('22.7.14. 관계부처 합동)에 따라 공공시스템 운영기관에 대한 안전조치 특례로 신설 반영되었다.

[표 62] **공공시스템 운영기관에 대한 안전조치 특례 주요내용**

구분	주요내용
1. 내부 관리계획	• 공공시스템 각각에 대한 안전조치 포함
2. 접근권한 부여	• 공공시스템 이용기관이 접근권한 부여 등이 가능하도록 권한 부여
3. 접속기록	• 접속기록 저장·분석, 점검·관리 등을 통해 불법 접근 방지
4. 정보주체 통지	• 접속기록 점검 과정에서 권한 없이 또는 권한을 초과하여 접근한 사실이 확인된 경우 지체 없이 정보주체에게 통지
5. 전담 부서·인력 배치	• 공공시스템 이용기관 수 등을 고려 전담부서 운영 또는 전담인력 배치
6. 관리책임자 지정	• 공공시스템 각각에 대해 총괄관리 부서장을 관리책임자로 지정
7. 공공시스템 협의회	• 운영기관, 수탁자, 주요 ·이용기관 등이 참여하는 협의회 설치·운영

PART

03

개인정보보호 응용기술

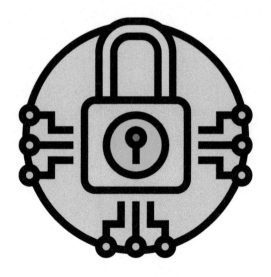

CHAPTER 07

가명정보 개념,
처리 방법 및 절차 이해

7.1 서론

    4차 산업혁명 시대 및 빅데이터, AI 등 다양한 융·복합 산업에서의 데이터 이용 수요가 점점 증가되고 있는 가운데 '데이터 활용'에 대한 시대적 요구가 커짐에 따라 개인정보보호법 개정 및 시행(2020년 8월 5일)되어 개인정보처리자가 통계작성, 과학적 연구, 공익적 기록보존 등을 위한 목적으로 개인정보를 가명처리하여 활용할 수 있는 기반이 새롭게 마련되었습니다. 이에, 개인정보보호위원회에서는 '가명정보 처리에 관한 특례'(개인정보보호법 제3장 제3절)에 관한 가명정보의 처리에 관한 이해를 돕고, 처리 과정에서 발생할 수 있는 개인정보 오남용을 방지하여 안전한 가명정보 활용 방안을 안내하기 위해 '가명정보 처리 가이드라인'을 작성하여 제공하고 있습니다.

    또한, 은행, 카드, 보험, 금융투자 등 금융업권의 경우는 개정된 신용정보법에 따라 통계작성(시장조사 등 상업적 목적의 통계작성 포함), 과학적 연구(산업적 연구 포함), 공익적 기록보전 등을 위하여 개인인 신용정보주체의 동의 없이 개인신용정보를 가명처리하여 사용할 수 있도록(신용정보법 제39조제6항 제9의2호)하였고, 누구인지 알아 볼 수 없도록 익명처리한 경우에는 목적 제한 없이 자유로운 활용도 가능(신용정보법 제40조의2제4항)하게 되었습니다. 따라서, 금융업권의 경우는 안전한 데이터 활용을 위해 별도의 '금융분야 가명익명처리 안내서'를 작성하여 제공하고 있습니다.

    본 교재는 모든 산업군이 공통으로 적용되는 '가명정보 처리에 관한 특례'(개인정보보호법 제3장 제3절)를 기반으로 '가명정보 처리 가이드라인'을 기반으로 작성하고자 합니다.

    추가적으로, 개인정보보호위원회와 소관 부처가 공동으로 발간한 개인정보의 가명정보 처리에 과한 분야별 가이드라인이 있는 경우에는 해당 분야의 가이드라인을 우선 적용하도록 하고 있습니다.

※ 소관 부처별 가이드 : 보건의료데이터 활용 가이드라인(보건복지부), 교육분야 가명·익명정보 가이드라인(교육부), 공공분야 가명정보 제공 실무 안내서(행정안전부) 등

7.2 개요

7.2.1 용어의 이해

원본데이터(개인정보)를 기반으로 가명정보를 처리하기 위해서는 용어에 대한 명확히 이해를 하고 있어야 합니다. 따라서 아래 표는 각각에 대한 용어에 대한 설명을 하고 있습니다.

구분	용어 설명
개인정보	살아있는 개인에 관한 정보로서 다음의 정보를 포함함 • 성명, 주민등록번호 및 영상 등을 통하여 개인을 알아볼 수 있는 정보 • 해당 정보만으로는 특정 개인을 알아볼수 없더라도 다른 정보와 쉽게 결합하여 알아볼 수 있는 정보 • 가명처리를 거쳐 생성된 정보로서 그 자체로는 특정 개인을 알아볼 수 없도록 처리한 정보(이하 '가명정보'라 함)
가명정보	가명처리를 거쳐 생성된 정보로서 그 자체로는 특정 개인을 알아볼 수 없도록 처리한 정보
가명처리	개인정보의 일부를 삭제하거나 일부 또는 전부를 대체하는 등의 방법으로 추가정보(이하 '추가정보라 함)가 없이는 특정 개인을 알아볼 수 없도록 처리하는 것
익명정보	시간·비용·기술 등을 합리적으로 고려할 때 다른 정보를 사용하여도 더 이상 개인을 알아볼 수 없는 정보
추가정보	개인정보의 일부 또는 전부를 대체하는 가명처리 과정에서 생성 또는 사용된 정보로서 특정 개인을 알아보기 위하여 사용·결합될 수 있는 정보(알고리즘, 매핑 테이블 정보, 가명처리에 사용된 개인정보 등)
재식별	특정 개인을 알아볼 수 없도록 처리한 가명정보에서 특정 개인을 알아보는 것
가명정보 처리시스템	개인정보를 가명처리하거나 가명정보를 처리할 수 있도록 체계적으로 구성한 시스템

7.2.2 가명정보 이해

4차 산업혁명 시대 데이터의 활용의 이슈가 커짐에 따라 개인정보를 활용한 다양한 연구를 위한 사회적 요구가 점점 커지고 있었습니다. 이에 개인정보보호법 제18조제2항제4호(통계작성 및 학술연구 등의 목적을 위하여 필요한 경우로서 특정 개인을 알아볼 수 없는 형태로 개인정보를 제공하는 경우)에 근거하여 한정적으로 개인정보를 정보주체의 동의 없이 활용이 가능하였습니다.

개인정보보호법 제18조제2항제4호에 근거하여 구체적인 개인정보 활용을 할 수 있도록 '개인정보 비식별 조치 가이드라인'을 작성하여 안내하였습니다. 그러나, 이 또한 법적 근거가 명확하지 않아 개인정보 활용에 대한 사회적 이슈는 발생하였습니다.

이에 개인정보보호법을 개정하여 2020년 8월 5일에 시행함으로써 정보주체 동의없이 개인정보를 활용할 수 있도록 데이터 활용의 가능성을 확대하였습니다.

데이터 활용 이슈에 따라 개정된 개인정보보호법의 주요 내용을 살펴보면 다음과 같습니다.

첫 번째로 개인정보보호법 제2조제1호 다목에 '개인정보'의 용어정의 부분에 '가명정보'의 개념을 추가하여 가명정보라는 개념을 포함하였습니다.

> 1. '개인정보'란 살아 있는 개인에 관한 정보로서 다음 각 목의 어느 하나에 해당하는 정보를 말한다.
> 가. 성명, 주민등록번호 및 영상 등을 통하여 개인을 알아볼 수 있는 정보
> 나. 해당 정보만으로는 특정 개인을 알아볼 수 없더라도 다른 정보와 쉽게 결합하여 알아볼 수 있는 정보. 이 경우 쉽게 결합할 수 있는지 여부는 다른 정보의 입수 가능성 등 개인을 알아보는 데 소요되는 시간, 비용, 기술 등을 합리적으로 고려하여야 한다.
> 다. 가목 또는 나목을 제1호의2에 따라 가명처리함으로써 원래의 상태로 복원하기 위한 추가 정보의 사용·결합 없이는 특정 개인을 알아볼 수 없는 정보(이하 "가명정보"라 한다)
> 1의2. '가명처리'란 개인정보의 일부를 삭제하거나 일부 또는 전부를 대체하는 등의 방법으로 추가 정보가 없이는 특정 개인을 알아볼 수 없도록 처리하는 것을 말한다.

두 번째로 개인정보보호법 제3장제3절에 '가명정보의 처리에 관한 특례'를 신설하여 정보주체 동의 없이 통계작성, 과학적 연구, 공익적 기록보존 등의 목적에 한해 가명정보를 활용할 수 있도록 하였습니다.

제28조의2(가명정보의 처리 등) ① 개인정보처리자는 통계작성, 과학적 연구, 공익적 기록보존 등을 위하여 정보주체의 동의 없이 가명정보를 처리할 수 있다.

② 개인정보처리자는 제1항에 따라 가명정보를 제3자에게 제공하는 경우에는 특정 개인을 알아보기 위하여 사용될 수 있는 정보를 포함해서는 아니 된다.

제28조의3(가명정보의 결합 제한) ① 제28조의2에도 불구하고 통계작성, 과학적 연구, 공익적 기록보존 등을 위한 서로 다른개인정보처리자 간의 가명정보의 결합은 보호위원회 또는 관계 중앙행정기관의 장이 지정하는 전문기관이 수행한다.

② 결합을 수행한 기관 외부로 결합된 정보를 반출하려는개인정보처리자는 가명정보 또는제58조의2에 해당하는 정보로 처리한 뒤 전문기관의 장의 승인을 받아야 한다.

③ 제1항에 따른 결합 절차와 방법, 전문기관의 지정과 지정 취소 기준·절차, 관리·감독, 제2항에 따른 반출 및 승인 기준·절차 등 필요한 사항은대통령령으로 정한다.

제28조의4(가명정보에 대한 안전조치의무 등) ① 개인정보처리자는 가명정보를 처리하는 경우에는 원래의 상태로 복원하기 위한 추가 정보를 별도로 분리하여 보관·관리하는 등 해당 정보가 분실·도난·유출·위조·변조 또는 훼손되지 않도록대통령령으로 정하는 바에 따라 안전성 확보에 필요한 기술적·관리적 및 물리적 조치를 하여야 한다.

② 개인정보처리자는 가명정보를 처리하고자 하는 경우에는 가명정보의 처리 목적, 제3자 제공 시 제공받는 자 등 가명정보의 처리 내용을 관리하기 위하여대통령령으로 정하는 사항에 대한 관련 기록을 작성하여 보관하여야 한다.

제28조의5(가명정보 처리 시 금지의무 등) ① 누구든지 특정 개인을 알아보기 위한 목적으로 가명정보를 처리해서는 아니 된다.

② 개인정보처리자는 가명정보를 처리하는 과정에서 특정 개인을 알아볼 수 있는 정보가 생성된 경우에는 즉시 해당 정보의 처리를 중지하고, 지체 없이 회수·파기하여야 한다.

제28조의6(가명정보 처리에 대한 과징금 부과 등) ① 보호위원회는개인정보처리자가제28조의5 제1항을 위반하여 특정 개인을 알아보기 위한 목적으로 정보를 처리한 경우 전체 매출액의 100분의 3 이하에 해당하는 금액을 과징금으로 부과할 수 있다. 다만, 매출액이 없거나 매출액의 산정이 곤란한 경우로서대통령령으로 정하는 경우에는 4억원 또는 자본금의 100분의 3 중 큰 금액 이하로 과징금을 부과할 수 있다.

② 과징금의 부과·징수 등에 필요한 사항은제34조의2 제3항부터 제5항까지의 규정을 준용한다.

개인정보보호법 제3장 제3절에 특례조항으로 가명정보를 처리할 수 있도록 규정함에 따라 개인정보보호위원회는 '가명정보 처리 가이드라인'을 제공하여 가명정보를 안전하게 활용할 수 있도록 하고 있습니다.

가명정보를 처리하기 위한 대상으로는 개인을 식별할 수 있는 '식별정보'와 다른 정보와 결합하여 식별될 가능성이 있는 '식별가능정보'를 대상으로 가명처리를 진행합니다.

가명처리 대상 정보를 바탕으로 가명처리는 개인정보의 일부를 삭제하거나 일부 또는 전부를 대체하는 방법으로 가명처리를 수행합니다.

가명처리 시 반드시 고려할 사항은 개인을 알아볼 수 없도록 안전하게 처리하는게 무엇보다도 중요합니다.

가명처리를 수행하는 구체적인 절차 및 방법에 대해서는 '제3장 가명정보의 처리 절차'를 참고해 주시기 바랍니다.

7.2.3 가명정보 관련 제도 현황

가명정보 처리를 위해서는 관련 법령(법률, 시행령, 고시) 및 가이드라인을 이해하고 있어야 합니다. 따라서 아래 표는 가명정보 관련 제도에 대한 설명을 하고 있습니다.

구분	내용	소관부처
법률	개인정보보호법 제3장 제3절	개인정보보호위원회
법률	신용정보의 이용 및 보호에 관한 법률 제32조제6항제9의2호, 제40조의2, 제40조의3	금융위원회
시행령	개인정보보호법 시행령 제4장의2	개인정보보호위원회
시행령	신용정보의 이용 및 보호에 관한 법률 시행령 제34조의5	금융위원회
고시	가명정보의 결합 및 반출 등에 관한 고시	개인정보보호위원회
고시	공공기관의 가명정보 결합 및 반출 등에 관한 고시	개인정보보호위원회
고시	신용정보업감독규정	금융위원회
가이드라인	가명정보 처리 가이드라인	개인정보보호위원회
가이드라인	보건의료 데이터 활용 가이드라인	보건복지부
가이드라인	금융분야 가명·익명정보 처리 가이드라인	교육부
가이드라인	공공분야 가명정보 제공 실무 안내서	행정안전부
가이드라인	금융분야 가명·익명처리 안내서	금융위원회

7.3 가명정보의 처리 절차

7.3.1 개요

1) 가명정보 활용(이용, 제공, 결합) 시 주의사항

'가명정보 처리에 관한 특례'(개인정보보호법 제3장 제3절)에 따라 정보주체 동의 없이 처리가 가능한 가명정보는 통계작성, 과학적 연구, 공익적 기록보존 등의 목적에 한정되므로 처리 목적이 설정되지 않은 상황에서 보유하고 있는 개인정보를 가명처리하여 보관하는 것은 '가명정보 처리에 관한 특례'에 근거한 처리로 볼 수 없으므로 주의해야 합니다.

홈페이지 등을 통해 불특정 제3자에게 제공하는 경우(공개 등)는 재식별의 위험성을 고려해야 하므로 익명정보로 처리하는 것을 원칙으로 해야 합니다.

또한, 가명정보의 재식별 위험을 방지하기 위해서는 가명처리, 적정성 검토, 가명처리가 완료된 가명정보 처리를 수행하는 업무담당자를 각각 분리하는게 타당하고, 해당 업무별로 접근권한을 분리하여 운영하는 것이 안전합니다. 즉, 추가정보의 내용을 알고 있는 자가 가명처리의 적정성 검토를 수행하거나 가명정보를 처리(활용)하는 경우 특정 개인을 알아볼 수 있는 재식별의 위험성이 크므로 주의해야 합니다.

2) 가명처리 단계별 절차 이해

개인정보보호위원회 '가명정보 처리 가이드라인'에서는 개인정보의 가명처리는 ①가명처리 목적 설정 등 사전준비, ②위험성 검토, ③가명처리 수행, ④적정성 검토 및 추가 가명처리, ⑤가명정보의 안전한 관리 등 5가지 단계로 구분하여 가명처리하도록 안내하고 있습니다.

개인정보의 가명처리 단계별 절차도를 보면 아래와 같습니다.

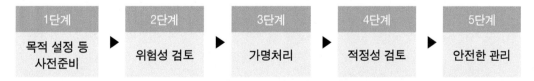

7.3.2 1단계: 목적 설정 등 사전 준비

개인정보처리자는 개인정보보호법 제28조의2, 신용정보법 제32조제6항 제9조의2호(금융업권에 한함)에 정한 목적 중 통계작성, 과학적 연구, 공익적 기록보존의 목적 중에서 가명정보 처리 목적을 선정하고 명확히 설정하여야 합니다

그런 후, 가명정보 처리를 위한 개인정보처리방침, 내부관리계획 등 관리적 보호조치를 위한 필요한 문서 등을 작성하도록 하여야 합니다.

1) 가명정보 처리 목적

가명정보 처리 목적을 명확성을 확인하기 위해 가명정보를 처리하고자 하는 자(부서 담당자 등)에게 연구계획서(예, 통계작성 계획서, 과학적 연구 계획서, 공익적 기록보존 계획서 등) 등 문서를 받아 처리 목적을 확인 합니다.

또한, 가명정보를 처리하고자 하는 자(부서 담당자 등)에서 가명처리 목적, 제3자 제공에 대한 계약서, 이용환경에 대한 보호수준을 확인할 수 있는 '가명정보 이용제공 신청서'를 작성하여 제출하도록 합니다.

① '통계작성'을 위한 가명정보 처리

'통계작성을 위한 가명정보 처리'란 통계를 작성하기 위해 가명정보를 이용, 분석, 제공하는 등 가명정보를 처리하는 것을 말합니다. 또한, 가명정보의 처리 목적이 시장조사를 위한 통계 등 상업적 성격을 가진 통계를 작성하기 위한 경우에도 가명정보를 처리하는 것이 가능합니다.

통계작성에 따른 가명정보 활용에 대한 예시는 다음과 같습니다.

✔ 지방자치단체가 연령에 따른 편의시설 확대를 위해 편의시설(문화센터, 도서관, 체육시설 등)의 이용 통계(위치, 방문자수, 체류시간, 연령, 성별 등)를 작성하고자 하려는 경우
✔ 인터넷으로 상품을 판매하는 쇼핑몰 등에서 주간, 월간 단위로 판매상품의 재고를 관리하기 위해 판매상품에 대한 지역별 통계(품번, 품명, 재고, 판매수량, 금액)를 작성하고자 하려는 경우
✔ 금융기관 소액대출 심사의 신용 보조지표로 활용하기 위하여 고객, 지역별 신용카드 결제 데이터, 아파트 관리비, 부동산 시세 등에 대한 통계를 작성하는 경우
✔ 대학이 학생들의 취업 활동 지원(직업군 및 교육과정 추천)을 위하여 가명 처리된 졸업생들의 학습이력 분석과 취업기관 및 유형들에 대한 매칭 통계를 작성하는 경우

② '과학적 연구'를 위한 가명정보 처리

'과학적 연구'란 과학적 방법을 적용하는 연구로서 자연과학, 사회과학 등 다양한 분야에서 이루어질 수 있고, 기초연구, 응용연구 뿐만 아니라 새로운 기술, 제품, 서비스 개발 및 실증을 위한 산업적 연구도 해당됩니다.

'과학적 연구를 위한 가명정보의 처리'란 과학적 연구를 위해 가명정보를 이용, 분석, 제공하는 등 가명정보를 처리하는 것을 말합니다. 또한, 과학적 연구와 관련하여 공적 자금으로 수행하는 연구뿐만 아니라 민간으로부터 투자를 받아 수행하는 연구에서도 가명정보 처리가 가능합니다.

과학적 연구에 따른 가명정보 활용에 대한 예시는 다음과 같습니다.

✔ 코로나-19 위험 경고를 위해 생활패턴과 코로나-19 감염률의 상관성에 대한 가설을 세우고, 건강관리용 모바일앱을 통해 수집한 생활습관, 위치정보, 감염증상, 성별, 나이, 감염원 등을 가명처리하고 감염자의 데이터와 비교·분석하여 가설을 검증하려는 경우

✔ 공공기관이 보유한 스팸정보와 민간 통신사에서 보유한 스팸정보를 가명정보 결합하여 보다 더 많은 스팸정보를 차단할 수 있다는 가설을 세우고, 스팸정보에 해당하는 전화번호, 유형, 날짜, 내용, 신고건수 등의 정보를 가명처리 및 결합을 통해 가설을 검증하고 결합에 참여한 스팸방지 시스템을 고도화하려는 경우

✔ 보험사기 자동 탐지시스템 개발을 위하여 과거 10년간의 보험사가 사례에 대한 보험금 청구금액, 청구시점과 방법, 유사청구 반복 여부 등을 분석하여 보험사기의 징후를 발견하기 위한 연구를 하는 경우

✔ 진단치료 등의 의료적 목적을 갖는 소프트웨어를 개선·개발하거나 기존 의료적 목적을 갖는 소프트웨어의 효과를 평가하기 위한 연구를 하는 경우

✔ 특정 질환을 갖고 있거나 특정 치료제·치료법에 적합한 임상적 요건을 갖춘 환자의 수, 지역적·연령적 분포 등을 살피는 연구, 탁 질환과의 연관성을 살피는 연구를 하는 경우

✔ 교육부가 학생의 학습 및 미래 보장 서비스 구축 운영을 위해 학생생활기록부, 건강기록부, 출결 정보 등을 심층 분석하여 위기징후 탐지 알고리즘 연구를 하는 경우

③ '공익적 기록보존'을 위한 가명정보 처리

'공익적 기록보존'이란 공공의 이익을 위하여 지속적으로 열람할 가치가 있는 정보를 기록하여 보존하는 것을 의미합니다.

'공익적 기록보존을 위한 가명정보 처리'란 공익적 기록보존을 위해 가명정보를 이용, 분석, 제공하는 등 가명정보를 처리하는 것을 말합니다. 따라서, 공익적 기록보존은 공공기관

이 처리하는 경우에만 공익적 목적이 인정되는 것은 아니며, 기업, 단체 등이 일반적인 공익을 위하여 기록을 보존하는 경우에는 공익적 기록보존 목적으로 인정될 수 있습니다.

공익적 기록보존에 따른 가명정보 활용에 대한 예시는 다음과 같습니다.

✓ 연구소가 현대사 연구 과정에서 수집한 정보 중 사료가치가 있는 생존 인물에 관한 정보를 가명처리하여 기록·보존하고자 하려는 경우
✓ 연구소가 코로나-19 연구 과정에서 수집한 정보 중 공익적 연구가치가 있는 환자에 관한 정보를 가명처리하여 기록보존하고자 하려는 경우

2) 가명정보 처리 사전준비 사항

① 처리 목적의 적합성 검토

가명정보 처리 목적의 적합성 검토는 개인정보 보유부서, 가명정보 활용 관련 전담부서 또는 적합성 검토위원회 등을 통해 수행하도록 합니다.

적합성 검토는 개인정보의 수집 목적 및 성격, 가명정보 활용 목적, 이용 목적에 대한 법률적 근거 등을 고려하여 가명처리 여부를 결정하도록 합니다.

② 가명정보 처리 관리체계 수립

정보주체에 대한 권리보장 및 가명정보 처리를 안전하게 수행할 수 있도록 개인정보처리방침 공개(개인정보보호법 제30조), 내부관리계획 수립(개인정보의 안전성 확보조치 기준 제4조, 개인정보의 기술적관리적 보호조치 기준 제3조) 등 가명정보 처리에 앞서 관리체계를 수립하도록 합니다.

개인정보처리방침은 기존에 작성된 개인정보처리방침에 가명정보 처리에 관한사항을 포함하여 개정작업하도록 합니다. 가명정보 처리에 관한 사항에 포함되어야 할 내용은 아래 표와 같습니다.

- 가명정보 처리 목적
- 가명정보 처리 기간(선택)
- 가명정보 제3자 제공에 관한 사항(해당되는 경우)
- 가명정보 처리의 위탁에 관한 사항(해당되는 경우)
- 처리하는 개인정보의 항목
- 가명정보의 안전성 확보조치에 관한 사항
  ※ 개인정보보호위원회, '가명정보 처리 가이드라인' 참조

내부관리계획은 기존에 작성된 내부관리계획에 가명정보 처리에 관한 사항을 추가로 포함시켜 작성하거나 가명정보 처리 내부관리계획을 별도로 작성하도록 합니다.

내부관리계획에 포함되어야 할 내용은 아래 표와 같습니다.

- 가명정보 및 추가정보의 분리 보관에 관한 사항
- 가명정보 및 추가정보에 대한 접근권한 분리에 관한 사항
- 가명정보 또는 추가정보의 안전성 확보조치에 관한 사항
- 가명정보를 처리하는 자의 교육에 관한 사항
- 가명정보 처리 기록 작성 및 보관에 관한 사항
- 개인정보처리방침 공개에 관한 사항
- 가명정보의 재식별 금지에 관한 사항 등
  ※ 개인정보보호위원회, '가명정보 처리 가이드라인' 참조

가명정보의 처리를 위탁하는 경우는 개인정보보호법 제25조의 사항을 준수하여 위탁시 준수해야 할 사항을 반영하여 계약서를 작성하고 위탁기간 수탁사에 대한 관리·감독 등 보호조치를 수행할 수 있도록 합니다.

또한, 가명정보를 제3자에게 제공하는 경우 필요에 따라 재식별 금지에 관한 사항, 가명정보의 재제공 금지, 가명정보의 안전성 확보조치, 가명정보의 처리기록 작성 및 보관, 가명정보의 파기, 재식별 시 책임 및 손해배상 등에 대한 보호조치 사항을 포함하여 계약서를 작성할 수 있도록 하는 게 바람직합니다.

7.3.3 2단계: 위험성 검토

위험성 검토 단계에서는 연구계획서 등을 검토하여 가명처리 대상 항목을 도출하고 가명처리된 데이터의 식별 위험성, 가명정보 처리 환경의 식별 위험성에 대하여 검토하여 사전에 예방하는데 목적이 있습니다.

1) 가명처리 대상 항목 선정

연구계획서 등을 검토하여 처리대상 및 대상별 특성을 확인하고 처리 목적을 달성하기 위해 필요한 최소한의 가명처리 대상 항목을 선정하도록 합니다. 가명정보 처리 목적에 해당하지 않는 항목이 선정되지 않도록 주의가 필요합니다.

[가명처리 대상 항목 선정 예시]
- 가명 처리 목적 : 학교별 재학생의 성별 및 지역분포 통계
- 보유한 개인정보 항목 : 이름, 휴대폰번호, 성별, 이메일, 주소, 재학 학교명, 학년/반/번호
- 가명 처리 대상 항목 : 성별, 주소, 재학 학교명
  ※ 보유한 개인정보 항목 중 처리 목적과 상관없는 항목은 제외

2) 데이터의 식별 위험성 검토

데이터의 식별 위험성 검토는 가명처리 대상이 되는 항목에 식별 가능한 요소가 있는지를 파악하는 것으로 다음의 4가지 사항을 검토하도록 합니다.

① 식별정보

가명 처리 대상 항목 중 그 자체로 식별될 위험이 있는 항목이 포함되어 있는지 검토하도록 합니다. 즉, 식별정보는 특정 개인과 직접적으로 연결되는 정보이므로 해당 정보가 포함되어 있는지 반드시 검토해야 합니다.

[식별정보 예시]
- 성명, 고유식별정보(주민등록번호, 여권번호, 외국인등록번호, 운전면허번호), 휴대폰 번호, 전자우편주소, 의료기록번호, 건강보험번호 등

② 식별가능정보

가명 처리 대상 항목 중 단일 항목으로는 식별 가능성이 없으나 다른 항목과 결합을 통해 식별될 가능성이 있는 항목이 있는지 검토하도록 합니다.

[식별가능정보 예시]
- 성별, 연령(나이), 거주 지역, 국적, 직업, 위치정보 등 개인정보처리자의 입장에서 개인을 알아볼 수 있는 정보

③ 특이정보 유무

가명처리 대상 전체 데이터에 식별 가능성을 가지는 고유(희소)한 값이 있는지 여부 및 편중된 분포를 가지는 단일·다중 이용 항목이 있는지 검토하도록 합니다. 특이정보가 포함되어 있는 경우는 개인에 대한 식별 가능성이 높기 때문에 반드시 검토해야 합니다.

[특이정보 예시]
- 희귀 성씨, 희귀 혈액형, 희귀 눈동자 색깔, 희귀 병명, 희귀 직업 등 정보 자체로 특이한 값을 가지는 정보
- 국내 최고령, 최장신, 고액체납금액, 고액급여수급자 등 전체적인 패턴에서 벗어나는 극단값을 발생할 수 있는 정보
- 도서·산간 지역주민의 영유아에 대한 정보 등 특정 데이터 분석 집단에서 희소한 값을 가지는 정보

④ 재식별시 영향도

데이터가 지니는 특성만으로 재식별 시 특정 개인에게 사회적 파장 등 영향도가 높은 항목이 있는지 검토하도록 합니다. 재식별의 영향도가 큰 경우는 민감한 분야 및 사회적 영향도가 높은 분야 직업군 등이 이에 속할 수 있으므로 이에 해당하는 경우는 보다 면밀히 검토하는게 바람직합니다.

3) 처리 환경의 식별 위험성 검토

가명처리하는 자, 가명정보를 처리하는 자 등 처리자에 대한 구분, 가명정보 활용(이용 또는 제공) 형태, 처리 장소, 처리 방법 등 가명정보 처리 사황에 따라 발생할 수 있는 위험성을 검토하도록 합니다.

① 처리자 구분

개인정보를 통해 가명처리를 하는 자와 가명처리된 가명정보를 처리(활용)하는 자는 구분되지 않고 동일인으로 처리하는지 여부를 검토하도록 합니다.

또한, 가명정보를 처리하는 자가 보유하고 있는 정보가 무엇이 있는지 검토하여 가명정보를 처리하는 경우 식별가능한 항목이 있는지 검토하도록 합니다.

가명정보를 처리하는 자가 보유하고 있는 정보에 대하여 가명정보 활용 형태에 따라 다음과 같이 검토하도록 합니다.

활용형태	검토사항
이용	• 가명정보 처리에 따른 보안서약서를 징구하는지 확인 • 가명정보를 어디서 이용하는지 확인(동일부서인지, 타 부서인지) • 가명처리 전 정보를 보유하고 있는지 확인 • 추가정보를 보유하고 있는지 확인 • 가명처리 전 정보와 추가정보를 제외한 다른 정보를 보유하고 있는지 확인 • 수행 경험이나 지식을 바탕으로 해당 부서에서 보유하고 있는 유사 정보를 통해 식별 위험성이 있는지 확인
제공	• 가명정보의 안전한 처리를 위한 계약서 등 체결하는지 확인 • 가명처리 전 정보와 추가정보를 제외한 다른 정보를 보유하고 있는지 확인 • 수행 경험이나 지식을 바탕으로 해당 기업(기관)에서 보유하고 있는 정보를 통해 식별 위험성이 있는지 확인

② 가명정보 활용 형태

가명처리된 가명정보를 동일한 개인정보처리자(기업, 기관)에서 활용하고자 하는지, 다른 개인정보처리자(타기업)에 제3자 제공하여 활용하고자 하는지 검토하도록 합니다.

동일한 개인정보처리자에서 활용하는 경우는 가명정보를 처리하는 소속 부서에서 이미 보유하고 있는 정보, 처리 시점을 기준으로 제공받은 다른 정보를 고려하여 식별 위험성을 검토하도록 합니다.

다른 개인정보처리자에게 제3자 제공하여 활용하는 경우는 제3자의 개인정보 보호수준 및 신뢰도를 고려하여 제공하도록 하고 제공되는 가명정보로 발생할 수 있는 재식별 위험을 최소화하기 위한 노력을 하여야 합니다. 따라서, 제3자가 관리하고 있는 개인정보 중 제공받는 가명정보와 연계 또는 조합 가능성이 있는 개인정보 목록 등을 요청하여 사전에 충분히 검토하도록 하는 것이 바람직합니다.

③ 가명정보 처리 환경

가명정보를 처리하는 장소는 가명정보 외에 다른 정보의 접근 및 입수가 제한된 장소에서 처리되도록 해야 합니다. 특히, 동일한 개인정보처리자를 통한 내부 활용의 경우는 처리자가 개인정보를 접근할 수 없는 통제된 장소에서 가명정보를 처리하도록 하고 있는지 검토하도록 합니다.

가명정보 처리 시 가명정보를 다른 정보와 연계 분석(또는 내부결합)하는 경우 다른 정보와 결합 후 식별가능한 항목이 있는지 검토하도록 합니다. 또한, 가명정보를 반복 제공하는 경우 반복 제공을 통해 식별 위험이 높아지는 항목이 있는지 여부를 검토하도록 합니다.

이에 따라, 개인정보보호위원회 '가명정보 처리 가이드라인'에서는 식별 위험성 검토 점검을 수행할 수 있도록 '[붙임1] 식별 위험성 검토 점검표'를 안내하고 있으므로 이를 참고하여 위험성 검토를 수행할 것을 권장합니다.

4) 위험성 검토 보고서 작성

위험도 검토를 수행한 이후 개인정보처리자는 데이터의 식별 위험성과 처리 환경의 식별 위험성 검토에 대한 가명정보 처리에 대한 식별 위험성 평가 결과를 도출하여 결과보고서를 작성합니다. 내부에서의 전문성이 부족한 경우는 외부전문가에게 자문 및 작성을 요청할 수 있습니다.

'[붙임 2] 식별 위험성 검토 결과 보고서' 양식을 참고하여 작성하기시 바랍니다.

7.3.4 3단계: 가명처리

개인정보처리자는 식별 위험성 검토 결과를 기반으로 가명정보의 활용 목적 달성에 필요한 가명처리 방법 및 수준을 정하여 항목별 가명처리 계획을 설정하고 가명처리를 수행합니다.

1) 가명처리 계획 작성(또는 가명처리 수준 정의)

식별 위험성 검토 결과보고서를 기반으로 적절한 가명처리 방법과 수준을 결정하고 가명처리 계획(또는 가명처리 수준 정의)를 작성합니다.

목적달성 가능성 검토를 위하여 가명처리 전 이용 부서(제3자 제공의 경우, 이용기관)와 협의 가능하며, 가명처리 방법 및 수준정의가 적정하지 않다고 판단되는 경우 다시 식별 위험성을 검토하도록 합니다.

가명처리 계획(또는 가명처리 수준 정의)은 아래와 같은 형태로 작성하게 됩니다.

순번	항목	개인정보유형	처리방법	처리수준	비고
1	학번	식별정보	암호화	SHA2+Salt	
2	과목	식별가능정보	처리없음		과목, 성별 등이 결합하여 특이정보가 발생할 경우 삭제 등의 가명처리 고려
3	학년	식별가능정보	처리없음		
4	성별	식별가능정보	처리없음		
5	주소	식별가능정보	부분삭제	동단위 이하 삭제	
6	성적	식별가능정보	범주화		특이정보 발생 시 범주화 기준 상향 필요
7	A과목 성적	식별가능정보	범주화	100점 만점 기준으로 2~5점 단위	
8	B과목 성적	식별가능정보	범주화		
9	C과목 성적	식별가능정보	범주화		
10	D과목 성적	식별가능정보	범주화		

가명처리 기법 등은 '[붙임 3] 개인정보 가명처리 기술'를 참고하시기 바랍니다.

2) 가명처리 수행

작성된 가명처리 계획(또는 가명처리 수준 정의)을 기반으로 다양한 가명처리 기술을 적용하여 가명처리를 수행하도록 합니다.

가명처리 단계에서 생성된 추가정보는 삭제하는 것을 원칙으로 합니다. 단지, 시계열분석 등과 같이 불가피하게 저장하여야 하는 경우라면 가명정보와 분리하여 별도로 보관하여야 합니다.

가명처리된 가명정보에 대한 값 또는 분석도를 확인하여 식별될 가능성이 높은 특이정보가 있는지 여부를 확인합니다. 특이정보가 확인된 경우 특이정보에 대한 레코드 또는 컬럼 삭제, 범주화 등 가명처리 목적을 달성할 수 있는 범위 내에서 추가적으로 필요한 가명처리를 수행하도록 합니다.

특이정보를 처리하는 과정에서 변경사항이 발생한 경우 기존에 작성된 '식별 위험성 검토 결과보고서', '가명처리 계획(또는 가명처리 수준 정의)'에 특이정보에 대한 내용을 반영하여 수정 작성하도록 합니다.

7.3.5 4단계: 적정성 검토

지금까지 수행한 1단계부터 3단계까지의 가명처리에 대한 결과를 기반으로 가명처리가 적정하게 수행되었는지 확인하고, 가명처리한 결과가 가명정보의 처리 목적을 달성하기 위해 적절한지 등 적정성 검토를 수행합니다.

적정성 검토 수행은 아래의 3단계로 구분되어 수행됩니다.

적정성 검토 위원회 구성 및 운영	적정성 검토 결과보고서 작성	보완조치
• 3인 이상 위원회 구성 • 위원별 서약서 징구 • 가명처리 관련 자료 검토	• 위원별 적정성 검토 결과 보고서 • 위원장 적정성 검토 종합 결과서	• 적정성 검토 결과 미흡사항에 대한 보완조치

1) 적정성 검토 위원회 구성 및 운영

① 적정성 검토 위원회 구성

가명처리 적정성 검토 위원회는 내부 인원을 활용하여 자체적으로 검토하거나, 외부전문가를 통하여 검토할 수 있습니다. 내부 인원의 전문성이 부족한 경우라면, 외부전문가를 통해 적정성 검토를 받는 것을 권장합니다.

만약, 내·외부 전문가로 위원회를 구성할 경우 비율은 기업(기관)별 업무 성격 등에 따라 탄력적으로 구성이 가능합니다. 단지, 제3자에게 제공하거나 공개를 목적으로 처리하고자 한다면 가급적 외부 전문가를 포함하는게 바람직합니다.

적정성 검토 위원회는 개인정보보호, 가명처리 기법 등에 관한 학식과 경험이 풍부한 사람으로 3명 이상으로 구성하도록 합니다. 가급적, 법률적 전문성이 있는 자와 가명처리 기술에 대한 전문성이 있는 자를 포함하여 구성할 것을 권장합니다.

외부전문가를 통해 적정성 검토 위원회를 구성하여 수행할 경우 개인정보보호포털(www.privacy.go.kr)→지원마당→데이터 안전활용 메뉴에서 분야별 가명정보 전문가 풀을 참고하여 섭외할 수 있습니다.

적정성 검토 위원회의 위원장은 구성된 적정성 검토 위원 중 호선으로 정하거나 위원으로 임명된 가명처리기관의 개인정보 보호책임자 또는 그에 준하는 임직원을 선임하여 정할 수 있습니다.

② 적정성 검토 위원회 운영

가명처리 적정성 검토를 위해 위원들에게 제공되는 자료는 개인정보에 해당되고 비밀유지의 필요성이 있으므로 가명처리 적정성 검토 위원회에게 적정성 검토를 수행하기 전에 가명처리에 관한 정보의 비밀유지를 위한 '비밀유지의무 서약서'와 가명처리에 따른 위원이 이해상충 관계가 없다는 내용의 '이해상충 공개 서약서'를 작성하여 제출받도록 합니다. 서약서에 관련된 양식은 '[붙임 4] 서약서'를 참고하기 바랍니다.

적정성 검토를 수행하기 위해 다음의 기초자료를 준비하도록 합니다.

기초자료	자료에 포함할 내용
내부관리계획	• 가명정보 처리를 위한 내부 정책 및 지침 내용 반영
개인정보처리방침	• 개인정보처리방침 내 가명정보 처리에 관한 내용
사업계획서 또는 가명정보 이용제공 신청서	• 가명처리 목적 내용 반영 • 제3자 제공의 경우 관련된 계약내용 반영 (별도 계약서 있는 경우 준비) • 이용환경에 대한 보호수준(개인정보보호 수준 등)
식별 위험성 검토 결과 보고서	• 식별 위험성 검토 결과 내용 반영
항목별 가명처리 계획 (또는 가명처리 수준 정의)	• 항목별 가명처리 방법 및 수준 정의 내용 반영
가명처리 기초자료 명세	• 원본데이터 세부 항목별 명세, 원본데이터 예시, • 평가대상 세부 항목별 명세, 데이터 분포 분석 등 데이터 특징, 유형, 분포 등 가명정보의 생성 및 활용 등과 관련하여 설명할 수 있는 내용 반영
기타	• 적정성 검토 등 확인을 위해 필요한 자료 추가 준비

적정성 검토 위원은 안전한 물리적 또는 논리적 공간에서 준비된 기초자료를 기반으로 적정성 검토를 실시합니다.

적정성 검토 사항
• 가명처리 목적이 개인정보보호법 제28조의2에 부합한지 여부 검토 • 가명처리 자체의 적정성뿐만 아니라 목적 달성을 위한 최소한의 가명정보 만으로 생성되었는지 검토하고 재식별 가능성 여부가 없는지 검토 • 통계작성, 과학적 연구, 공익적 기록보존을 위하여 가명정보를 제3자에게 제공하는 경우 제공받는 자가 보유한 다른 정보와의 결합을 통한 식별가능성, 가명정보 보호수준, 신뢰도 등을 고려하여 가명정보의 제공이 적정한 지 등 종합적으로 검토

적정성 검토 위원회는 회의록 작성과 함께 다음의 세부 절차에 따라 적정성 검토를 수행합니다.

절차	검토 내용
기초자료 확인	• 적정성 검토를 위한 기초자료 목록 및 기초자료에 작성된 내용 확인 • 미흡한 자료가 있을 경우 보완(추가) 요청
▼	
목적 적합성 검토	• 기초자료 내용 중 적합성 검토 보고서, 연구계획서, 가명정보 이용제공 신청서 등을 살펴보고 목적의 적합성 검토 • 가명정보 처리 목적이 구체적으로 작성되어 있는지 검토 • 목적이 명확하지 않을 경우 보완 요청
▼	

식별 위험성의 적정성 검토	• 식별 위험성 검토 결과보고서를 토대로 위험성 검토의 적정성 검토
	  - 데이터 자체 식별 위험성 검토 내역 확인
	  - 처리 환경 관련 위험성 검토 내역 확인(가명처리 장소 및 형태, 다른 정보 보유여부, 처리기관의 보안 수준, 재식별 영향도 등 재식별 위험성)
	• 결과보고서의 위험성 측정 결과와 위원이 판단하는 데이터 상황을 비교하여 검토

▼	
가명처리 계획(가명처리 수준)의 적정성 검토	• 식별 위험성 검토 결과 내용에 따라 가명처리 방법 및 수준을 적정하게 계획하였는지 검토 • 문서화된 가명처리 계획(가명처리 수준) 및 안전성 검토 결과와 위원이 판단하는 컬럼별 처리수준을 비교하여 검토
▼	
가명처리 결과에 대한 적정성 검토	• 가명처리 계획(가명처리 수준)에 따라 실제 가명처리를 수행하였는지 검토 • 작성된 가명정보 처리 기초자료 명세에 내용과 가명처리된 데이터를 확인하면서 검토 • 특히 대용량 정보의 경우 중간에 처리되지 않은 부분이 있을 수 있으므로 가능한 가명정보 항목 전체를 검토 • 가명처리 결과를 확인하면서 가명처리가 적정하지 않을 경우 가명처리를 다시 수행하거나 부분적으로 추가 가명처리를 수행하도록 요청
▼	
처리 결과에 대한 목적 달성 가능성	• 가명처리된 정보가 당초 가명정보 처리 목적을 달성할 수 있는지 여부 검토 - 활용관점 : 가명정보 활용 목적을 달성할 수 있도록 충분히 가명처리가

검토	되었는지 여부 - 보호관점 : 가명정보 활용 목적을 넘어설 수 있도록 가명처리가 미흡한 지 여부

▼

결과 판정 및 결과 통지서 작성	• 위원들은 회의를 통해 각자 검토한 내용들에 대한 오류를 최소화 한 후에 최종 결과를 판단 • 위원장은 판단된 내용에 따라 적정/부적정/조건부 적정을 판정 - 위원회 검토 기한 내에 보완조치 가능한 경우 보완 후 그 결과로 판정 가능 - 보완조치가 시간이 소요될 경우 부적정 또는 조건부 적정을 하고 보완조치 확인을 위한 별도 절차 필요

2) 적정성 검토 결과보고서 작성

적정성 검토 위원회는 위 적정성 검토 절차에 따라 적정성 검토를 수행한 이후 '적정성 검토 결과보고서(위원용)', '적정성 검토 종합 결과서'를 작성합니다.

'적정성 검토 종합 결과서'내에서는 적정성 검토 위원들의 확인 및 개인정보보호 책임자의 확인을 받도록 합니다.

결과보고서 양식은 '[붙임 5] 적정성 검토 결과보고서'를 참고하기 바랍니다.

3) 보완조치

적정성 검토 결과 '부적정' 판정 시 가명정보의 활용제공 계획을 중단하거나, 가명정보 활용을 계속하고자 한다면 '부적정'에 해당하는 단계로 돌아가서 보완 조치를 단계적으로 수행한 후 다시 적정성 검토를 하여 '적정'판정을 받아야 합니다.

적정성 검토 과정에 개인 식별 위험이 발생한 경우 위원회 판단에 따라 즉시 조치가 가능한 경우 즉시 조치 후 적정성 검토를 진행할 수 있도록 합니다.

7.3.6 5단계: 안전한 관리

적정성 검토 이후 생성된 가명정보는 개인정보보호법 제28조의4에 따라 기술적, 관리적, 물리적 안전조치 등 사후관리를 이행하여야 합니다.

가명정보를 안전하게 관리하기 위해 아래와 같은 절차로 안전하게 관리할 수 있도록 합니다.

가명정보 처리 기록관리		가명정보 안전성 확보조치 수행		재식별 모니터링
가명정보 관리대장 작성	▶	관리적, 기술적, 물리적 보호 조치	▶	재식별 가능성에 대한 주기적 점검

1) 가명정보 처리 기록관리

가명정보처리자는 개인정보보호법 시행령 제29조의5 제2항에 따라 가명정보 처리에 관한 내용을 기록으로 작성하고 안전하게 보관 및 관리하도록 해야 합니다.

가명정보 처리에 대한 기록에는 가명정보의 처리목적, 가명처리한 개인정보 항목, 가명정보의 이용내역, 제3자 제공 시 제공받는자 등을 작성하도록 합니다. 가명정보 처리 기록관리에 대한 서식은 '[붙임 6] 가명정보 처리 관리 대장'을 참고하시기 바랍니다.

2) 가명정보 안전성 확보조치 수행

① 관리적 보호조치

가명정보 처리를 체계적으로 수행하기 위해 가명정보 처리 내부관리계획을 수립하여 시행하도록 합니다. 기존의 개인정보 내부관리계획이 있을 경우 가명정보 처리에 관한 사항을 포함하여 내부관리계획을 개정하여 시행해도 무방합니다.

가명정보 처리는 정보주체에게 동의를 받지 않고 개인정보에 대한 가명처리를 수행하여 활용하기 때문에 정보주체에게 개인정보를 이용한 것에 대한 안내를 해주어야 합니다. 따라서, 개인정보보호법 제30조를 준수 및 정보주체의 개인정보 이용에 대한 알 권리 보장을 위해 개인정보처리방침 내 가명정보 처리에 관한 사항을 작성하여 공개해야 합니다.

개인정보처리자는 가명정보를 처리하는 자 대상으로 개인정보보호 등 교육을 실시하도록 하고 관리·감독해야 합니다. 또한, 가명정보를 처리하는 자는 개인정보 및 추가정보에 대한 접근 금지 등 명확한 직무분리를 수행하여 개인정보 확인에 따른 재식별을 하지 못하도록 관리·감독해야 합니다.

만약, 가명정보 처리업무를 위탁하는 경우는 개인정보보호법 제26조에 따라 가명정보 처리업무 위탁업체와의 위탁에 따른 계약서를 체결하고 계약기간 동안 관리·감독 방안을 마련하여 수행해야 합니다. 위탁에 따른 계약서 내에는 '가명정보 재식별 금지, 재식별 위험 발생 시 위탁사에 즉시 통보' 등 가명정보 보호조치를 위한 사항을 반영하여 계약하도록 해야 합니다.

또한, 가명정보를 통계작성, 과학적 연구, 공익적 기록보존 목적으로 제3자에게 제공하는 경우는 보호대책을 마련하고 계약서 내에 아래와 같은 주요 사항을 포함하여 시행하도록 합니다.

가명정보 제3자 제공 관련 계약서에 포함 사항
• 가명정보 처리 목적
• 가명정보 처리 및 보유 기간
• 가명정보 재식별 금지 및 재식별 발생 시 통지
• 가명정보 제3자 제공 금지(재제공 금지)
• 가명정보 안전성 확보조치 준수
• 가명정보 위탁 제한
• 계약사항 위반 시 손해배상 등 책임에 관한 사항
• 가명정보 목적 및 기간 달성 시 파기에 관한 사항
• 파기 후 파기내역 통보
• 가명정보 제공자가 파기 요청 시 파기 준수에 관한 사항(재식별 사고 및 계약 위반 사항에 한함)

개인정보처리자는 가명정보를 처리하는 경우 '[붙임 5] 가명정보 처리 관리 대장'에 기록·관리하도록 하고 연 1회 이상 점검하여 관리하도록 합니다.

② 기술적 보호조치

가명정보 처리 시 생성되는 추가정보는 삭제하는 것을 원칙으로 합니다. 불가피한 사유가 있는 경우 원본 개인정보, 가명정보와는 물리적으로 분리하여 보관해야 합니다. 추가정보를 물리적으로 분리하기 어려운 경우 DB테이블 분리 등 논리적으로 분리하는 것도 가능하나 이 경우 엄격한 접근권한 관리 및 접근통제가 되도록 보호조치를 수행해야 합니다.

추가정보를 삭제하는 경우는 '[붙임 6] 가명정보 처리 관리 대장'을 활용하여 삭제내역에 대하여 기록·관리하도록 합니다.

개인정보처리자는 가명정보 또는 추가정보에 접근할 수 있는 담당자를 가명정보 처리 업무 목적 달성에 필요한 최소한의 인원으로 지정하고 가명정보처리시스템에 대한 접근권한은 업무에 따라 차등 부여하여 관리되도록 합니다.

가명정보처리시스템에서의 가명정보 또는 추가정보 처리에 관한 접속기록을 최소 1년(가명정보가 5만명 이상일 경우 최소 2년 이상) 이상 보관·관리하도록 합니다. 또한, 접속기록은 가명정보를 처리하는 자의 오남용 등 보호조치를 위해 월 1회 이상 주기적으로 점검하여 개인정보 보호책임자에게 보고하도록 합니다.

그 외 기술적 보호조치에 관한 사항은 '개인정보의 안전성 확보조치 기준', '개인정보의 기술적관리적 보호조치 기준'에 정한 보호조치를 준수할 수 있도록 해야 합니다.

③ 물리적 보호조치

개인정보처리자는 가명정보 또는 추가정보의 안전한 관리를 위하여 전산실, 자료보관실 등 가명정보처리시스템이 있는 물리적 장소에 대한 안전한 보호조치를 수행해야 합니다.

또한, 가명정보를 처리하는 장소에 대해서도 비인가자가의 접근으로부터 보호하기 위해 출입통제 등 절차를 수립하여 시행하도록 해야 합니다.

가명정보 또는 추가정보가 보조저장매체에 저장하는 경우에는 암호화를 적용하고 잠금장치가 있는 안전한 장소에 보관하여야 하며 보조저장매체 등에 대한 반·출입 통제 등 보호대책을 마련해야 합니다.

3) 재식별 모니터링

개인정보보호법 제28조의5 제1항에서는 누구든지 특정 개인을 알아보기 위한 목적으로 가명정보를 처리해서는 안되도록 규정하고 있고, 제28조의5 제2항에서는 가명정보 처리 과정에서 우연히 특정 개인이 식별되는 경우 처리중지, 회수, 파기 등과 같이 위험을 제거하기 위한 적절한 조치를 즉시 수행하도록 규정하고 있습니다.

따라서, 가명정보 처리된 정보가 다른 정보 등과 결합하여 재식별이 되는지 여부에 대한 주기적 모니터링을 통해 보호조치를 수행해야 합니다.

① 개인정보 재식별 모니터링

개인정보처리자는 가명정보 처리 과정 및 활용 시 특정 개인이 식별될 위험이 있는지 여부를 지속적으로 모니터링 하는 등 보호조치를 수행해야 합니다. 따라서, 가명정보 보유기간 동안 개인정보 재식별 가능성이 증가하는 지 여부 등을 지속적으로 모니터링 하고 정기적(연 1회 이상 권고)으로 점검하도록 합니다.

② 재식별 시 가명정보 회수 및 처리 중단

개인정보처리자는 재식별 모니터링 과정에서 재식별의 위험성을 확인하였거나 가명정보를 처리하는 자가 개인정보 재식별된 경우를 확인하였을 때 즉시 가명정보 처리를 중단하도록 하고 해당 가명정보는 즉시 삭제 등 보호조치를 수행해야 합니다.

재식별된 경우 가명정보 회수 및 처리 중단은 아래와 같은 절차로 체계적으로 수행할 것을 권장합니다.

절차	수행 내용	수행주체
가명정보 처리 중단	가명정보 재식별이 된 것을 안 시점에 즉시 가명정보 처리를 중단하고 개인정보 보호책임자에게 보고하도록 함	가명정보를 처리하는 자
▼		
가명정보 회수	재식별된 가명정보가 악용되지 않도록 즉시 회수하도록 함	개인정보보호담당자 개인정보 보호책임자
▼		
가명정보 재식별 원인분석 및 파기	회수된 가명정보는 즉시 파기하도록 함 재식별된 가명정보에 대한 원인을 분석	개인정보보호담당자
▼		
재발방지 대책 수립	원인분석을 통해 재식별된 위험성이 재발하지 않도록 보호대책 마련	개인정보보호담당자 개인정보 보호책임자

7.4 결론

가명정보 활용에 관한 내용은 개인정보보호법 제3장 제3절에 규정된 내용에 따라 안전하게 활용되어야 합니다. 즉, 가명정보도 개인정보에 해당되므로 재식별이 되지 않도록 관리적, 기술적, 물리적 보호조치를 준수하여 안전하게 활용되어야 합니다.

본 교재는 개인정보보호법을 준수하여 가명정보에 대한 이해를 통해 안전하게 가명정보를 처리하는 구체적인 방법에 대하여 체계적으로 안내하고 있습니다.

또한, 본 교재에서는 가명정보에 대한 기본적 이해를 바탕으로 작성되어 있으므로 가명정보를 활용할 때 가명처리를 수행하는 전반적인 절차에 대하여 안내하고 있습니다.

그러나, 다른 기업(기관)과의 처리된 가명정보에 대한 결합에 대한 사항 및 공개를 목적으로 개인정보를 익명화하여 처리하는 익명정보에 대한 사항은 안내하고 있지 않습니다.

따라서, 추가적으로 가명정보 결합 및 익명정보 처리에 구체적인 사항을 알고자 하신다면 가명정보 처리 가이드라인 등을 참고할 것을 권장합니다.

결론적으로 본 교재는 가명정보의 개념을 정확히 이해하고 내부적으로 가명정보를 활용하고자 할 때 사전준비 단계부터 적정성 검토 및 안전한 관리까지 가명처리 절차를 쉽게 이해할 수 있도록 작성하였습니다.

| 참고문헌

1. 개인정보보호위원회, 가명정보 처리 가이드라인(2022.4)
2. 교육부, 교육분야 가명·익명정보 처리 가이드라인(2022.5)
3. 금융위원회, 금융분야 가명·익명처리 안내서(2022.1)
4. 보건복지부, 보건의료 데이터 활용 가이드라인(2022.5)
5. 행정안전부, 공공분야 가명정보 제공 실무안내서(2021.1)

붙임 1 식별 위험성 검토 점검표

번호	구분	세부구분	검토 항목	검토 결과
1	데이터	식별성	식별이 가능한 단일항목의 정보가 있는가?	
2			두 개 이상의 컬럼(항목)을 조합하여 식별가능성이 높아지는 정보가 있는가?	
3			공개된 데이터와 결합대조하여 식별가능성이 높아질 수 있는 이용항목이 있는가?	
4			데이터셋의 크기가 적어 식별이 가능할 우려가 있는가?	
5			원본데이터 전체가 아닌 일부의 데이터를 처리하는 샘플링을 적용하지 않았는가?	
6		특이정보	시계열 성격을 가진 데이터가 포함되어 있는가?	
7			연속적인 숫자형 데이터에서 데이터 값의 분포가 양 끝단의 정보(분포 곡선에 따라 한쪽의 정보 포함)가 현저히 낮은 항목이 있는가?	
8			일반적인 문자형 데이터(비 연속적인 숫자형 데이터 및 코드형 데이터 포함)에서 특정 값으로 현저히 낮은 항목이 있는가?	
9		재식별 시 영향도	사회통념상 차별 등으로 인해 정보주체가 피해 또는 불이익을 받을 수 있는 정보가 있는가?	
10			재식별로 인하여 받는 피해 또는 불이익의 정도와 규모가 상당히 클 수 있는 정보주체에 관한 정보가 있는가?	
11	처리 환경	이용 및 제공	처리주체가 보유하고 있는 정보 또는 접근·입수 가능한 정보와 이용 범위 및 유형을 고려하여 식별가능한 항목이 있는가?	
12			추가정보를 삭제하지 않고 보관하는가?	
13			가명정보 제공 시 제공받는 자의 개인정보 보호 수준 및 신뢰할 수 있는 인증을 받았는가? (ISMS, ISMS-P, ISO 27001 등)	
14		처리장소	가명정보 처리 시 다른 정보를 접근·입수할 수 있는 장소인가?	
15		다른 정보와의 결합	다른 정보와의 연계 분석이 예정되어 있는가?	
16			처리주체가 보유하거나 접근입수 가능한 정보 등 다른 정보와 연계 또는 결합하여 식별가능한 항목이 있는가?	

붙임 2	식별 위험성 검토 결과 보고서

식별 위험성 검토 결과 보고서

	검 토 일 자	
	검 토 자	
가명정보 활용목적	(작성 방법) 개인정보보호법 제28조의2에 따른 목적에 부합하는지 여부를 검토하여 작성 가명정보 활용목적은 구체적으로 작성되어야 함	
가명처리 대상 데이터 항목	(작성 방법) 가명처리 대상 데이터 항목을 작성 전체 데이터에서 샘플링하는 경우는 샘플 데이터의 양을 명확히 작성하도록 해야 함	
데이터 위험성	식별성 유무	(작성 방법) 식별정보 항목이 있는 경우 작성 식별가능정보 항목이 있는 경우 작성
	특이정보 유무	(작성 방법) 가명처리 대상 항목 또는 데이터에서 특이정보가 발생할 것으로 예상되는 정보에 대하여 작성
	재식별시 영향도	(작성 방법) 가명처리 대상 항목 또는 데이터에 대하여 재식별 시 예측되는 정 보를 분석하여 영향도에 대하여 작성
처리환경 검토	이용 및 제공 형태	(작성 방법) 내부 이용 또는 제3자 제공 여부를 확인하여 작성
	처리 장소	(작성 방법) 가명정보가 처리되는 장소를 구체적으로 작성 특히, 분석PC가 원본 데이터와 접근 통제 및 인터넷이 차단된 환경 인지 여부, 출입통제가 구체적으로 되고 있는지 여부를 파악하여 명확하게 작성
	다른 정보와의 결합 가능성	(작성 방법) 가명처리된 가명정보와 기존에 보유하고 있는 정보와의 결합 가능 성 또는 인터넷 환경에서 확인한 정보와의 결합 가능성 등을 분석 하여 작성
최종 검토의견	(작성 방법) 위험도 분석 결과를 바탕으로 가명처리 수행하기 전에 식별 위험사항에 대하여 조치 해야 할 내용에 대한 검토의견을 구체적으로 작성	

붙임 3	개인정보 가명처리 기술		

분류	기술	세부기술	설명
개인정보 삭제	삭제기술	삭제 (Supperession)	원본정보에서 개인정보를 단순 삭제
		부분삭제 (Partial suppression)	개인정보 전체를 삭제하는 방식이 아니라 일부를 삭제
		행 항목 삭제 (Record suppression)	다른 정보와 뚜렷하게 구별되는 행 항목을 삭제
		로컬삭제 (Local suppression)	특이정보를 해당 행 항목에서 삭제
개인정보 일부 또는 전부 대체	삭제기술	마스킹 (Masking)	특정 항목의 일부 또는 전부를 공백 또는 문자('*', '_' 등이나 전각 기호)로 대체
	통계도구	총계처리 (Aggregation)	평균값, 최대값, 최소값, 최빈값, 중간값 등으로 처리
		부분총계 (Micro aggreagtion)	정보집합물 내 하나 또는 그 이상의 행 항목에 해당하는 특정열 항목을 총계처리. 즉, 다른 정보에 비하여 오차범위가 큰 항목을 평균값 등으로 대체
	일반화 (범주화) 기술	일반 라운딩 (Rounding)	올림, 내림, 반올림 등의 기준을 적용하여 집계처리하는 방법으로 일반적으로 세세한 정보보다는 전체 통계정보가 필요한 경우 많이 사용
		랜덤 라운딩 (Random rounding)	수치 데이터를 임의의 수인 자리수, 실제 수 기준으로 올림(round up) 또는 내림(round down)하는 기법
		제어 라운딩 (Controlled rounding)	라운딩 적용 시 값의 변경에 따라 행이나 열의 합이 원본의 행이나 열의 합과 일치하지 않는 담점을 해결하기 위해 원본과 결과가 동일하도록 라운딩을 적용하는 기법
		상하단코딩 (Top and bottom coding)	정규분포의 특성을 가진 데이터에서 양쪽 끝에 치우친 정보는 적은 수의 분포를 가지게 되어 식별성을 가질 수 있음 이를 해결하기 위해 적은 수의 분포를 가진 양 끝단의 정보를 범주화 등의 기법을 적용하여 식별성을 낮추는 기법

암호화		양방향 암호화 (Two-way encryption)	특정 정보에 대해 암호화와 암호화된 정보에 대한 복호화가 가능한 암호화 기법
		일방향 암호화 (One-way encryption)	원분에 대한 암호화의 적용만 가능하고 암호문에 대한 복호화 적용이 불가능한 암호화 기법
		순서보존 암호화 (Order-preserving encryption)	원본정보의 순서와 암호값의 순서가 동일하게 유지되는 암호화 방식 암호화된 상태에서도 원본정보의 순서가 유지되어 값들 간의 크기에 대한 비교 분석이 필요한 경우 안전한 분석이 가능
		형태보존 암호화 (Format-preserving encryption)	원본 정보의 형태와 암호화된 값의 형태가 동일하게 유지되는 암호화 방식 원본 정보와 동일한 크기와 구성 형태를 가지기 때문에 일반적인 암호화가 가지고 있는 저장 공간의 스키마 변경이슈가 없어 저장 공간의 비용 증가를 해결할 수 있음
		동형 암호화 (Homomorphic encryption)	암호화된 상태에서의 연산이 가능한 암호화 방식으로 원래의 값을 암호화한 상태로 연산 처리를 하여 다양한 분석에 이용 가능
		다형성 암호화 (Polymorphic encryption)	가명정보의 부정한 결합을 차단하기 위해 각 도메인별로 서로 다른 가명처리 방법을 사용하여 정보를 제공하는 방법
무작위화 기술		잡음 추가 (Noise addition)	개인정보에 임의의 숫자 등 잡음을 추가(더하기 또는 곱하기)하는 방법
		순열(치환) (Permutation)	분석 시 가치가 적고 식별성이 높은 열 항목에 대해 대상 열 항목의 모든 값을 열 항목 내에서 무작위로 순서를 변경하여 식별성을 낮추는 기법
		토큰화 (Tokenisation)	개인을 식별할 수 있는 정보를 토큰으로 변환 후 대체함으로써 개인정보를 직접 사용하여 발생하는 식별 위험을 제거하여 개인정보를 보호하는 기술
		(의사)난수생성기 ((P)RNG, (Pseudo) Random Number Generator)	주어진 입력값에 대해 예측이 불가능하고 패턴이 없는 값을 생성하는 매커니즘으로 임의의 숫자를 개인정보와 대체

가명·익명처리를 위한 다양한 기술 (기타 기술)	표본추출 (Sampling)	데이터 추체별로 전체 모집단이 아닌 표본에 대해 무작위 레코드 추출 등의 기법을 통해 모집단의 일부를 분석하여 전체에 대한 분석을 대신하는 기법
	해부화 (Anatomization)	기존 하나의 데이터셋(테이블)을 식별성이 있는 정보집합물과 식별성이 없는 정보집합물로 구성된 2개의 데이터셋으로 분리하는 기술
	재현데이터 (Synthetic data)	원본과 최대한 유사한 통계적 성질을 보이는 가상의 데이터를 생성하기 위해 개인정보의 특성을 분석하여 새로운 데이터를 생성하는 기법
	동형비밀분산 (Homomorphic secret sharing)	식별정보 또는 기타 식별가능정보를 메시지 공유 알고리즘에 의해 성생된 두 개 이상의 쉐어(Share)로 대체

붙임 4   서약서

비밀유지의무 서약서

본인은 가명처리 적정성 검토와 관련한 활동으로 얻어진 모든 정보에 대하여 XXXXXXX의 허락 없이 외부에 공개하지 않을 것을 서약합니다. 본 양식에 서명함으로써, 본인은 정보의 비밀을 지키기 위해 합당한 역할과 완전한 책임을 다 할 것에 동의합니다.

일 자 :   2023년 00월 00일

소 속 :

성 명 :   (서명)

XXXXXXXXX장 귀하

이해상충 공개 서약서

가명정보 이용신청자명(기관명)	
적정성 검토 회의명	

　본인은 상기 적정성 검토와 관련하여 가명정보 이용 신청자로부터 검토 결과에 영향을 미치는 지원과 제공에 대한 사항을 다음과 같이 확인하여 보고합니다.

순번	이해 관계 내용	예	아니오
1	적정성 검토 대상 가명정보를 이요할 예정이 있다.		
2	적정성 검토 대상 가명정보 활용에 대한 경제적·비경제적 이익을 가지고 있다.		
3	가명정보 이용신청자와 고용관계가 있다.		
4	가명정보 이용신청자로부터 본 적정성 검토 비용 외에 검토 결과에 영향을 미칠 수 있는 경제적·비경제적 이익을 제공받은 사실이 있다.		
5	본인 또는 배우자의 직계가족이 소속된 회사가 위에서 기술된 것과 같은 관계를 가지고 있다.		
6	그 밖에 적정성 검토 대상 가명정보 또는 가명정보 이용신청자와 이해관계가 있다.		

　본인이 확인한 모든 내용은 정확히 기술되었으며 만약 평가 진행 중에 의뢰기관에 대한 이해관계가 변동되는 이해상충이 생기는 경우 이를 인지한 날로부터 5영업일 이내에 OOO에 통지하겠습니다.

일 자 :　　　　　2023. 00. 00

성 명 :　　　　　　　　(서명)

| 붙임 5 | **적정성 검토 결과보고서** |

적정성 검토 결과서(위원용)

접수번호					
검토위원 정보	성명		소속		직위	

검토 대상	□ 신규 □ 보완		
검토 일자	년 월 일 ~ 년 월 일		
최종검토결과	□ 적정(승인) □ 조건부 승인 □ 부적정(반려)		
세부결과	가명정보 목적 적합성	□ 적합 □ 미흡	
	가명정보 이용항목 적합성	□ 적합 □ 미흡	
	식별 위험성 검토결과보고서 적정성	□ 적정 □ 미흡	
	항목별 가명처리 계획서 적정성	□ 적정 □ 미흡	
	처리 수준에 따른 처리 결과의 정확성	□ 적정 □ 미흡	
	처리 결과의 목적 달성 가능성	□ 적정 □ 미흡	
종합검토의견	※ 검토 결과가 조건부 승인인 경우 보완사항을 부적정인 경우 사유를 상세히 기재		

위와 같이 적정성 검토 결과를 통지합니다.

년 월 일

서명란	

적정성 검토 종합결과서

이용신청 접수번호	
검토 대상	□ 신규 □ 보완
검토 일자	년 월 일 ~ 년 월 일
최종검토결과	□ 적정(승인) □ 조건부 승인 □ 부적정(반려)
종합검토의견	

위와 같이 적정성 검토 결과를 통지합니다.

년   월   일

서명란	위원장	검토위원	검토위원	사내 개인정보보호 책임자
	이름 (인)	이름 (인)	이름 (인)	이름 (인)

붙임 6 **가명정보 처리 관리 대장**

가명정보 처리 관리 대장

구분	내용	
이용신청 접수번호		
가명정보의 처리 목적	가명정보의 처리 목적을 기재 (통계작성, 과학적 연구, 공익적 기록보존 등)	
가명처리한 개인정보 항목	가명처리의 대상이 된 이용 항목을 말함 (예: 성별, 나이, 주소 등)	
가명정보의 이용내역	① 책임자	가명정보 처리 관련 책임자
	② 가명정보 및 추가정보를 처리하는 자	가명정보를 처리하는 자 또는 추가정보를 처리하는 자(필요 시 처리자 명단)
	③ 가명처리 일자	가명처리한 일시
	④ 이용방법	목적외 이용, 내부 이용, 외부제공, 내부 결합, 결합전문기관을 통한 결합 등
제공받는자 (제3자 제공 시)	가명정보를 제공받는자의 명칭	
관련 파일명		
가명정보 이용기간	년 월 일 ~ 년 월 일	
가명정보 파기일자	년 월 일	
대장 기록자	(인)	
기록 확인자	(인)	

CHAPTER 08

개인정보보호 강화기술

8.1 개인정보보호 강화기술

개인정보는「개인정보 보호법」제2조에서 살아 있는 개인에 관한 특정 정보(이름, 사진, 주민등록번호 등)로서, 그 정보를 통해 개인을 식별하거나 개인과 직접적으로 연결하는 정보를 의미한다. 개인정보는 넓은 의미에서 이름, 주민등록번호, 핸드폰번호, 생년월일, 주소 등 해당 정보만으로는 특정 개인을 알아볼 수 없더라도, 다른 정보와 결합하여 개인을 알아볼 수 있는 정보도 포함한다.

[그림 1]은 2010년부터 2021년까지 데이터 산업 시장규모를 보여준다. 최근 데이터산업 시장규모는 2020년은 20조 24억 원이며, 2021년에는 23조 972억 원 규모로 보고 있다.

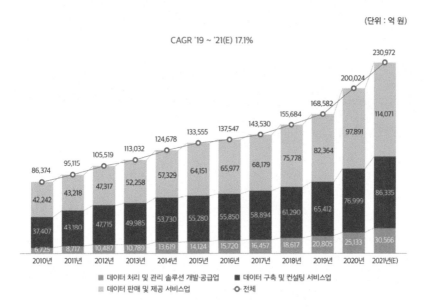

[그림 1] 2010년-2021년 데이터 산업 시장규모[1)]

데이터 경제 가속화는 인공지능, 블록체인 등 4차 산업혁명기술의 중요성이 높아지면서 데이터 활용에 대한 높은 관심을 보이고 있다[2]. 특히, 데이터 댐으로 표현되는 데이터 3법 개정, 마이데이터 도입 등 데이터 경제를 위한 활성화 정책을 추진 중이다. 이처럼 데이터 활용 서비스가 증가하면서, 데이터의 대부분을 차지하는 개인정보 유·노출 방지 등 데이터 보호의 중요성도 함께 증가하고 있다. 2020년 기준 5년간 개인정보 유출건수는 약 6천 4백만 건이며, 이는 매년 증가하고 있는 추세다. 다크웹에서 개인정보가 불법 거래되고 있어 개인정보 중요도가 높아졌으며 개인정보보호에 대한 인식도 같이 높아지고 있다. 이로 인해, 개인정보보호위원에서는 정보주체의 88%, 공공기관의 92.9%, 민간기업의 88.5%가 개인정보보호가 중요하다고는 통계도 있다.

개인정보보호에서는 개인정보, 가명정보, 익명정보가 [표 1]처럼 구분되어 사용된다.

[표 1] 개인정보, 가명정보, 익명정보

구분	설명
개인정보	성명, 생년월일 등 특정 정보를 통해 개인 식별 또는 획득한 정보와 다른 정보를 연결하여 특정 개인을 알아볼 수 있는 정보
가명정보	개인정보를 추가정보 없이는 특정 개인을 알아볼 수 없게 가명처리[3]한 정보
익명정보	시간, 비용, 기술을 고려했을 때 더 이상 개인을 알아볼 수 없는 정보

'개인정보보호'는 정보주체의 개인정보 자기결정권을 철저하게 보장하는 것이다. 여기서 개인정보 자기결정권은 언제, 어떻게, 어느 범위(예: 일반 정보, 행위 정보 등)까지 개인정보처리자와 제3자에 자기 정보를 허용할지 스스로 결정하는 권리이다. 이의 '개인정보 보호 및 활용 기술'은 데이터 보호의 정보보안 기술을 기반으로, 개인정보의 생애주기 특성에 맞는 보호와 안전한 활용, 그리고 정보주체 권리보장을 의미한다.

---

1) 과학기술정보통신부, 한국데이터산업진흥원, "2021 데이터산업 현황조사", 11-171000-000387-10, 2022년 3월
2) 개인정보보호위원회, "2022-2026 개인정보 보호·활용기술 R&D 로드맵", 2021년 11월.
3) 개인정보의 일부를 삭제하거나 일부 또는 전부를 대체하는 등의 방법으로 추가 정보가 없이 특정 개인을 식별하지 못하도록 처리

8.2 개인정보보호와 정보보안 기술 관계

개인정보보호위원회에서 발간한 〈2022-2026 개인정보 보호·활용기술 R&D 로드맵〉에 따르면, 그동안 기술적 보호는 정보보안 기술 중심으로, 개인정보 보호는 법 중심으로 발전해왔다. 정보보안에서 개인정보보호는 인프라, 서비스 등의 기밀성, 가용성, 무결성을 확보하는데 중점을 두었다. 하지만, 개인정보의 처리 과정에서 노출 최소화, 오·남용 방지, 이용자 개인정보 보호 선호도 고려 등 개인정보 보호에는 한계가 들어 나고 있다. 게다가, 선진국(유럽 등)의 개인정보 보호제도는 권리보장이 점점 강화되고 있어 이를 준수하는 것 자체에 어려움이 많다.

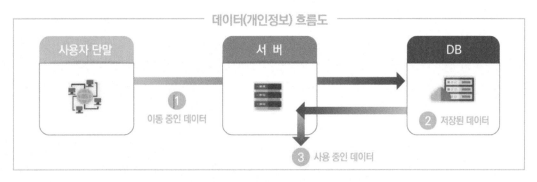

[그림 2] **데이터 흐름 단계별 정보보안 기술 적용(예시)**[4]

[그림 2]는 데이터 흐름 단계별 정보보안 기술 적용을 보여준다. [그림 2]-①은 개인정보 수집단계로써, HTTPS, IPSEC, VPN 등 개인정보 암호화로 보호가 가능하다. [그림 2]-②는 개인정보 저장단계로 DB 암호화, DB 접근통제 등으로 개인정보를 보호할 수 있다. [그림 2]-③의 개인정보 활용단계에서 암호화된 개인정보는 복호화 후에 활용 가능하여, 기존 정보보안 기술로는 사용에 한계가 있다. 이 단계에서는 개인정보 노출 최소화를 위한 추가 보호기술이 필요하다.

---

4) 개인정보보호위원회, "2022-2026 개인정보 보호·활용기술 R&D 로드맵", 2021년 11월.

미국 국립표준기술연구소인 NIST가 제시한 [그림 3]은 유출 및 오남용 등 개인정보 침해 위험이 사이버보안 사고와 무관하게 발생하므로 개인정보 보호기술과 차별성을 나타낸다.

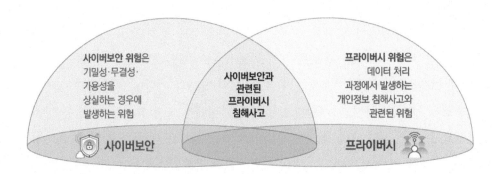

[그림 3] 사이버보안 위험과 프라이버시 위험 간 관계[5]

위 그림에서 보는 것과 같이, 사이버보안은 기밀성·가용성·무결성을 상실할 경우 위협이 발생하지만, 개인정보는 정보 유출, 오·남용 시 위협이 발생한다. 따라서, 사이버보안에서는 개인의 동의·선호 관리 등 정보주체의 권리보호를 위한 기술은 포함되어 있지 않다. 이를 위한 개인정보보호 관리체계 법률은 2019년 8월 국제표준기구 ISO(International Organization for Standardization)의 정보보호 관리체계 표준을 바탕으로 제정하였다.

[표 2] 개인정보 보호 및 활용 기술과 정보보안 기술 비교[6]

구분	개인정보 보호 및 활용 기술	정보보안 기술
주요 보호대상	정보 주체	ICT 인프라
보호 목적	정보 주체의 권리 보장	기밀성, 무결성, 가용성 보장
기술개발 방향	개인정보의 보호와 안전한 데이터 활용	시스템, 네트워크 보호
프레임워크	수집→이용→저장→제공→파기	탐지→분석→대응→공유
정보주체 우선	가능	불가능
보호를 위한 주요 탐지 정보	개인정보	일반 정보

---

5) 개인정보보호위원회, "2022-2026 개인정보 보호·활용기술 R&D 로드맵", 2021년 11월.
6) 개인정보보호위원회, "2022-2026 개인정보 보호·활용기술 R&D 로드맵", 2021년 11월.

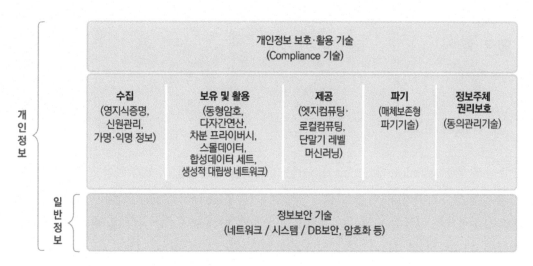

[그림 4] **개인정보 보호 및 활용 기술과 정보보안 기술간 관계7)**

〈2022-2026 개인정보 보호·활용기술 R&D 로드맵〉에서는 [표 2]와 [그림 4]에서 제시한 것처럼 개인정보보호 및 활용 기술과 정보보안 기술 비교를 보여준다. 여기서 개인정보 보호 및 활용 기술은 정보보안 기술 기반 상호 보완적 관계이다. 기업, 기관 등에서 발생하는 해킹사고는 개인정보 유출이 함께 발생할 수 있어 정보보안 기술에서 개인정보 보호는 필수이다. 필수 요소에 개인정보 생애주기별 보호 및 활용 기술과 정보주체의 권리보호 기술이 추가되어야 완전한 개인정보 보호가 가능하다. 정보보안 기술은 데이터 보호를 위한 1차 기반 기술이며, 개인정보 보호기술은 최소정보 처리, 유·노출 및 오·남용 방지 등의 필수 2차 보호 기술이다.

---

7) 개인정보보호위원회, "2022-2026 개인정보 보호·활용기술 R&D 로드맵", 2021년 11월.

8.3 개인정보보호 강화기술

8.3.1 동형 암호

동형 암호(Homomorphic Encryption)는 암호화된 데이터를 복호화 없이도 연산할 수 있는 차세대 암호기술이다. 이는 평문과 암호문의 동형(Homomorphic) 성질을 활용하여 암호문 상태에서도 연산을 한다. 즉, 평문을 암호화한 상태에서 각종 연산을 했어도, 그 결과가 암호화하지 않은 상태의 연산 결과와 동일하게 나온다. 보통 기존 암호 알고리즘(예: RSA, AES 등)은 암호화된 데이터로 연산이 불가능하지만, 동형 암호는 민감 정보를 안전하게 보호하면서도 연산을 할 수 있어 유용하게 데이터를 활용할 수 있다. 동형 암호는 아래와 같은 특징[8]이 있다.

- 데이터 복호화 없이 원본 데이터 유출 원천 차단 가능
- 원본 데이터의 손실이 거의 없음(개인정보 비식별과 다름)
- 데이터 무결성을 보장하지 않으면서 유연성(Malleability)을 제공

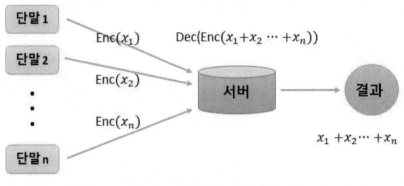

[그림 5] **동형암호 적용 예[9]**

---

8) https://itwiki.kr/w/동형_암호
9) 이승민, "연합학습 기술 동향 및 산업적 시사점", ETRI Insight 기술정책 트렌드, 2020-06, 2020년

[그림 5]는 연합학습에서 동형 암호 적용 예를 보여준다. N개의 단말은 동호암호를 활용 자신의 데이터를 암호화한다. 이후 동형 암호화된 값을 서버로 전달하고, 서버는 각각의 단 말로부터 전달받은 암호 데이터를 더한 후 이를 복화화한다. 이때 서버는 암호화한 값의 합을 계산한 후 복화화하여 사용한다.

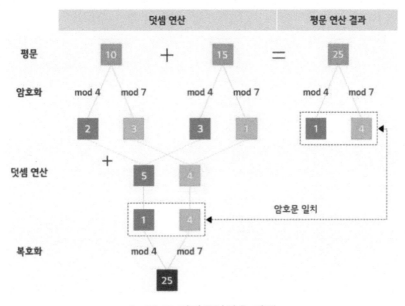

[그림 6] **완전동형암호 예**[10]

[그림 6]은 덧셈 연산으로 완전동형암호의 예를 보여준다. 완전동형암호는 메시지를 두 개의 특정 수로 나눈 후 나머지 두 개를 수신자에 보내는 방식이다. 예를 들어, 평문 10과 15가 있고, 키 4와 7이 있다고 보자. 이때 암호 알고리즘은 모듈러 연산을 사용한다. 그리하여 10과 15의 덧셈 연산 결과를 암호화 값(1, 4)과 평문인 10과 15의 덧셈 연산 결과를 암호화 값 (1, 4)과 평문인 10과 15를 각각 암호화한 후 더한 결과 값이 25인지 확인한다.

평문 10을 4와 7로 모듈러 연산하면 (2, 3)으로 암호화된다. 다시 평문 15를 (4, 7)로 모듈러 연산하면 (3, 1)로 암호화된다. 각 모듈러 연산으로 자리 수에 맞춰 덧셈 연산하면 암호 결과가 (5, 4)가 된다.

10) https://blog.lgcns.com/2045

암호 결과인 (5, 4)를 복화화할 경우, 암호화할 때 사용한 키를 사용하면 된다. (5, 4)를 4와 7로 모듈러 연산하면 (1, 4)가 된다. 이 값이 평문 연산 결과 25를 4와 7로 모듈러 연산한 결과 (1, 4)와 같게 된다.

위키백과의 동형암호[11]의 역사에 따르면, 2009년 Gentry가 제안한 동형암호는 임의 연산의 암호화상태에서 무한번 반복하는 동형암호에 기반하고 있다. Gentry는 유한동형암호(somewhat homomorphic encryption, SHE)라는 것을 설계하였다. SHE란 암호문에 난수화된 오류를 포함하는 것이다 Gentry는 SHE에 재부팅(bootstrapping)과정을 통해 대수연산(덧셈, 곱셈)이 이론상 무한번 가능하게 만들었다. 이것이 완전동형암호(fully homomorphic encryption, FHE)이다.

국내외 동형암호 오픈소스 라이브러리 현황은 [표 3]과 같다.

[표 3] **동형암호 오픈소스 라이브러리 현황**

국가	라이브러리명	개발년도	개발사/기관	비고
미국	HElib	2013	IBM	최초 동형암호 라이브러리 BGV 스킴 지원
	SEAL	2015	마이크로소프트	BFV 스킴 지원
	PALISADE 2	2017	MIT	격자 기반 암호 라이브러리
	cuHE	2017	WPI	GPU를 통한 고속화 라이브러리
	cuFHE	2018		
유럽	NFLlib	216	Sorbonne	유럽 'H2020' HEAT 프로젝트 결과물
	TFHE	2017	KU Leuven	TFHE 스킴 지원 라이브러리
	Lattigo	2019	EPFL	다중 사용자용 라이브러리
한국	HeaAN	2017	서울대	근사 동형암호(CKKS) 스킴 지원 라이브러리

삼성, Microsoft, IBM 등 국내외 글로벌 기업은 인공지능 등에 개인정보 보호 대책으로 동형암호를 채택하였다. 2018년에는 국내외 주요 기업을 중심으로 국내외 오픈소스 라이브러리[12]를 포함한 동형암호 표준화를 진행하고 있다.

---

11) https://ko.wikipedia.org/wiki?cv=1&curid=2795225
12) homomorphicencryption.org

특히, 2017년 국내 서울대 산업수학센터은 동형암호 알고리즘은 HeaAN(한글: 혜안)을 개발하였으며, 이는 최초 근사(Approximate) 동형암호 기술이다. 이 기술은 암호문 연산 과정에서 정확한 연산이 아닌 근사연산을 사용하여 효율성을 향상하였으며 연산이 부정확한 상황에서도 전체 결과에 영향이 크게 없는 통계연산 등의 높은 성능을 보이고 있다. 최근에는 KISA에서 HEAAN 기술에 대한 안전한 키 관리를 연구하고 있다.

동형암호는 암호화된 데이터를 제3자가 연산할 수 있어, 개인정보를 포함한 데이터의 위탁 연산 및 여러 데이터를 결합하여 이를 활용하는 기계학습 등에 적합하다.[13] 그럼에도 동형 암호에도 기술의 한계가 있다. 이 기술은 연산 시마다 암호문에 노이즈(Noise)가 발생하여 복잡한 계산이 어렵다. 특히, 노이즈가 한계치를 넘으면 복호화가 불가능하다. 이를 위해 부랩트랩(Bootstrap) 기법을 통해 중도에 복호화하여 노이즈를 제거하는 시도가 진행 중이다. 다만, 부트 사용 시 연산 속도가 느려지고 계산 결과에 오차가 생기는 문제가 발생하고 있다.

8.3.2 차등 프라이버시

차등 프라이버스(Differential Privacy)는 4차 산업혁명에서 개인정보보호의 중요성이 부각되면서 안전한 데이터 활용을 지원하는 기술로 관심을 갖고 있다. 차등 프라이버시 기술은 개인 데이터를 타인의 수많은 데이터와 조합해, 개인정보를 침해하지 않으면서 통계를 얻는 기술이다[14]. 이 기술의 특징은 데이터를 통해 개인을 역추적해내는 것을 어렵게 하는 것이다.

Dwork는 이 개념을 2016년 제안했으며, 공개된 자료에 특정인의 정보가 없더라도 그 사람의 개인정보가 노출될 수 있다고 했다. 당시 Dwork는 하나의 개인정보가 전체 자료에 추가로 포함될 경우 노출의 위험성이 있는 것을 차등 프라이버시라고 표현하며 수학적 측정 방법을 제안하였다.

2018년 미국 인구 통계국(The Census Bureau)이 인구조사에서 개인정보보호 강화를 위해 기본 프레임워크 활용 차등 프라이버시를 적용하였다[15]. 그리하여 2020년 미국 매사추

---

13) 크리토랩, https://www.cryptolab.co.kr/use-cases/domestic/
14) https://www.news1.kr/articles/?3442758
15) AI타임스, http://www.aitimes.com

세츠공과대학(MIT)의 MIT 테크놀로지 리뷰는 사회적으로 광범위한 영향을 미칠 10대 혁신 기술 중 하나로 선정하였다.

차등 프라이버시는 인공지능 학습 데이터에서 개인정보 보호를 위한 해당 데이터셋(data set)에, 무작위 노이즈(noise)를 추가한 후 제3자에게 노출되지 않도록 보호하기도 한다. 노이즈 주입은 주입 시점에 따라 두 가지 방식이 있다. 첫 번째, 노이즈 주입을 위한 로컬 개인정보보호은 각각의 개별 데이터에 노이즈가 추가된 후 해당 데이터들을 애그리게이터(aggregator)가 수합하는 방식이다. 두 번째, 글로벌 개인정보보호 방식에서는 큐레이터(curator)가 다수의 비공개된 원시 데이터에 접근하여 원시 데이터를 분석하고 노이즈를 추가하여 그 데이터를 제공하는 방식이다.

이전에 익명화는 단순히 이름, 주민등록번호, 주소 또는 생년월일 등 개인 식별 정보(Personally Identifiable Information)를 데이터에서 삭제하는 방법이었다. 그러나 단순 익명화는 서로 다른 데이터 조합을 통해 재구성할 수 있게 되어, 개인 식별 데이터를 삭제만으로는 더 이상 개인 정보를 보호하기 어렵게 되었다. 그리하여, 오늘날의 차등 개인정보보호의 목표는 공개 데이터의 개인 식별 차단과 그 데이터를 활용 분석과 응용에 사용하는 총체적 정보를 만드는 것이다.

8.3.3 생성적 적대 신경망

생성적 적대 신경망(Generative Adversarial Network; GAN)은 생성(Generation) 모델, 두 개의 모델을 적대적(Adversarial)으로 경쟁시키며 발전하는 인공신경망(Artificial Neural Network)이다. 다시 말하면, 인공시경망은 생성자와 식별자가 경쟁(Adversarial)하여 데이터를 생성(Generative)하는 모델(Network)이다. 이 기술은 생성형 인공지능 방식으로 생성망은 실제 데이터와 비슷한 확률분포를 가지는 허구 데이터를 생성한다.

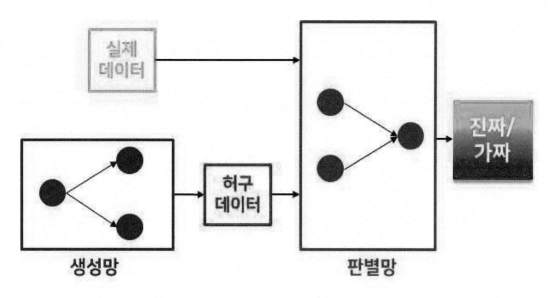

[그림 7] **GAN 구조**[16)

[그림 7]은 GAN 구조에서 두 신경망 모델(생성망, 감별자)이 경쟁을 통해 데이터를 학습하고 결과물을 만들어내는 모습을 보여준다. 생성자(Generator; 또는 허구 데이터)는 실제 데이터를 학습하고 이를 바탕으로 실제와 가까운 거짓 데이터를 생성한다. 감별자(Discriminator; 또는 진짜/가짜)는 생성자로부터 출력된 데이터가 진짜인지 거짓인지 판별하도록 학습한다. 예를 들어, 생성자는 위조지폐범, 감별자는 위폐 감별사이라고 본다면, 생성자는 감별자가 아는 위조지폐를, 감별자는 생성자에게 속은 위조지폐를 입력 받아 학습한다.

네이버캐스트[17)에 따르면 GAN은 차세대 딥러닝 알고리즘으로 주목받고 있으며, 그 이유는 기존 지도 학습 방식보다 비지도 학습을 사용하기 때문이다. 대부분의 AI 연구는 지도 학습으로, 사람이 정답을 제공하는 방식이다. 그런데 데이터의 태그를 붙이는 작업은 여전히 수작업으로 진행한다. 그리하여 지도 학습의 한계는 대량 데이터를 정제 과정 없이 처리할 수 없고 이 과정에서 인간의 개입이 필요하다. 반면 GAN은 인간이 정답을 알려주지 않더라도 경쟁 과정에서 모델이 스스로 학습한다. 대량의 데이터를 인공지능 스스로 학습하기 때문에 생성 모델을 통해 직접 이미지나 음성을 만들어낸다.

---

16) 한빛미디어-코딩셰프의 3분 딥러닝, 케라스맛
17) https://terms.naver.com/entry.naver?docId=5645660&cid=59088&categoryId=59096

대표적인 GAN의 사례 중 하나는 영상 합성이다. 2017년 8월 미국 워싱턴대학교 연구진은 미국 대통령이었던 버락 오바마의 가짜 영상을 만들었다(그림 8 참고). 워싱턴대학교의 GAN은 오바마의 연설 영상에서 음성을 따로 추출하여 이 음성에 맞게 입 모양을 내도록 학습시켰다.

[그림 8] **버락 오바마 전 미국 대통령의 가짜 영상**[18]

국내에서도 GAN을 활용한 여러 서비스가 등장하기 시작했다. 네이버는 GAN을 적용한 몰입형 웹툰으로 선보였다. 네이버 웹툰 '마주쳤다'는 독자의 실제 사진을 활용해 웹툰 이미지로 생성하여 독자가 웹툰 속 주인공이 되게 한다. (그림 9 참고).

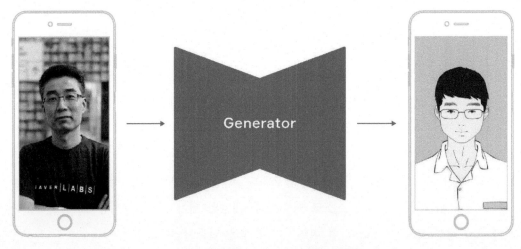

[그림 9] **GAN을 활용한 네이버 웹툰 '마주쳤다'**[19]

---

18) 워싱턴대학교

8.3.4 신원관리

디지털 신원이란 컴퓨터 시스템 상에서 개인 및 그룹 사용자들 각각을 구분하고 이에 따른 권한 부여 및 서비스를 제공하기 위해 사용되어지는 정보를 의미한다. 특히 이 정보들 중 인증에 사용되어지는 '아이디 및 패스워드'는 실제 사용자와 컴퓨터 시스템 상에서의 사용자를 연결하는 정보이기 때문에 보안에 각별한 주의가 요구된다.

사용자 인증 방법은 공인인증서(예: PKI), 생체인증(예: FIDO), 아이디와 패스워드 등 다양한 방법을 사용하며, 최근 인증 기술(생체정보, 블록체인 등)이 활발하게 연구되고 있다[20]. PKI(Public Key Infrastructure)는 공개키 기반 암호화 구조로써, 공인인증서에서 주로 사용한다. 이 기술은 인터넷 또는 인트라넷의 사용자들에 보안 서비스를 제공하는 시스템으로 국가 공개키 기반구조(NPKI, National Public Key Infrastructure)를 의미한다. 최상위 인증기관은 한국인터넷진흥원(KISA)이며, 하위에는 5개의 인증기관(CA, Certificate Authority)이 있다. 인증기관은 KISA를 대행하여 인증서 발급 및 재발급을 제공한다. 인증기관 하위에는 공인인증서의 접수 및 등록 등을 대행하는 등록대행기관(RA)이 있다[21]. 사용자들은 인증기관 또는 은행, 증권사에서 인증서를 발급 또는 재발급을 받을 수 있다. 인증서로 전자서명을 하면 상대방이 서명한 사람이 누구인지를 확인할 수 있으며, 전자문서의 위조나 변조 예방 및 거래 사실을 증명할 수 있다.

신속한 온라인 인증인 FIDO(Fast Identity Online)는 온라인 환경에서 바이오 인식 기술을 활용한 인증방식에 대한 글로벌 인증 표준 기술이다. FIDO 인증 프로토콜은 UAF(Universal Authentication Framework)와 U2F(Universal Second Factor) 기술로 분류할 수 있다. UAF는 인증 기능(Authenticator)이 기기에 포함되어 패스워드를 입력하지 않는 형태이다. 반면에, U2F는 인증 기능이 기기에 포함되어 있지 않으며, 기존 패스워드로 인증 후 Factor 형태로 인증 기능을 통한 인증을 수행한다. 탈중앙화 신원증명인 DID(Decentralized Identifier)는 W3C Working group에서는 분산 신원확인 기술에 대해 표준

---

19) GAN을 활용한 네이버 웹툰 '마주쳤다' 〈출처: 네이버랩스〉

20) S. J. Han, S. T. Kim, S. Y. park, "A GDPR based Approach to Enhancing Blockchain Privacy", The Journal of The Institute of Internet, Broadcasting and Communication , Vol.19, No.5, pp.33-38, 2019.

21) Korea Certification Authority Centrol, KISA(Korea Internet Security Agency), http://rootca.or.kr/kor/main.jsp

화를 추진하고 있다[22]. W3C의 DID는 검증이 가능하고 탈중앙화된 디지털 신원을 증명하기 위한 새로운 방식의 식별자이다. 이 새로운 식별자는 DID 컨트롤러가 DID의 제어권을 증명하여, 중앙화된 레지스트리, 신원 제공자, 인증기관 등으로부터 독립적 구현을 위한 설계를 제공한다.

개인이 관리하는 디지털 신원은 문자열 아이디, 패스워드, 지문, 홍채, 얼굴 윤곽 등 다양한 정보들을 포함한다[23]. 그중 디지털 신원 유형에서 가장 많은 비율을 차지하고 있는 문자열 형식의 아이디 및 패스워드를 예로 들어 설명하도록 한다.

[표 4] **사용자들이 관리하는 계정의 수[24]**

관리하는 계정의 수(개)	응답 수(명)	비율(%)
0	2	0
1-2	10	2
3-5	34	8
6-10	104	23
11-20	100	22
20개 이상	196	44

정한재 석사학위 논문에 따르면, [표 4]에서는 11개 이상의 계정을 관리하고 있는 사용자가 무려 66%에 달하는 것을 나타낸다. 웹 사이트 마다 각각 다른 아이디 및 패스워드 형식을 요구한다는 것을 비춰봤을 때, 대략 3~4개의 아이디 및 패스워드를 관리해야 함을 유추할 수 있다.

디지털 신원 관리는 아이디 및 패스워드 등 디지털 신원들을 효율적으로 기억하고 다시 사용할 수 있도록 유지하는 것으로 디지털 신원의 유형이나 관리해야 하는 수 등에 따라 다른 방식을 택할 수 있다. [표 4]는 사용자들이 패스워드를 관리할 때 주로 사용하는 방식들과 그 사용 방식들의 분포를 나타낸다.

---

22) W3C Working Draft "Decentralized Identifiers (DIDs) v1.0", 14 July 2020, https://www.w3.org/TR/did-core/
23) 정한재, "블록체인 기반 디지털 신원 관리 시스템의 설계 및 구현", 석사학위논문, 2017년
24) 정한재, "블록체인 기반 디지털 신원 관리 시스템의 설계 및 구현", 석사학위논문, 2017년

[표 5] 사용자들이 패스워드를 관리하는 방식[25]

관리 방식	응답 수(명)
브라우저 자동 저장 이용	101
컴퓨터 주변에 종이로 작성	33
컴퓨터에 문서 파일로 저장	47
기억에 의존	263
패스워드 관리용 패키지 소프트웨어 사용	145
기타	49

정한재는, [표 5]에서 보는 것과 같이 많은 사람들이 이 관리를 기억에 의존하거나 독립적인 관리 소프트웨어 혹은 웹 브라우저가 내장하고 있는 '아이디 및 패스워드 자동저장'을 사용하는 것을 도출했다. 기억에 의존, 독립 패스워드 관리 소프트웨어 사용 그리고 브라우저 내장 패스워드 관리 소프트웨어의 사용률이 높은 것을 봤을 때, 초기 계정 수가 많지 않았을 시절, 기억력에 의존하여 관리를 하다 계정이 많아져 암기가 어려워지거나 혹은 자동 입력과 같은 사용자 편의성을 위해 이를 소프트웨어를 통해 관리했음을 유추할 수 있다.

8.3.5 영지식 증명

영지식 증명(zero-knowledge proof)은 암호학에서 한 사람이 다른 사람에게 어떤 사항(statement)이 참이라는 것을 증명할 경우 그 문장의 참 또는 거짓 여부를 제외한 어떤 것도 노출되지 않는 상호형(interactive)의 절차를 말한다[26]. 어떤 문장의 참이라고 말하는 것을 증명자(prover), 증명 과정에 참여하여 증명자와 정보를 교환하는 것을 검증자(verifier)라고 한다. 영지식 증명에 참여하는 사용자들이 상대를 속이려는 목적으로 프로토콜을 임의로 변경한다면 사용자들이 부정직(또는 정직하지 않다)하다고 한다.

---

25) 정한재, "블록체인 기반 디지털 신원 관리 시스템의 설계 및 구현", 석사학위논문, 2017년
26) https:// ko.wikipedia.org/wiki/영지식_증명

영지식 증명은 다음과 같은 세 가지 성질을 만족시켜야 한다.

1. 완전성(completeness): 어떤 문장이 참일 경우, 정직한 증명자는 정직한 검증자에게 이 사실을 납득시킬 수 있음

2. 건실성(soundness): 어떤 문장이 거짓일 경우, 어떠한 부정직한 증명자라도 정직한 검증자에게 이 문장이 사실이라고 납득시킬 수 없음

3. 영지식성(zero-knowledgeness): 어떤 문장이 참일 경우, 검증자는 문장의 참 거짓 이외에는 아무것도 알 수 없음

위 성질에 따라, 비대화형 즉 대화형의 문제였던 많은 메시지 교환의 문제를 해결할 수 있는 방법이다.

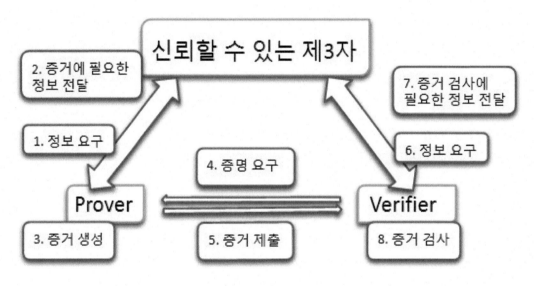

[그림 10] **비대화형 영지식 증명 시스템**[27]

[그림 10]은 비대화형 영지식 증명 시스템을 보여주며, 이 시스템의 절차는 아래와 같다.

1. 증명자은 신뢰할 수 있는 제3자에 증거를 만들 경우 필요한 정보 요청

2. 신뢰할 수 있는 제3자는 증명자에게 정보 제공

3. 증명자은 받은 정보 활용 증거 생성

---

27) https://j-k4keye.tistory.com/26

4. 검증자는 증명자에 증명 요구

5. 증명자은 증명을 하기 위해 만들어준 증거 제출

6. 검증자는 증명자의 증거를 확인하기 위해 신뢰할 수 있는 제3자에 필요한 정보 요청

7. 신뢰할 수 있는 제3자는 검증자에 정보 전달

8. 검증자는 받은 정보를 활용 증명자의 증거 검증

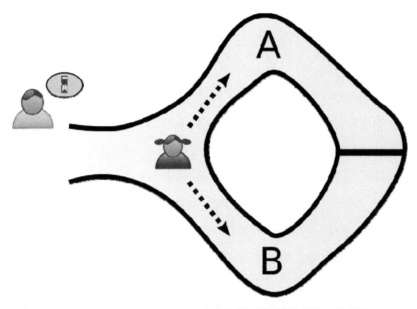

[그림 11] **영지식 증명을 통한 동굴 예시[28]**

[그림 11]은 영지식 증명을 통한 동굴 예시를 보여준다. 두 개의 갈림길이 있는 동굴에서 두 갈림길은 하나로 연결된다. 그 연결부에는 서로 지나다닐 수 있는 문이 있다. 이 문은 잠겨 있으며 보라색 여성은 이 문의 비밀번호를 공개하지 않고 알고 있다는 것을 연두색 남성에게 증명하려 한다. 보라색 사람은 A 길 혹은 B 길로 통해 동굴 안으로 들어갔을 때 비밀번호를 알고 있다면 동굴을 나올 때 A로 나오든지 B로도 나올 수 있다. 이를 통해 연두색 남성은 보라색 여성이 동굴을 들어가는 것을 보지 않고 동굴에 들어갈 경우 특정한 길로 나오라고 요구를 하게 된다. 보라색 여성이 비밀번호를 모르고 있었을 때는 운이 좋게 한두

28) Quisquater, Jean-Jacques, et al. "How to explain zero-knowledge protocols to your children." Conference on the Theory and Application of Cryptology. New York, NY: Springer New York, 1989.

번은 남성 요구에 따를 수 있다. 하지만 이를 반복할 경우 확률 상 불가능에 가까워져 연두색 남성의 요구를 모두 따를 수 있을 것이다. 이것이 알고 있는 비밀번호를 노출하지 않으면서 비밀번호를 알고 있다는 사실을 증명하는 것이 영지식 증명이다. 여기서 보라색 여성은 검증자, 연두색 남성은 검증자가 된다.

8.3.6 연합학습

연합학습은 여러 위치에 분산된 데이터를 공유하여, 기기들이 서로 협력하여 AI 모델을 학습하는 분산형 머신러닝 기법이다[29]. 일반적으로 AI 모델의 학습 방법은 각 엔드 기기(End-device)가 보유한 데이터를 중앙서버가 수집해서 일괄적으로 학습하는 방식이다. 반면에, 연합학습에서는 클라우드인 중앙서버에 설치한 AI 모델을 엔드 기기로 보내 각각의 데이터를 사용하여 모델을 훈련한다. 이때 중앙서버는 개별 클라이언트에서 학습한 로컬 AI 모델들을 모두 합쳐 글로벌 AI 모델로 만든다. 이 과정을 반복하다 보면 중앙서버의 글로벌 AI 모델은 점점 개선되어 엔드 기기에서 설치된 로컬 AI 모델의 정확도는 향상된다.

2017년 구글은 차세대 AI 학습 방법으로 연합학습을 선정하였고, 스마트폰 사용자 맞춤 학습모델 개발에 연합학습 방법을 활용하였다. 스마트폰의 데이터는 사진, 위치, 인터넷 검색 단어, SNS 대화 등 민감한 개인정보가 있어, 이들을 모두 가명화하는 것은 불가능하다. 연합학습은 로컬 AI 모델 생성을 위해 특정 조건에 만족하는 스마트폰에 접근하여 개인 데이터를 학습하고 학습된 모델의 결과을 압축 및 암호화하여 클라우드 서버에 전달한다. 여러 스마트폰으로부터 결과를 받은 클라우드는 이들의 정보를 합쳐 글로벌 AI 모델을 갱신한다. 로컬 모델로부터 생성한 글로벌 AI 모델은 다시 스마트폰에 전달되어 자신의 목적에 맞게 수행하게 된다.

또한, 구글은 안드로이드 기반 키보드 지보드(Gboard)도 있다. 구글은 스마트폰 사용자의 정보를 서버에 전송하지 않고 개인의 단말에서 지보드 AI 모델을 학습한다. 이 모델은 지보드에서 사용자가 키보드로 입력 시 단어를 추천하고 검색어를 제공한다. 여기서 스마트폰은 연합학습을 위해 서버에 사용자 데이터를 보내지 않고, 단말에서 학습한 결과값을 전달하여 서버에 보내고, 다시 학습된 모델을 받게 된다.

---

29) 이승민, "연합학습 기술 동향 및 산업적 시사점", ETRI Insight 기술정책 트렌드, 2020-06, 2020년.

8.3.7 안전한 다자간 컴퓨팅

안전한 다자간 컴퓨팅(Secure Muti-party Computation; MPC)은 암호화의 하위 분야이며, 컴퓨터 과학자 Yao Qizhi 교수가 1982년에 처음 제안하였다[30]. 안전한 다자간 컴퓨팅[31]이란 다수의 참가자가 각자의 입력 값은 숨긴 채 공동 목표인 연산 결과를 모두 확보하는 기술이다. 이 컴퓨팅 알고리즘은 동형암호와 유사하게 보일 수도 있지만, 기존과 다른 것은 각 단말에서 서버로 전달하여 기존 결과값을 노출하지 않으면서 전체 합을 알 수 있는 방법이다. 즉, 다수의 사용자가 각자의 비밀 값을 입력 값으로 하여 함수 값을 함께 계산하는 기술이다. 이는 보안성과 개인정보를 위한 서버보안에 강인한 방법을 포함하고 있다.

---

30) https://cobak.co.kr/community/3/post/569721
31) https://www.samsungsds.com/kr/insights/1232747_4627.html

CHAPTER 09

개인정보 라이프 사이클(수집-파기) 관리

본 글을 개인정보처리자 관점에서 개인정보 처리 전반에 걸친 수집-이용-제공-파기 라이프 사이클 관리를 작성하고 있다. '개인정보처리자'는 업무를 목적으로 개인정보를 처리하는 공공기관, 사업자, 단체, 개인 등을 의미한다. 읽는 자에 따라 본인의 소속을 개인정보처리자에 반영하여 이해하길 바란다. 이 글에 자주 등장하는 '정보주체'는 그 정보의 주체가 되는 사람을 의미한다. 읽는 자에 따라 해당 업무를 위해 수집하는 개인정보의 주체가 되는 사람으로 이해할 수 있다. 예를 들면, 교직원이 이 글을 읽는다면 개인정보처리자는 학교이고 정보주체는 학생이 될 수 있다. 다른 예로, 사업자가 이 글을 읽는다면 개인정보처리자는 회사이고 정보주체는 고객이 될 수 있다. 그렇다면 이 글을 읽고 있는 교직원 또는 종업원은 어떻게 부를까? 이들은 개인정보처리자의 지휘 감독을 받아 개인정보를 처리함으로 '개인정보취급자'로 명명한다. 자, 이제 용어를 익혔으니 업무를 위해 처리하는 개인정보의 수집부터 파기까지 라이프사이클 전반에 대하여 알아보자.

9.1 개인정보의 정의

"휴대 전화번호 뒷자리"는 개인정보가 될 수 있을까?

답변은 그럴 수도, 아닐 수도 있다. 휴대 전화번호 뒷자리를 가지고 있는 자에게는 해당 정보가 누구의 정보인지 식별할 수 있어 개인정보가 되지만 반대의 경우에는 개인정보가 되지 않기 때문이다. 이렇듯 개인정보는 광의적으로 해석될 수 있어서 처리에 각별한 주의가 필요하다.

개인정보란? 살아 있는 개인에 관한 정보로서 해당 정보로 특정인을 식별할 수 있는 정보다. 예를 들어 주민등록번호, 영상, 이름, 연락처 등 그 자체로 개인을 식별할 수 있는 정보가 이에 해당한다. 더불어 학과, 성적, 애플리케이션을 이용하는 과정에서 수집된 IP 등 그 자체로는 특정 개인을 식별할 수 없으나 다른 정보와 결합하여 누군가를 알아볼 수 있는 정보도 개인정보가 될 수 있고, 홍*동과 같이 개인정보의 일부를 가명 처리한 정보도 식별 가능성이 있다면 개인정보에 해당한다. 다만 이 경우에는 다른 정보의 입수 가능성 등 다른 정보와 쉽게 결합하여 개인을 알아보는 데 소요되는 시간, 비용, 기술 등을 합리적으로 고려하여 판단해야 한다. 개인정보처리자는 개인정보처리시스템을 이용하여 정보주체의 개인정보에 쉽게 접근할 수 있기 때문에 개인정보 여부를 종합적으로 고려하는 등의 주의가 필요하다.

9.2 개인정보 수집

개인정보는 동아리 가입, 각종 세미나 및 행사 참여 등 우리가 일상생활에서 어떤 서비스를 제공받거나 운영하기 위해서 필연적으로 수집하게 된다.

이때, 개인정보처리자는 정보 주체에게 개인정보를 언제까지 어떻게 이용하다가 삭제할 것인지를 알려주고 동의받아야 한다. 마치 돈을 빌릴 때 차용증을 쓰는 것과 같이 개인정보처리자가 정보주체에게 개인정보를 일시적으로 빌려 쓴다고 이해하자. 그 이유는 개인정보의 수집으로 개인의 자유와 권리를 침해하지 않고 헌법상의 '개인정보자기결정권'을 보장해야 하기 때문이다. '개인정보자기결정권'이란 자신에 관한 정보가 언제 누구에게 어느 범위까지 알려지고 또 이용되도록 할 것인지를 그 정보주체가 스스로 결정할 수 있는 권리, 즉 정보주체가 개인정보의 공개와 이용에 관하여 스스로 통제·결정할 수 있는 권리를 말한다. 이제, 개인정보를 수집하기 위해서 필수적으로 고지할 사항에 대하여 알아보자.

9.2.1 개인정보 수집 시 개인정보 수집·이용 동의 필요

개인정보처리자가 정보주체의 이름, 연락처, 이메일 등 개인정보를 수집·이용하기 위해서는 개인정보보호 법령이 규정한 아래 4가지 항목을 포함하여 동의받아야 한다.

- 개인정보의 수집·이용 목적
- 수집하려는 개인정보의 항목
- 개인정보의 보유 및 이용 기간
- 동의를 거부할 권리가 있다는 사실 및 동의 거부에 따른 불이익이 있는 경우에는 그 불이익의 내용

개인정보 수집·이용 동의서

귀하는 아래와 같이 개인정보를 수집·이용하는데 동의를 거부할 권리가 있습니다. 필수 수집 항목에 대한 동의를 거절하는 경우 서비스 이용에 제한 될 수 있습니다. 선택 수집 항목에 동의를 하지 않으시는 경우 별도의 불이익은 없습니다.

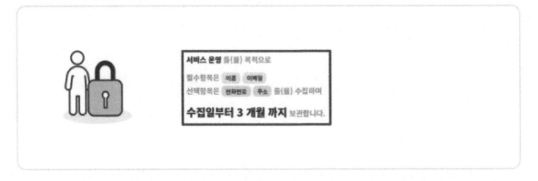

[그림 16] **개인정보 수집·이용 동의서 예시**

개인정보처리자가 동의서에 포함해야 할 각 사항에 대해 자세히 알아보자.

① 개인정보의 수집·이용 목적

개인정보의 수집 목적을 구체적으로 작성해야 한다.

여러 가지 목적을 한 문장 안에 두루뭉술하게 적거나 '등'이라고 작성하면 정보주체가 동의의 목적을 분명하게 식별할 수 없어 적법한 동의로 보기 어렵다. 또한 동의서 내 여러 개의 수집 목적이 포함되어 있다면 이를 구별하여 명시해야 한다.

② 수집하려는 개인정보의 항목

이름, 전화번호, 이메일 등 어떤 개인정보 항목을 수집·이용 목적을 구분하여 작성해야 한다. 이때는 필수적으로 수집하는 개인정보 항목과 선택적으로 수집하는 항목을 구별해야

한다. 특히 주의할 사항은 수집 항목을 모호하게 작성하거나, '등'을 작성하지 않고 수집 항목을 사회 통념상 누구나 이해할 수 있도록 분명하고

구체적으로 작성해야 한다. 개인정보는 필요 최소한으로 수집하고 이용하는 것이 원칙이다. 일단 수집하고 보자는 안일함은 정보주체의 권리를 침해하게 되고 장기적으로는 개인정보처리자의 신뢰도 잃을 수 있으니 주의가 필요하다.

③ 보유·이용 기간

수집한 개인정보를 언제까지 보유·이용할 것인지 기재해야 한다.

'이용목적 달성 시'와 같이 모호한 표현은 자제하고 '수집일로부터 3개월'과같이 누구나 분명하게 인지할 수 있는 기간을 기재해야 한다. 해당 보유·이용 기간이 달성되었을 때 해당 개인정보는 법령에서 정한 특별한 사유가 없다면 바로 삭제해야 한다. 그러나 동의서의 보유·이용 기간이 모호할 경우 개인정보의 파기 시점을 분명히 알기 어려워 연쇄적인 문제가 발생할 가능성이 매우 커진다. 따라서 수집 목적과 항목에 따라 관련 법령이 있다면 그에 맞춰서, 아니라면 내규에 따른 보유 기간을 정확하게 작성해야 한다.

④ 동의를 거부할 권리가 있다는 사실과 동의 거부에 따른 불이익이 있는 경우 그 내용 명시

동의는 정보주체가 개인정보자기결정권을 행사할 수 있도록 동의 내용을 명확하게 인지하고 자유롭게 선택할 수 있어야 한다. 개인정보처리자는 업무를 위한 필요 최소한의 원칙에 따라 개인정보를 수집하고 그렇지 않은 개인정보의 수집에 대해 정보주체가 어떠한 불이익도 없음을 알려줘야 한다. 더불어 동의하지 않을 권리가 있다는 점과 동의를 거부할 경우 발생하게 될 불이익에 대해서도 예측할 수 있도록 분명하게 알려줘야 한다. 이를 통해 정보주체는 개인정보의 수집에 대해 자유롭게 선택할 수 있는 권리를 보장받게 된다.

9.2.2 고유 식별정보 수집 시 별도의 동의 필요

주민등록번호, 여권번호와 같이 정부가 공공의 서비스 제공을 위해 국민에게 하나씩 부여하는 개인정보를 고유 식별정보라 한다. 고유 식별정보는 아래 4가지로 법령에 구체적으로 정하고 있다.

- 주민등록번호
- 운전면허번호
- 여권번호
- 외국인등록번호

개인정보처리자가 고유 식별정보를 처리하기 위해서는 다른 개인정보 처리에 대한 동의와는 별도로 추가적인 동의를 받거나, 고유식별정보의 처리를 요구하는 구체적인 법령의 근거가 있어야 한다.

고유 식별정보 처리를 위해 필요한 동의에 반드시 포함될 사항은 아래와 같다.
- 고유 식별정보의 수집·이용 목적
- 수집하려는 고유 식별정보의 항목
- 고유 식별정보의 보유 및 이용 기간
- 동의를 거부할 권리가 있다는 사실 및 동의 거부에 따른 불이익이 있는 경우에는 그 불이익의 내용

고유 식별정보 동의에 포함될 사항은 개인정보 수집·이용 동의 시 고지사항과 동일 함으로 주의사항은 개인정보 수집·이용 동의 영역을 확인하자.

고유 식별정보 중에서도 특히 주민등록번호는 공공의 업무 처리를 위해 정부가 국민을 고유하게 식별할 목적으로 사용하는 정보로 한번 생성 이후 일반적으로는 평생 사용하거나 변경이 어렵기 때문에 가장 안전하게 보호되어야 할 개인정보이다.

그렇기에 개인정보처리자가 주민등록번호를 처리하기 위해서는 동의 여부에 관계 없이 주민등록번호의 구체적인 사용의 근거가 해당 업무와 관련된 법률·대통령령·국회규칙·대법원규칙·헌법재판소규칙·중앙선거관리위원회 규칙·감사원 규칙에 있거나 정보주체 또는 제3자의 급박한 생명, 신체, 재산의 이익을 위하여 명백히 필요한 경우에만 수집할 수 있다. 위 언급된 경우 외에는 수집이 불가하니 관행적으로 주민등록번호를 처리하지 않도록 반드시 관련 법규를 확인해야한다.

예들 들어 프리랜서에게 대금을 지급하는 과정에서 세금 신고를 하는 경우 주민등록번호를 수집하게 되는데 이때의 구체적인 법령은 다음과 같다.

소득세법

제166조(주민등록 전산정보자료 등의 이용) 소득세의 과세업무 및 징수업무의 원활한 수행을 위하여 「주민등록법」에 따른 주민등록 전산정보자료 및 「가족관계의 등록 등에 관한 법률」에 따른 등록전산정보자료의 이용에 필요한 사항은 대통령령으로 정한다.

소득세법 시행령

제218조(주민등록전산정보자료 등의 이용 및 제공) ① 국세청장은 소득세의 과세 및 징수업무를 위하여 필요한 때에는 「주민등록법」에 따른 주민등록사무의 지도·감독기관의 장 또는 지도·감독을 위임받은 기관의 장(이하 이 조에서 "주민등록사무감독기관의 장"이라 한다)이나 「가족관계의 등록 등에 관한 법률」 제11조에 따른 법원행정처장에게 전산매체를 이용하여 주민등록전산정보자료 또는 가족관계 등록사항에 대한 전산정보자료의 제공을 요청하여야 한다.

아래는 일상에서 주민등록번호가 빈번하게 사용되는 업무와 관련 법령이다.

직원의 인사 급여 업무

- 「근로기준법」 제48조(임금대장)
- 「소득세법」 제27조(임금대장의 기재사항)

외부 강사비, 자문료, 수당, 경품당첨 등 기타소득 신고

- 「소득세법」 제145조(기타소득에 대한 원천징수시기와 방법 및 원천징수영수증의 발급)
- 「소득세법」 제164조(지급명세서의 제출)

기부금 영수증 발급

- 「소득세법」 제160조의3(기부금영수증 발급명세의 작성·보관의무 등)

사업자가 아닌 사람에게 세금계산서 발급

- 「부가가치세법」 제16조(세금계산서)
- 「부가가치세법」 시행령 제53조(세금계산서)

장애인 채용

- 「장애인 고용촉진 및 직업재활법」 제11조(장애인 고용계획 등의 제출)

아동 청소년 관련기관 채용 시 성범죄자 확인
- 「아동·청소년의 성보호에 관한 법률」 제56조(아동·청소년 관련기관 등에의 취업제한 등)

헌혈과 혈액관리
- 「혈액관리법」시행령 제10조의2(민감정보 및 고유식별정보의 처리)

보험 가입
- 「보험업법」 시행령 제102조(민감정보 및 고유식별정보의 처리)

가족 관계 증명
- 「가족관계의 등록 등에 관한 법률」 가족관계의 등록 등에 관한 법률 제9조(가족관계 등록부의 작성 및 기록사항)

9.2.3 민감정보 수집 시 별도 동의 필요

민감정보는 개인의 사생활을 현저히 침해할 우려가 있는 개인정보에 해당함으로 각별한 주의가 필요하다. 민감정보는 아래와 같은 정보가 있습니다.
- 사상이나 신념에 관한 정보
- 노동조합·정당의 가입·탈퇴에 관한 정보
- 정치적 견해에 관한 정보
- 건강 등에 관한 정보 (ex.과거부터 지금까지의 병력, 장애 여부, 장애 등급 등)
- 유전자검사 등의 결과로 얻어진 유전정보
- 「형의 실효 등에 관한 법률」 에 따른 범죄경력자료
- 개인의 신체적, 행동적 특징에 관한 정보 (ex. 지문, 홍채, 얼굴)
- 인종이나 민족에 관한 정보

개인정보처리자가 민감정보를 처리하기 위해서는 다른 개인정보 처리에 대한 동의와는 별도로 추가적인 동의를 받거나, 민감정보 처리를 요구하는 구체적인 근거가 법령에 있어야 한다.

민감정보를 처리하기 위해 필요한 동의에 반드시 포함될 사항은 다음과 같다.
- 민감정보의 수집·이용 목적
- 수집하려는 민감정보의 항목

- 민감정보의 보유 및 이용 기간
- 동의를 거부할 권리가 있다는 사실 및 동의 거부에 따른 불이익이 있는 경우에는 그 불이익의 내용

고유 식별정보 동의에 포함될 사항은 개인정보 수집·이용 동의 시 고지사항과 동일 함으로 주의사항은 개인정보 수집·이용 동의 영역을 확인하자.

9.2.4 만 14세 미만의 아동의 개인정보 수집 시 법정대리인의 동의 필요

만 14세 미만 아동의 경우 개인정보 수집 목적의 적절성과 진위 여부를 판단하기에 개인정보에 대한 중요성과 위험성에 대한 인식이 부족하다. 그래서 개인정보처리자가 만 14세 미만 아동의 개인정보를 수집하기 위해서는 법정대리인의 동의가 반드시 필요하다. 이때 개인정보처리자는 아동에게 법정대리인의 이름과 연락처를 법정대리인의 동의 없이 수집할 수 있다.

개인정보 처리자는 법정대리인의 개인정보를 아동의 개인정보 동의를 얻기 위한 목적으로만 사용해야 한다. 그 밖에 아래와 같은 방식으로 법정대리인에게 해당 아동의 개인정보 수집, 이용 동의를 받을 수 있다.

① 인터넷사이트에 동의여부 표시, 휴대전화 문자메시지로 동의확인 사실 알리는 방법
② 인터넷사이트에 동의여부 표시, 법정대리인의 신용카드직불카드 등의 카드정보 활용
③ 인터넷사이트에 동의여부 표시, 법정대리인의 휴대전화 본인인증
④ 동의내용이 적힌 서면, 우편 또는 팩스를 통하여 동의내용이 적힌 서면 전달 후 서명 날인 후 제출
⑤ 동의내용이 적힌 이메일 발송 후 동의 의사표시가 적힌 이메일 전송
⑥ 전화 통화를 통해 동의내용 알리고 동의를 받거나 동의내용을 확인할 수 있는 방법 (인터넷 주소 등)을 안내하여 재차 전화 통화를 통하여 동의획득

만일 만 14세 미만 아동의 개인정보를 법정대리인의 동의 없이 수집하는 경우
과징금 처분과 수집 절차 개선 관련 시정 조치를 해야 할 수 있어 특별한 주의가 필요하다.

개인정보처리자가 업무 처리를 위해서 만 14세 미만 아동의 개인정보를 수집하지 않는 경우에는 개인정보를 수집하기 전 정보주체의 연령을 확인해야 한다.

다음은 만 14세 미만 아동의 개인정보를 수집하지 않는 서비스의 경우 정보주체의 연령을 확인하는 다양한 방법을 소개한다.

① 회원가입 시 팝업창을 띄워 연령을 판별 및 제한하는 방법

회원가입 페이지로 접근할 때 만 14세 이상만 서비스를 이용할 수 있다는 안내창을 띄워 정보주체에게 확인받을 수 있다.

이 경우 '만 14세 미만입니다'를 선택 시 회원가입 페이지로 접근을 차단하여 가입을 진행하지 못하도록 구현하여 연령에 따른 서비스 이용을 제한한다.

② 회원가입 시 체크박스를 통해 동의받는 방법

회원가입 시 개인정보 수집·이용 동의 시점에 "만 14세 이상입니다." 체크박스에 확인 받은 것으로 정보주체의 연령을 확인 받을 수 있다.

③ 회원가입 시 휴대전화 본인인증을 통해 제한하는 방법

휴대폰 본인인증을 통해 가입을 시도하는 정보주체의 연령이 만 14세 미만 여부를 판별할 수 있다. 단, 연령 확인을 위해 휴대 전화번호를 수집하는 경우 본인인증의 목적으로만 사용해야 하므로 본인인증이 끝난 시점에 휴대 전화번호는 저장되지 않도록 구현하거나 즉시 삭제해야 한다.

④ 모바일 앱 설치 시 연령 제한을 설정하는 방법

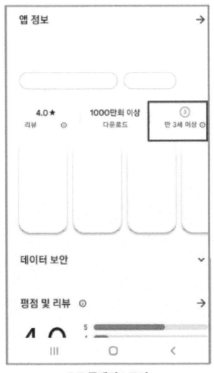

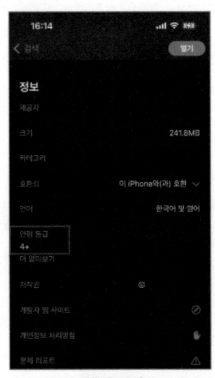

| 구글 플레이스토어 | 애플 앱스토어 |

앱스토어에 애플리케이션 등록 시 설치 가능한 연령을 만 14세 이상으로 설정하는 경우 앱 스토어에 등록된 단말기 계정의 이용자 연령을 기준으로 앱의 설치 여부를 통제할 수 있다.

개인정보처리자가 위에 제시한 다양한 방법으로 정보주체의 연령을 확인하였음에도 불구하고 간혹 만 14세 미만 아동이 부모(법정대리인)의 휴대폰을 이용하거나 부모(법정대리인)의 개인정보를 이용해 허위로 동의하는 경우가 발생하기도 한다.

이 경우에는 개인정보처리자의 통제 범위를 벗어난 정보주체의 기망 동의에 해당할 수 있다.

9.2.5 자동 수집되는 개인정보 동의 필요

웹 사이트에 처음 방문했을 때, "쿠키 사용에 동의하기"라는 팝업이 떴던 경험이 있는가? 웹사이트를 이용할 때 브라우저는 사이트 방문 이력, 이용한 페이지 정보 등을 자동으로 기록한다. 이 정보는 다음에 동일한 사이트에 다시 방문했을 때 이미 브라우저에 저장된 정보를 불러와 해당 웹 사이트에 빠르게 접속하여 쾌적한 인터넷을 이용할 수 있도록한다. 이때 자동으로 저장되는 아주 작은 크기의 파일을 쿠키라고 한다. 예를 들어 사용자가 Chrome, Microsoft Edge, Safari 등의 브라우저를 통해 웹 사이트에 접속하면 각각의 브라우저마다 접속지 IP, 접속한 웹사이트 주소, 접속 시간 등 정보주체의 상세한 온라인 이용기록을 쿠키로 생성한다. 대부분의 정보주체는 하나의 기기에서 동일한 브라우저를 사용하여 다양한 웹 사이트를 이용하는데, 쿠키는 사용자의 행위가 쌓여 저장되는 파일이기에, 쿠키는 개인의 온라인 사생활 정보자 쿠키의 조합으로 개인을 식별할 수 있는 개인정보가 될 수 있다. 개인정보처리자가 정보주체의 쿠키를 수집한다면 개인정보 수집 동의가 필요하다.

① 퍼스트 파티 쿠키와 서드 파티 쿠키

쿠키는 발행하는 주체에 따라 크게 '퍼스트 파티 쿠키'와 '서드 파티 쿠키' 두 가지로 나눌 수 있다.

퍼스트 파티 쿠키는 사용자가 방문한 웹 사이트에서 직접 발행한 쿠키 파일이다. 개인정보처리자는 퍼스트 파티 쿠키 데이터를 이용하여 홈페이지 내에서 정보주체의 직접적인 행위를 분석할 수 있다. 예를 들면 홈페이지에 유입된 경로나 결제, 구매 여부 등을 확인할 수 있으며 이를 이용하여 사이트 개선, CRM(Customer Relationship Management), 이용기록 기반의 맞춤형 서비스 제공 등에 활용한다. 개인정보처리자가 퍼스트 파티 쿠키를 수집한다면 개인정보처리방침에 아래 내용을 필수적으로 포함해야 한다.

- 개인정보 처리방침에는 쿠키 정보에 대한 기본적인 설명을 기재하고, 사용하는 이유·방법·목적, 설치·운영 및 그 거부에 관한 사항을 기재
- 쿠키 등 자동 수집 장치를 운영하지 않는 경우에는 기재하지 않아도 무방하나, 자동 수집 장치를 설치·운영하지 않음을 명시하는 것도 가능

서드 파티 쿠키는 다른 웹사이트에서 발행한 쿠키 파일이다.

서드 파티 쿠키는 어떤 사이트에 접속하지 않아도 다른 사이트에 방문한 데이터를 활용하여 맞춤형 광고를 할 수 있다. 예를 들면 포털 사이트에서 관심있는 상품을 검색했는데 얼마 뒤 SNS에서 해당 상품 또는 유사한 상품의 피드가 광고로 나온다던지, 다른 사이트의 배너에 유사한 상품이 광고로 발견하는 경우 서드 파티 쿠키가 사용된 맞춤형 광고 활동이다.

사이트에 직접 방문하지 않아도 다른 사이트에 맞춤형 광고를 할 수 있기 때문에 마케팅에서 아주 활발하게 사용되고 있다. 그러나 최근 개인정보 이슈가 대두되며 무분별하게 사용되는 서드파티 쿠키의 수집과 활용은 정보주체의 개인정보보를 침해할 수 있다는 이슈로 번지고 있다. 이로 인해 다양한 브라우저들이 서드 파티 쿠키를 차단하는 방향으로 정책을 변경하고 있다. 일례로 구글은 2024년 하반기에 서드 파티 쿠키를 단계적으로 없애겠다고 선언했다. 이러한 서드 파티 쿠키의 제한으로 인해 퍼스트 파티 쿠키가 다시 주목받고 있다.

② 쿠키를 통해 온라인 맞춤형 광고를 제공하는 경우

개인정보처리자가 정보주체의 온라인 행태정보를 처리하고 이를 기반으로 '온라인 맞춤형 광고' 등을 제공하는 경우에는 퍼스트 파티 쿠키와 서드 파티 쿠키 모두 쿠키 정보에 대한 수집·이용에 관한 사항 및 거부 방법 등 아래의 내용을 기재하고 동의를 받아야 합니다.

- 수집하는 행태정보의 항목
- 수집 방법
- 수집 목적
- 보유·이용 기간 및 이후 정보처리 방법
- 제3자 제공 시 제공 받는 자·항목·목적 등
- 동의를 거부할 수 있는 권리 및 방법 등을 기재하여야 함

9.2.6 동의 관련 자주 발생하는 위반사례

개인정보를 수집하는 경우 '개인정보처리방침'에 동의받는 위반사례가 가장 자주 발생한다. 개인정보 처리와 관련한 동의를 받는 경우, '개인정보처리방침'이 아닌 '개인정보 수집·이용 동의서'에 동의를 받아야 한다.

'개인정보처리방침'이란, 개인정보처리자가 개인정보의 처리와 관련한 절차 및 기준을 공개한 문서이다. 개인정보 수집·이용 동의서는 정보주체에게 수집하는 개인정보가 어떤 용도로 쓰이는지 명료하게 안내하고 이에 대한 동의를 받는 문서다. 따라서, 개인정보처리방침에는 개인정보처리자가 처리하는 모든 개인정보의 목적과 기준이 포함되어 있어 정보주체가 동의의 내용을 바로 알기 어려워 적법한 동의로 보기 어렵다. 개인정보처리방침과 관련한 자세한 사항은 정보주체 권리보장 세션을 확인하자.

9.3 개인정보 이용

개인정보처리자는 업무 처리를 위해 필요한 최소한의 개인정보를 수집하여 이용하는 것을 원칙으로 한다. 하여 정보주체가 선택적으로 동의하는 대표적인 개인정보 처리 목적인 광고성 정보발송 주의사항에 대해 알아보고자 한다. 광고성 정보를 발송하는 다양한 채널 중에서 모바일 환경에서의 애플리케이션 광고성 푸시 발송은 이메일과 달리 지면이 좁아 처리가 까다롭다. 이에 본 장에서는 애플리케이션의 광고성 푸시 발송 시 주의사항에 대해 알아보자.

9.3.1 '광고성 정보 수신 동의' 여부를 확인하고 발송 시 아래 사항을 주의

① (광고) 문구 삽입

< (광고) 표기의 바른 예시 >

< (광고) 표기가 잘못된 예시 >

푸시 알림의 내용이 광고성 정보라면 광고성 정보 수신에 동의한 정보주체에게만 푸시를 발송해야 한다. 발송하려는 푸시의 제목 앞 부분에는 '(광고)' 문구를 포함해야 한다. 이때, 괄호 없이 '광고' 거나 '[광고]' 등으로 괄호를 사용하지 않거나 다른 기호로 변경하면 안된다.

② 광고에 포함할 정보: 전송자의 명칭 및 연락처

광고를 보낸 전송자를 쉽게 알 수 있도록 개인정보처리자의 회사명이나 서비스명을 표기해야 한다. 앱 푸시의 경우 이메일과 달리 지면이 협소한 경우 어떤 서비스인지 명확하게 알 수 있는 로고 등을 통해 전송자를 표기할 수 있고, 앱 푸시를 클릭했을 때 연결되는 첫 페이지에 연락할 수 있는 수단(고객센터 번호 등)을 포함할 수 있다.

③ 수신거부 또는 수신동의 철회 방법

광고가 끝나는 부분에는 수신거부 또는 수신동의 철회를 할 수 있는 방법을 안내해야 한다. 만약 애플리케이션의 [마이페이지]나 [설정] 메뉴에서 수신거부, 수신동의 철회를 할 수 있다면, 해당 경로를 안내하는 것으로 충분하다.

9.3.2 야간 광고 발송 시 주의사항

야간 시간대인 밤 9시 이후나 아침 8시 이전에는 정보주체가 휴식을 취하는 시간으로 광고성 정보 발송을 금지하고 있다. 만약, 개인정보처리자가 해당 시간에 광고를 보내야 한다면 광고성 정보 수신 동의를 이미 받았을지라도 정보주체에게 야간 시간의 광고성 정보 수신에 대한 동의를 별도로 받아야 한다. 별도의 동의를 받지 않고 금지된 시간에 광고성 정보를 발송한다면 과태료가 부과될 수 있다.

- 야간 광고로 분류되는 시간 : 오후 9시부터 그다음 날 오전 8시까지

9.3.3 2년 주기의 광고성 정보 수신 동의 사실 통보 및 확인

개인정보처리자는 정보주체가 광고성 정보 수신에 처음 동의받은 날로부터 2년마다 광고성 정보에 동의한 사실을 통보해야 한다.

광고성 수신 동의 사실 통보는 보유하고 있는 정보주체의 개인정보를 활용하여 문자, 이메일, 애플리케이션 푸시 등으로 안내할 수 있다. 통보에는 아래의 내용을 반드시 포함해야 한다.

- 전송자의 명칭
- 수신동의 날짜 및 동의 사실
- 수신동의 철회 방법

안녕하세요. 캐치시큐입니다.

정보통신망법 제50조 및 동법 시행령 제62조에 따라 광고성 정보 수신 동의 여부를 확인하기 위해 발송되었습니다.

고객님은 아래와 같이 광고성 정보 수신에 동의하였습니다.
20YY년 MM월 DD일 광고수신에 동의함

[수신 동의철회] 무료전화 080-0000-0000

개인정보처리자가 광고성 정보 수신 동의 사실을 정보주체에게 발송한 이후 정보주체가 해당 안내를 받고서 어떠한 의사표시도 하지 않는 경우, 광고성 정보 수신 동의 의사는 그대로 유지되는 것으로 본다. 개인정보처리자는 정보주체가 광고성 정보 수신 동의를 철회하기 전까지 광고성 정보를 발송 할 수 있다. 예를 들면 정보주체가 2023년 5월 5일에 처음으로 광고성 정보 수신에 동의를 한 경우 개인정보처리자는 2025년 5월 4일 전까지 광고성

정보에 동의한 사실을 해당 정보주체에게 통보해야 한다. 이때 정보주체가 별다른 조치가 없었다면 개인정보처리자는 그로부터 2년 뒤인 2027년 5월 4일 전까지 광고성 정보에 동의한 사실을 통보한다. 이렇듯 개인정보처리자는 매 2년 마다 정보주체에게 광고성 정보 수신에 동의한 사실을 알려주어 정보주체의 알권리를 보장하고 언제든지 철회 할 수 있는 권리를 제공해야 한다.

9.3.4 그 밖에 애플리케이션의 광고성 푸시 관련 주의사항

① 처리결과 통지를 하지 않는 경우

앱 설정 등의 메뉴에서 수신동의 설정을 변경하였을 경우도 처리결과를 통지해야 한다. 처리결과를 통지할 때는 ①전송자의 명칭, ②수신동의, 수신거부(동의안함) 사실과, 해당 의사를 표시한 날짜, ③처리결과를 표시해야 한다.

처리결과의 통지는 처리 후 바로 팝업을 띄우는 방법 등이 있다.

'광고성 정보 수신거부(동의안함)'을 선택한 경우, 해당 수신자에 대한 모든 광고성 정보 전송이 금지되기 때문에 문자, 이메일로도 광고성 정보를 전송할 수 없다.

단, 매체를 지정하여 수신동의 및 수신거부를 받은 경우에는 해당 매체에 대한 적용만 하면 된다.

② 기본값을 Y로 설정해두는 경우

광고성 알림의 기본설정값을 Y로 하지않고 반드시 사용자가 수신받을지 안 받을지 직접 선택하도록 해야 하고, 앱 설정 메뉴에서도 동일하게 설정되어 있어야 한다.

③ 회원 탈퇴 후에도 광고성 알림을 보내는 경우

회원탈퇴는 수신거부 의사를 표시한 것으로 간주한다. 따라서 회원 탈퇴를 하는 경우 해당 회원 및 회원이 이용하던 기기에 대한 수신동의가 모두 철회되었다고 보아 광고성 정보를 전송하면 안 된다다.

Q. 모바일 앱에서 푸시 알림을 보내려면 동의를 별도로 받아야 하나요?

네, 앱 푸시 내용에 따라 서비스 알림과 광고를 구분해서 각각 별도로 동의받아야 한다.

9.4 개인정보 제공

개인정보처리자가 업무를 수행하는 과정에서 수집한 개인정보를 다른 기관, 단체, 사람 등 제3의 개인정보처리자에게 제공하는 경우가 발생한다. 이는 크게는 '개인정보 처리업무 위수탁', '제3자 제공'과 '목적 외 제3자 제공'으로 분류할 수 있다. 각각은 동의받는 방법, 손해배상 책임 등 개인정보 처리 및 관리 방법이 상이하므로 자칫 개인정보 유출사고로 연결될 수 있다. 이에 개인정보처리자와 제3자 간 개인정보를 제공하는 근거와 관계를 이해하는 것은 매우 중요하다.

9.4.1 개인정보 처리 위탁이란?

개인정보 처리 위탁은 개인정보처리자가 정보주체로부터 동의받은 본래의 개인정보 수집·이용 목적과 관련된 업무 처리를 위해 개인정보를 이전하여 처리하는 경우에 해당한다. 구체적으로 살펴보면 개인정보 처리를 위탁받은 수탁자는 개인정보처리자의 업무처리 범위 내에서 개인정보를 처리하고 위탁자인 개인정보처리자의 관리·감독을 받는다. 따라서 개인정보 처리 업무 위탁은 "개인정보를 이용할 필요성이 있는 자가 실질적으로 누구인지"에 따라 판단할 수 있다.

쉽게 이해할 수 있도록 개인정보 처리 위탁에 해당하는 몇 가지 사례를 알아보자.
- 고객의 만족도 조사를 대행하는 기관에 고객의 개인정보를 제공한 경우
- 임직원의 직무교육을 전문으로 하는 기관에 임직원 개인정보를 제공한 경우
- 쇼핑몰의 택배를 정기적으로 배송하기 위해 수신자의 개인정보를 제공한 경우

이와 같이 개인정보 처리 업무를 대신하는 경우 개인정보 처리의 위탁이 발생한다. 그러나, 비정기적으로 단순히 전달을 위해 개인정보가 처리되는 경우에는 이에 해당하지 않는다. 예를 들어 행사 안내를 위해서 포털 사이트에서 제공하는 초대장 발송 서비스를 이용하는 경우 포털 플랫폼 제공 사업자 우편 및 택배의 이용은 비 정기적이고 단순히 초대장을 전송하기 위함으로 위탁에 해당하지 않는다. 더불어 플랫폼 제공 사업자는 개인정보의 보

호 의무만 있지, 처리 자체에 관여하지 않기 때문에 수탁자로 보기는 어렵다. 다만 그 플랫폼 제공 사업자가 만약 개인정보를 분석 처리하고, 이 처리가 플랫폼 이용자의 지시로 이루어지는 경우에는 위탁 처리로 볼 수 있다. 정리하면 개인정보를 단순히 전달, 전송만 하는 우편 업무의 경우 개인정보의 처리의 위탁으로 보지 않지만 정기적으로 고객의 개인정보를 처리하는 업무가 수반 될 경우 개인정보의 위탁으로 볼 수 있다. 이해를 돕기 위해 대법원 판례의 일부를 발췌한다.

"개인정보의 제3자 제공은 본래의 개인정보 수집, 이용 목적의 범위를 넘어 그 정보를 제공받는 자(제3자)의 업무 처리와 이익을 위하여 개인정보가 이전되는 경우를 의미하므로, 위탁자의 업무 처리 및 이익을 위한 개인정보 처리 위·수탁과 구분" (대법원 2017.4.7. 선고 2016도13263판결 참고)

9.4.2 개인정보 처리 업무 위탁 시 필수 사항

개인정보 처리 업무 위탁의 경우에는 수탁자에게 개인정보가 제공되더라도 개인정보처리자가 해당 개인정보에 대한 관리·감독 의무가 있어 아래의 필수 사항을 준수해야 한다.

① 문서에 의한 계약

개인정보의 처리 업무를 위탁하는 경우 계약 시 아래 내용을 문서에 반드시 포함해야 한다. 만약 이를 어길 시, 과태료 등의 처분을 받을 수 있다.

- 위탁업무 수행 목적 외 개인정보의 처리 금지에 관한 사항
- 개인정보의 기술적·관리적 보호조치에 관한 사항
- 위탁업무의 목적 및 범위
- 재위탁 제한에 관한 사항
- 개인정보에 대한 접근 제한 등 안전성 확보 조치에 관한 사항
- 위탁업무와 관련하여 보유하고 있는 개인정보의 관리 현황 점검 등 감독에 관한 사항
- 수탁자가 준수하여야 할 의무를 위반한 경우의 손해배상 등 책임에 관한 사항

② 개인정보처리방침에 고지

개인정보 처리 업무 위탁은 개인정보처리자가 수집한 개인정보를 제3자에게 제공하지만

정보주체에게 당초에 동의 받은 목적 내에서 이용되고 개인정보처리자가 수탁자를 관리 감독함으로 정보주체에게 별도의 동의를 받을 필요는 없다. 그러나 개인정보가 제3자에게 제공되는 것은 정보주체의 권리를 침해할 수 있음으로 개인정보처리방침에 위탁하는 업무 내용과 수탁사 명을 공개해야 한다. 이는 위탁하는 업무의 내용이나 수탁사가 변경되는 경우에도 고지해야 한다. 재화 또는 서비스를 홍보하거나 판매를 권유하는 업무를 위탁하는 경우에는 서면, 전자우편, 팩스, 전화, 문자전송 또는 이에 상당하는 방법으로 위탁하는 업무의 내용과 수탁자를 정보주체에게 알려야 한다. 위탁하는 업무의 내용이나 수탁자가 변경된 경우에도 통지 방식은 동일하다.

③ 수탁사의 교육 및 감독의무

만약 수탁자가 개인정보보호관련 법령을 위반하는 경우 손해배상책임에 대하여는 수탁자를 개인정보처리자의 소속 직원으로 본다. 이에 위탁사는 개인정보 보호법 에 의하여 개선 권고 등 행정기관의 감독을 받으며, 과태료 등의 처분을 받을 수 있다. 더불어 수탁자의 위법한 행위로 인해 정보 주체에게 손해가 발생할 경우 배상 책임 또한 위탁사에 발생한다. 따라서 위탁사는 1년에 한 번 이상의 정기적인 교육과 수탁사의 개인정보 처리 현황을 점검하여 수탁사가 개인정보를 안전하게 잘 관리하고 있는지 확인해야 한다. 최근에는 개인정보 관리가 부실한 수탁사는 계약이 해지되는 경우도 발생하며, 향후 재계약 시 부정적인 영향을 끼칠 수 있어 주의가 필요하다. 개인정보처리자가 수탁자를 점검하는 대표적인 사항은 아래와 같다.

관리적 보호조치

회사 내부의 개인정보보호 관련 정책 및 지침을 수립, 검토, 개정 등의 지속적인 관리를 하고 있는지 여부를 확인합니다.

개인정보 생명주기

개인정보 전반적인 흐름에 따라 개인정보 수집 시, 개인정보 보유 및 이용 시 보호조치, 개인정보 제공 시 보호조치, 개인정보 파기 시, 정보주체 권리보호 등 각 영역의 보안조치 여부를 확인합니다.

기술적 보호조치

개인정보를 안전하게 보관하고 있는지 시스템에 대한 적절한 보안 조치 여부를 확인합니다.

9.4.3 제3자 제공이란?

개인정보의 제3자 제공은 개인정보처리자가 본래의 개인정보 수집·이용목적의 범위를 넘어서 제3자의 업무 처리와 이익을 위하여 개인정보를 제공하는 경우이다. 따라서 개인정보처리자가 제3자에게 수집한 개인정보를 제공하는 경우 정보주체에게 별도의 동의를 받아야 한다. 동의서에는 아래 내용을 포함해야 한다.

- 개인정보를 제공 받는 자
- 개인정보를 제공 받는 자의 개인정보 이용 목적
- 제공하는 개인정보의 항목
- 개인정보를 제공 받는 자의 개인정보 보유 및 이용 기간
- 동의를 거부할 권리가 있다는 사실과 동의 거부 시 불이익이 있는 경우 그 불이익의 내용

개인정보처리자가 제3자로 부터 개인정보를 제공받는 경우에 주의해야 할 사항이 있다. 이때는 전달받은 개인정보가 적법한 동의를 받아서 제공하는 것인지 그 유무를 확인해야 한다. 제3자 제공의 경우에는 일단 개인정보가 제3자에게 제공되고 나면 개인정보처리자의 관리·감독권이 미치지 못한다. 어떠한 경로에서 수집된 개인정보가 적법한 동의를 받지 않았다면 그 개인정보의 사용에 대한 책임은 제공 받은 개인정보처리자에 있음을 의미한다. 그러므로 반드시 적법하게 사전동의 받은 개인정보인지 확인이 필요하다.

9.5 개인정보 파기

개인정보처리자는 보유 기간이 지나거나 처리 목적이 달성된 개인정보를 지체 없이 파기해야 한다. 여기서 말하는 '처리 목적 달성'은 언제를 의미할까?

파기를 하기에 앞서 개인정보처리자가 언제 어떤 목적으로 동의를 받았는지 먼저 거슬러 가보자. 개인정보를 수집할 때 생성한 동의서 내 기재한 보유 및 이용 기간이 바로 개인정보의 파기 시점이다. 만약 동의서 내 보유이용 기간이 "목적 달성 시"라는 문구로 작성되어

있다면 처리 목적 달성에 대한 내규를 수립하고 동의서를 변경해야 한다. 그렇지 않으면 처리 목적이 달성된 시점을 특정할 수 없어 파기가 어려워 진다. 이런 상황이 지속적으로 반복되면 개인정보의 적절한 파기시점을 알 수 없어 관리가 어려운 것은 물론, 개인정보 유출사고나 해킹사고 발생 시 그 피해를 예측하기 어렵고, 대응 또한 쉽지 않다. 더불어 이용목적이 달성된 개인정보를 파기하지 않는 사실이 적발될 경우 과태료가 부과될 수 있다.

9.5.1 개인정보 보유 기간은 언제까지로 해야 할까?

개인정보를 수집하기 위해서는 동의받는 절차를 거쳐야 한다. 이때 "개인정보 수집·이용 동의서" 내 개인정보를 얼마나 보관할지 명시하고 정보주체의 동의를 받은 경우 개인정보는 해당 기간 보관할 수 있다.

보유 기간을 결정하는 기준은 '처리 목적을 위해 어느정도의 기간동안 그 정보가 필요한지'이다. 아무런 목적과 근거 없이 터무니없이 긴 기간을 보유하거나, 구체적인 기간의 명시와 동의 없이 계속 보관하면 안된다.

주의할 점은 개인정보 보호법 말고도 다른 법에서 특정 기간 보유하도록 정해진 기간이 있다면 해당 기간동안 관련정보를 의무적으로 보관해야한다. 예를 들어 결제와 관련된 기록은 5년 동안, 소비자 불만 또는 분쟁 처리와 관련된 기록은 3년 동안 보관해야 한다.

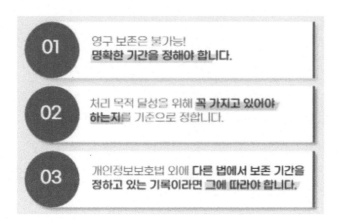

9.5.2 보유 기간이 도래한 개인정보 파기

동의받을 때 정보주체에게 약속한 보유이용 기간이 다 되었다면 개인정보를 바로 파기해야 한다. 예를 들어, 동의서 내 개인정보의 보유·이용 기간이 6개월이라면 해당 개인정보는 수집한 날로부터 6개월이 도래한 날 삭제해야 한다. 여기서 말하는 삭제란, 복구가 불가능한 방법으로 영구히 삭제해야 한다.

만약, 보유이용 기간이 도래하기 전에 정보주체가 동의를 철회하겠다는 의사를 표시한다면, 그 즉시 철회한 목적으로 사용되는 개인정보를 파기해야 한다.

9.5.3 휴면계정 관리

휴면계정이란? 회원가입 이후 1년의 기간 동안 서비스를 이용하지 않은 계정을 의미합니다. 예를 들어 오늘이 2022년 7월 1일로 가정하면 마지막 로그인 날짜가 2021년 6월 30일 이전인 계정이 휴면계정이다. 휴면계정으로 전환된 고객의 개인정보는 물리적 접근이 불가능하도록 별도 보관하거나 파기해야 한다.

휴면 계정으로 전환할때는 보유 포인트, 쿠폰 등의 사용도 함께 제한되기 때문에 정보주체에게 불이익이 될 수 있다. 이에 휴면계정으로 전환되기 30일 전에 해당 정보주체에게 휴면계정 전환 사실을 고지해야 한다. 그렇다면 정보주체에게 꼭 전달해야 하는 고지사항은 어떤 것들이 있을까?

휴면계정 전환 안내

안녕하세요, 고객님.
개인정보보호 전문가 캐치시큐입니다.

캐치시큐는 관련 법령에 따라 최근 1년 동안 서비스에 로그인하지 않은 고객님의 계정을
휴면 계정으로 전환하고, 저장된 개인정보는 안전하게 분리보관함을 안내드립니다.

■ 휴면전환 계정 : one******@catchsecu.com

■ 휴면전환 일자 : 2022년 08월 01일

■ 분리보관 항목 : 성명, 생년월일, 휴대폰번호, 이메일주소

■ 관련 법령 : 개인정보 보호법 제39조의6(개인정보의 파기에 대한 특례) 및
동법 시행령 제48조의5(개인정보의 파기 등에 관한 특례)

휴면 전환을 원치 않으시는 경우, 2022년 07월 31일 이전에 www.catchsecu.com에
방문하셔서서 로그인하여 주시기 바랍니다.

[그림 17] 휴면계정 전환 고지 안내 예시 1

장기 비로그인 계정의 휴면 전환 안내

회원님, 안녕하세요.

장기간 캐치시큐 서비스 이용이 없으셨던 회원님의 계정이
휴면계정으로 전환 될 예정입니다.

휴면계정 전환 예정일	2022년 8월 1일
분리 보관되는 개인정보	회원 가입정보 (성명, 이메일, 휴대전화번호 등)

서비스 이용에 차질이 없도록 사전에 안내드립니다.
휴면 전환을 원치 않으실 경우, 2022년 07월 31일 이전에 캐치시큐 홈페이지를 방문하
셔서 로그인해 주시기를 바랍니다.

[그림 18] 휴면계정 전환 고지 안내 예시 2

위 예시처럼 아래 세 가지를 포함하여 안내하면 된다.

① 개인정보가 분리보관/파기 된다는 사실

② 분리보관/파기되는 기간

③ 분리보관/파기되는 개인정보의 항목

휴면계정으로 전환 후 개인정보를 관리하는 방법에는 아래의 두 가지 선택지가 있다.

첫 번째. 장기 미이용 고객의 개인정보를 분리보관 하는 방법

휴면계정으로 로그인을 시도하는 경우 본인확인 등을 통해 휴면계정을 활성화해 재사용할 수 있다. 이 경우 해당 정보주체의 개인정보를 분리 보관(운영 중인 고객의 개인정보와 분리하여 별도로 저장 및 관리)하여야 한다.

두 번째. 휴면계정의 개인정보를 파기하는 방법

별도의 분리보관 DB 구축 등은 관리가 까다롭고 복잡하다. 분리보관이 어려운 경우라면, 휴면계정 전환 시 해당 계정의 개인정보를 파기한다. 개인정보 파기 시에는 계정 복구가 불가능 함으로 이후 서비스 이용을 원하는 경우 회원가입 등을 통해 계정을 신규로 생성하도록 한다.

Q. 휴면계정으로 전환 후에는 비밀번호를 찾을 수 없나요?

A. 휴면계정 복원 전에는 불가능합니다.

휴면계정으로 전환할 때는 계정 복원 시 본인을 확인할 수 있는 최소한의 개인정보(해시 암호화된 휴대 전화번호 등)를 제외한 모든 개인정보를 분리 보관하므로 비밀번호 변경이 불가하다.

본인인증 등을 통해 휴면계정의 활성화(복원 절차)를 진행한 이후 비밀번호 찾기 등을 진행할 수 있다. 다만, 휴면계정 전환 시 정보주체의 개인정보를 파기했다면 비밀번호 찾기가 불가능하다.

9.6 정보주체의 권리보장

개인정보처리자의 업무를 위해서는 정보주체의 개인정보를 필수적으로 수집한다. 이에 개인정보처리자는 정보주체의 개인정보를 침해하지 않고 사생활을 보호하며 개인정보에 대한 권리와 이익을 보장해야 한다.

① 개인정보처리방침

개인정보처리방침은 개인정보처리자가 개인정보 처리에 관한 절차 및 기준을 정해 공개한 문서이다. 정보주체는 개인정보처리방침에서 개인정보처리자가 자신의 개인정보를 어떻게 처리하고 있는지를 확인할 수 있어 정보주체의 권익에 큰 영향을 줍니다. 개인정보처리자는 개인정보처리방침을 공개함으로써 개인정보 처리에 관한 사항을 투명하게 공개해야 한다. 공개하는 방법은 정보주체가 언제든지 쉽게 확인할 수 있도록 각 홈페이지 혹은 APP 하단에 항상 공개해둬야 하며, 주변 약관보다 강조하여 표기하여야 한다. 더불어 개인정보처리방침은 '개인정보 취급방침' 또는 '개인정보 보호방침' 등의 제 멋대로 용어를 변경하면 안되고 '개인정보처리방침'이라는 표준화된 명칭을 사용하여 정보주체가 이를 분명하고 쉽게 확인할 수 있어야 한다.

개인정보처리방침에는 아래의 10가지 항목을 포함한다.
1. 개인정보의 처리 목적
2. 개인정보의 처리 및 보유 기간
3. 개인정보의 제3자 제공에 관한 사항(해당되는 경우에만 정한다)
4. 개인정보의 파기절차 및 파기방법(제21조제1항 단서에 따라 개인정보를 보존하여야 하는 경우에는 그 보존근거와 보존하는 개인정보 항목을 포함한다)
5. 개인정보처리의 위탁에 관한 사항(해당되는 경우에만 정한다)
6. 정보주체와 법정대리인의 권리·의무 및 그 행사방법에 관한 사항
7. 제31조에 따른 개인정보 보호책임자의 성명 또는 개인정보보호업무 및 관련 고충사항을 처리하는 부서의 명칭과 전화번호 등 연락처
8. 인터넷 접속정보파일 등 개인정보를 자동으로 수집하는 장치의 설치·운영 및 그 거부

에관한 사항(해당하는 경우에만 정한다)

9. 처리하는 개인정보의 항목

10. 제30조 또는 제48조의2에 따른 개인정보의 안전성 확보 조치에 관한 사항

개인정보처리방침은 개인정보 처리에 관한 중요한 사항을 담고 있기에 위 10가지
사항에 변경이 발생하는 경우 반드시 개정해야 한다. 개인정보처리방침을 개정하는 경우
수립 시와 동일한 방법으로 변경 사실을 공개하고 정보주체가 변경된 내용을 쉽게 확인할
수 있도록 전후를 비교하여 공개하고 변경된 개인정보처리방침을 인터넷 홈페이지에 지속
적으로 게재해야 한다.

② 정보주체의 권리 보장

정보주체는 개인정보처리자에게 개인정보에 대한 열람, 정정·삭제, 처리정지, 이동, 삭제
를 요구할 수 있다. 권리행사 방법과 절차에 대한 자세한 안내는 개인정보처리방침을 통해
확일할 수 있으며 대부분의 요구는 요청일로부터 10일 이내 답변을 받을 수 있다. 개인정보
처리자는 정당한 사유없이 정보주체의 요구를 거부할 수 없으며, 요청에 지연이 발샐 할 경
우 그 사유를 제공받을 수 있다. 만 14세 미만 아동의 경우 법정대리인을 통해 권리를 보장
받을 수 있다.

그렇다면, 우리가 이용하는 웹 사이트는 안전할까?

2022년 5월부터 개인정보보호위원회가 제공하는 '닥터 개인정보'를 이용하면 이용자가
접속한 웹 사이트의 개인정보보호 수준을 쉽게 확인할 수 있다.

닥터 개인정보에서는 웹사이트나 애플리케이션의 규제 준수 여부 등을 확인할 수 있다.

- 제공하는 항목
- 전송구간 암호화(HTTPS) 적용 여부
- 피싱 사이트로 신고·접수된 웹사이트 여부
- 개인정보보호 인증(OPA PRIVACY) 인증 획득 웹사이트 여부
- 웹 사이트에서 수집하는 당사자 쿠키 및 다른 웹사이트에 제공되는 쿠키(타사 쿠키)
  정보
- 개인정보처리방침에서 안내하고 있는 개인정보 수집·이용 현황 관련 정보

정보주체는 해당 항목들을 통해 회사가 개인정보 송·수신 시 암호화를 적용하고 있는지, 개인정보처리방침을 적법하게 제작하여 공개하고 있는지, 주민등록번호를 수집하고 있지는 않은지 등을 확인할 수 있다.

찾아보기

저자약력

김경하

LG CNS 보안사업담당을 거쳐 제이앤시큐리티 대표까지 약 27년의 기간동안 정보보호 및 개인정보보호 분야에서 일하고 있다. 현재는 개인정보규제심사위원회 위원(개인정보위), 고용행정데이터 정책심의위원회 위원(고용노동부), 개인정보 기술포럼 신기술분과 간사, 데이터전문기관 가명·익명처리 적정성 평가위원 등으로 활동을 하고 있으며, 특히 개인정보영향평가, ISMS-P, 마이데이터, 가명정보 등 개인정보 보호와 관련된 주요 제도의 정책, 자문, 연구 등에 참여하고 있다.

김형종

2007년 부터 서울여대 정보보호학부 교수로 근무하고 있으며, 서울여대에 근무하기 전에는 6년간 KISA에서 취약점 분석및 기반시설 보호관련 연구사업을 수행하였다. 디지털 트윈과 클라우드 환경의 사이버보안 및 개인정보보호에 관심을 갖고 연구개발을 진행중이다. 본 교재의 개발에 있어서 개인정보보호 개념과 제도를 구성하는 구성요소에 대한 고려를 바탕으로 교재의 구조를 설계하는 역할을 담당하였다.

남수만

디지털트윈 전문업체인 (주)팀솔루션에서 연구소장으로 근무하고 있다.
성균관대학교에서 박사 학위를 취득한 후 서울여자대학교, 한국기술교육대학교 등에서 개인정보보호기술과 정보보안 관련 강의를 수행 중이다. 또한, 개인정보보호기술 관련 다양한 연구를 수행하고 있다.

성경원

정보보호 전문서비스 기업 SK쉴더스에서 20년 넘게 정보보호 및 개인정보보호 컨설팅을 수행하며 컨설팅사업그룹을 이끌고 있다. 통신/제조/서비스/금융/공공 등 다양한 분야에 대한 컨설팅 경험을 토대로 여러 기업/기관들이 정보보호 및 개인정보보호 수준을 향상시킬 수 있도록 지속적으로 노력하고 있는 중이다.

연수권

현재 크라우드 펀딩 업체에서 CISO로 근무하고 있으며, 보안컨설턴트, 게임회사, 유통기업 등에서 20년 이상 정보보호 및 개인정보보호 전문가로 일하고 있다. ISMS-P인증 심사원, 클라우드 인증심사원, 클라우드 보안 전문가로 활동하고 있으며, 충북대학교에서 정보보호 연계 전공 교수로 후학을 양성하는데 기여하고 있다.

옥은택

현재, (주)포유씨큐리티 대표이사로 역임하고 있으며, 17년간 공공분야, 기업, 교육분야, 금융분야 등 개인정보보호 및 정보보호 분야 전문가로 활동하고 있으며, ISMS-P인증 심사원, 개인정보 영향평가 전문인력, 개인정보보호 전문강사, 가명정보 적정성 검토 위원 등 한국인터넷진흥원, 개인정보보호위원회 전문위원으로 활동하고 있다.

이태현

외국계 유통기업의 정보보안 및 개인정보보호팀의 팀장으로 근무하고 있다. 클라우드보안, 개인정보보호 등 다수의 정보보안 분야의 위원회에서 자문위원으로 활동했으며 20여년 동안 대기업, 미국 IT 기업, 벤처에서 보안 소프트웨어 개발, 보안 컨설팅, 운영 역할을 수행했다. 정보시스템감리사, ISMS-P 인증심사원, ISO 27001 심사원, CISA, CISSP 등 다수의 자격증을 보유하고 있다.

전진환

신한금융그룹(SFG) 신한DS에서 정보보호본부장(CISO)으로 근무하고 있다. 부산대 박사 후 연구원, 한국인터넷진흥원 개인정보보호협회에서 정보보호 관련 연구, (개인)정보보호 관리체계 인증심사, 정보보호 컨설팅을 수행해왔으며, ISMS-P, ISO27001심사원, 서울디지털대학교 정보보호학과, 한국생산성본부(KPC)에서 교육강사로 활동하고 있다.

조아영

개인정보 전문서비스 기업인 오내피플의 대표이사로 근무하고있다. 개인정보 관리 자동화 서비스인 캐치시큐를 개발하여 기업의 보호 수준과 정보주체의 권리를 높이는데 힘쓰고 있으며 개인정보 기술포럼 정보주체분과 간사, 개인정보보호 전문강사 등으로 활동하고 있다. ISMS-P 인증심사원, ISO 27001 심사원, CISA 등의 다수의 자격을 보유하고 있다.

조태희

현재 충북대학교에서 정보보호 및 개인정보보호에 관련 강의를 하고 있으며, 대기업, 공공기관, 인터넷포털, 컨설팅기업 등의 정보보호 및 개인정보보호 분야의 전문가로 약 28년간 전문가로 일하고 있다. 국내 ISMS-P, G-ISMS, PIMS, PIPL, 정보보호 준비도, CBPR 등 다양한 정보보호 및 개인정보보호 관련 인증제도, 인증기준, 인증심사원 양성 및 국제표준인 ISO27001, 자동차 보안 TISAX 심사원 등으로 활동하고 있다.

개인정보보호 전공자와 실무자를 위한 개인정보보호의 개념과 제도의 이해

1판 1쇄 인쇄   2023년 09월 08일
1판 1쇄 발행   2023년 09월 15일
저   자 김경하 外 9인
발 행 인 이범만
발 행 처 **21세기사** (제406-2004-00015호)
　　　　　 경기도 파주시 산남로 72-16 (10882)
　　　　　 Tel. 031-942-7861   Fax. 031-942-7864
　　　　　 E-mail : 21cbook@naver.com
　　　　　 Home-page : www.21cbook.co.kr
　　　　　 ISBN 979-11-6833-087-0

정가 30,000원